卢卡奇文集　张亮　主编

心灵与形式

[匈牙利] 格奥尔格·卢卡奇　著

吴勇立　张亮　译

江苏人民出版社

图书在版编目(CIP)数据

心灵与形式 / (匈)格奥尔格·卢卡奇著；吴勇立，张亮译. 一 南京：江苏人民出版社，2024.6(2024.11 重印)

(卢卡奇文集 / 张亮主编)

ISBN 978 - 7 - 214 - 28415 - 0

Ⅰ.①心… Ⅱ.①格… ②吴… ③张… Ⅲ.①哲学一研究 Ⅳ.①B0

中国国家版本馆 CIP 数据核字(2023)第 185648 号

卢卡奇文集

张　亮　主编

心灵与形式

［匈牙利］格奥尔格·卢卡奇　著；吴勇立　张　亮　译

项 目 统 筹	贺银垠
责 任 编 辑	薛耀华
装 帧 设 计	言外工作室·林夏
责 任 监 制	王　娟
出 版 发 行	江苏人民出版社
地　　　址	南京市湖南路 1 号 A 楼,邮编:210009
照　　　排	江苏凤凰制版有限公司
印　　　刷	江苏凤凰新华印务集团有限公司
开　　　本	890 毫米×1 240 毫米　1/32
印　　　张	8.75　插页 4
字　　　数	195 千字
版　　　次	2024 年 6 月第 1 版
印　　　次	2024 年 11 月第 2 次印刷
标 准 书 号	ISBN 978 - 7 - 214 - 28415 - 0
定　　　价	56.00 元(精装)

(江苏人民出版社图书凡印装错误可向承印厂调换)

摄于 1917 年

摄于 1945 年

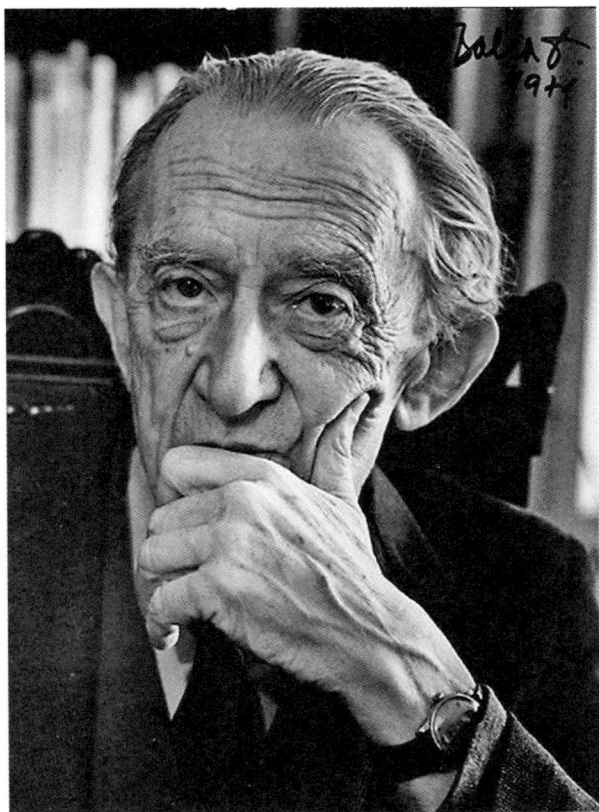

摄于 1971 年

写在前面

　　改革开放以来，20 世纪西方思想开始大规模进入中国，深刻影响了当代中国知识界思想世界的构成。进入 21 世纪后，走向成熟的中国学术界开始用编译全集或多卷本文集这种隆重的方式，向那些曾经深刻影响过当代中国的 20 世纪西方思想大师致敬。在最应当致敬的名单中，显然不能缺少格奥尔格·卢卡奇。但目前市面上，尚且缺乏卢卡奇的全集或选集。

　　格奥尔格·卢卡奇是匈牙利著名的哲学家、美学家、文学理论与文学史家，也是 20 世纪最重要的西方思想家之一、最重要的马克思主义理论家之一。1935—1944 年、1955 年以后、1978 年以后，卢卡奇分别以现实主义文学理论家、"修正主义"代表人物、"西方马克思主义"创始人三种不同的理论身份经由译介进入中国，产生了不同的思想效应，在学术界激起层层涟漪。与改革开放后被引入中国的其他 20 世纪西方思想家不同，在这一时期卢卡奇的著作与思想深刻参与了中国马克思主义理论形态和学术形态的当代重塑，像盐溶于水般，成为当代中国马克思主义理论与学术传统的有机组成部分。就此而言，卢卡奇是西方的，也是中国的。

如果将 1935 年《译文》杂志第 2 卷第 2 期上刊载的《左拉与现实主义》一文视为卢卡奇及其思想进入中国的起点，那么，中国的卢卡奇翻译史就已有近 90 年，翻译总量亦已超过德文版《卢卡奇全集》的一半。这是一个不容小觑的成就。不过，由于早期翻译的历史局限性及各种主客观原因，当前卢卡奇著作编译的选目与质量显然已不再能满足当今中国学术界的需要。这是因为：第一，相关出版物相对分散，缺乏系统性，有些图书甚至已近绝版，导致对卢卡奇著作的使用存在诸多不便；第二，翻译的时间跨度很长，译者群体较大且彼此缺乏交流与沟通，导致此类出版物中译文的统一性、规范性不强；第三，卢卡奇不同时期著作的翻译量不均衡，总体上呈现早期少、后期多的格局，与研究需求的匹配度不够高；第四，堪称精良的译本不多。

当前中国的卢卡奇研究正处于复兴的前夜，规模适当、选目精当的关于卢卡奇著作的文集将有利于推动研究的复兴和走向深入。鉴于此，《卢卡奇文集》应运而生。本文集秉持"书是用来读的"理念，将自身定位为可用、好用的学术普及版文集，努力以高质量的文献考订工作为基础，精选能够代表卢卡奇哲学、美学、文学理论的经典著作，进而有效覆盖卢卡奇思想发展的每一时期、每一侧面，以期完整呈现卢卡奇一生的丰富思想历程，让读者能够形成全面的认识，有效满足当代中国学术界尤其是青年研究者的阅读和研究需要。

张　亮

纪念伊尔马·赛德勒

目　录

论说文的本质和形式

——致列奥·普波的一封信

我的朋友：

　　本书所要讨论的那些论说文就放在我的面前，我问自己：可不可以将这些篇什出版？这样的作品能不能产生一种新的统一体、一本书？对我们来说，更重要的问题不是这些"文学史"研究的论说文能提供什么，而是它们之中有没有一样研究能自行产生一种新的独特的形式，并且，每一篇作品里的原则是否都相同。这种统一体——如果有的话——到底是什么呢？我不知道如何去描述它，因为这既不是我的主题也不是本书的主题；摆在我们面前的是一个更重要的、更普遍的问题：这样一种统一体有没有存在的可能性。属于这个范畴的真正伟大之作在何种程度上被赋形了？其形式的独立性又到了何种程度？作品的这种观点及其形式在何种程度上从科学

---

　　*　本译文以德文版为主要参照［Georg Lukács，*Werke 1*（*1902 -1918*），*Teilband 1*（*1902 -1913*），Bielefeld：Aisthesis，2017．S．195 - 366］，也参考了英译本（Georg Lukács，*Soul and Form*，trans．Anna Bostock，NYC：Columbia University Press，2010）。

领域中崛起并与艺术并列（同时又没有抹杀两者的界线）？它们在何种程度上赋予了作品对生活进行概念式的再调整的力量，而同时又使它远离哲学之冰冷的终极完美形式？那是对这种作品所做的唯一可能的深刻辩解，也是对它们最深刻的批评；这里所确定的准绳首先用来衡量这些作品，而对像这样的目标的确定也清楚地表明，这些作品距离该目标是多么遥远。

这也就是说：批评也好，论说文也罢——暂且随你怎么称呼，它也是一件艺术作品、一种艺术类型。我知道：你很烦这个问题，因为有关于此的赞成与反对早已让人说尽了。王尔德（Oscar Wilde）和克尔①只是让所有人都了解了一个洞见、一个德国浪漫派所熟悉的洞见，它的终极意义曾被希腊人和罗马人在完全无意识之中理所当然地感受到了，即：批评是艺术，而非科学。尽管如此，我认为——正因为如此，我才冒昧地拿这个论断来烦扰你——所有这些纷争其实都没有触及问题的真正本质。这个问题是：什么是论说文？它想要表述什么？这种表述借助了什么手段和方法得以完成？我认为，人们过于片面地强调了"写得好"这个方面了，以致认为论说文写作与文学作品在文体价值上是等量齐观的，而这样的话，讨论价值差别自然是有失公允的。或许有道理。但这说明了什么？这说明：如果我们把批评当作这种意义上的艺术作品加以考察，那么，关于批评的本质我们就一个字都没有说出来。"写得好

① 阿尔弗雷德·克尔（Alfred Kerr，1867—1948）是犹太人，德国著名文学评论家，他在1900年到1933年流亡期间是柏林最显赫的戏剧评论专家，提携过豪普特曼、魏德金德等文坛新锐，著有五卷本的戏剧评论《戏剧的世界》。——译者注（本书注释如无说明，均为译者注）

的就是一件艺术品"，那么，一则写得好的广告或日常新闻也算是文学作品了？在这里，我看到了有一种认知在扰乱你的批评观：无政府主义；对形式的否定，那样一来以权威自居的知识人就可以随心所欲地尝试各种可能的游戏。如果在这里我把论说文当作一种艺术形式加以讨论，那么，我就是以秩序的名义进行的（也就是说差不多是纯象征性的、非本己的）；仅仅是出于一种感觉，感觉论说文拥有这样的一种形式：这种形式能以严格的法则力量将自己与其他一切艺术形式区分开来。我把论说文指称为一种艺术形式，借此力图尽可能精确地界说它。

所以，我们要讨论的不是论说文和文学作品的相似性，而要讨论将它们彼此区分开来的那个东西。这里每一个相似性都只是让差别得以更明显地凸现出来的一个背景；正因如此，我们也要提一提它们的相似之处，这样呈现在我们的面前的才会是真正的论说文，而不是那些尽管有用然而却不够论说文资格的作品，后者是不能给我们提供教益、信息和"关联"的。我们为什么要读论说文呢？很多作品是因为具有教益而供人阅读，也有些作品是靠着完全不同的原因引人入胜的。区别两者其实并不困难，难道不是吗？我们今天对"古典悲剧（tragédie classique）"的看法和评价，已然完全不同于莱辛在剧评里的看法和评价。温克尔曼（Johann Joachim Winckelmann）笔下的《希腊人》在我们看来独特而又难以理解，我们后来对布克哈特（Jacob Burckhardt）所描写的文艺复兴也具有同样的感觉。可我们不还是在阅读它们吗？——为什么？有这样一类批评文章，它们就像自然科学的一种假说、机器部件的一种新设计一样，一旦有了更新的、更先进的东西问世，它们一瞬间就会失去全部价值。可是，如果——正如我所希望和期待的那样——有人想写一部新的剧评，一部支持高乃依（Pierre Coneille）、反对莎士比亚的剧评，那它又如何能伤害莱辛的剧评呢？同理，布克哈特、佩特（Walter Pater）、罗德（Erwin Rohde）和尼采又如何能撼动温克尔曼的希腊之梦对世人的影响呢？

"诚然，假如批评是一门科学……"克尔写道，"那就太难估量了。批评在最好的情况下是一门艺术。"如果它是一门艺术——这并非不可能——，那将怎样改变我们的问题呢？在这里，我们不应关注谁替换了谁，而应关注一种全新的事物，一种即便在完全达到或接近了科学目的的情况之下仍不为所动的事物。科学以其内容影响我们，而艺术以其形式；科学把事实以及事实之间的关联提供给我们，而艺术赋予我们的则是心灵和命运。两条道路在这里发生了分野；这里不存在替换，也不存在过渡。在没有分工的原始时代，科学和艺术（还有宗教、伦理和政治）是彼此不分、浑然一体的，一旦科学分离出去并获得独立，那么，一切曾为之铺垫的事物便都失去了价值。只有当某物将其所有的内容都消解在形式之中，并由此变成纯粹的艺术的时候，它才不再是多余的；这时，它过去的科学性被人们完全遗忘，再也没有意义了。

这样就有了一种艺术科学；人类的感情活动也就有一种完全不同的表达方式，其通常采取的方式是关于艺术话题的写作。我只能说，是通常的方式；因为有许多出自诸如此类感情活动的作品，丝毫没有触及文学或艺术，却像前者那样也是直接地对生活发问，它们无需文学或艺术来做中介。最杰出的论说文作家的作品就是属于此种类型，诸如：柏拉图的对话，神秘主义者的文章，蒙田（Michel de Montaigne）的"Essays"①，克尔凯郭尔的幻想日记和中篇小说。

从论说文过渡到文学作品，这当中有无数精细的环节令人难以觉察。让我们想想欧里庇德斯（Euripides）笔下的《赫拉克勒斯》（*Herakles*）的最后场景吧：当忒修斯（Theseus）出场，明白了发生的一切，即赫拉（Hera）对赫拉克勒斯实施的可怕报复时，悲剧已经发展到了尾声。这里插入了忧伤的赫拉克勒斯和他的朋友关于生活话题的对话；其中提出的问题和苏格拉底对话中的问题颇为相似，只不过较之于柏拉图的对话，这里的提问者更严厉些、更缺少些人情味、所提问题更概念化、与直接的经历关联更少些。就让我们想一想《米歇尔·克拉姆》（*Michael Kramer*）的最后一幕、《一个美丽灵魂的自白》（*Bekenntnisse einer schönen Seele*）、但丁、《普通人》（*Everyman*）和班扬②吧，——还用得着我列举更多的例子吗？

你当然可以说：《赫拉克勒斯》的结尾是非戏剧性的，班扬又是如此这般……诚然，诚然，但为什么呢？《赫拉克勒斯》是非戏剧性的，原因在于，每一种戏剧风格的自然结果是，内心所发生的一切，都投射到人物的行动、活动和姿态之中，因此变得可见和可感。在这里，你可以看到，赫拉的报复是如何一步步向赫拉克勒斯逼近的，在报复降临之前，赫拉克勒斯是怎样迷醉在胜利的激动中

---

① 国内通常将蒙田的 Essays 译为"随笔"。
② 班扬（John Bunyan，1628—1688）是英国散文作家，代表作是《天国历程》。

不能自拔的，当赫拉进行报复时，他又是怎样在癫狂中咆哮的，以及他在暴风雨般的狂野后又是如何绝望的，因为那时他已明白他所遭受的一切。但是，在此之后，你什么都看不到了。忒修斯来了——你徒劳地试着用概念以外的手段去判定，接下来究竟发生了什么：你所听到的和看到的，都不再是现实事件的真实表达手段，在其最内在的本质上，所发生的都是一些对你来说是无关紧要的事情。你只是看到：忒修斯和赫拉克勒斯一起离开了舞台。在此之前，提出过若干问题：诸神到底是怎样的存在？哪些神灵我们可以信靠，哪些又不可以？什么是生活？以大无畏精神忍受痛苦的最好方式是什么？因为引发这些问题的具体体验已然消失在无尽的远方，所以，当答案再次返回真实的世界的时候，它们所对应的就不再是活生生的生活所抛出的问题了，即"人们在这种确定的生活情境下究竟哪些应该做，哪些又应该听之由之"这些问题。这些答案把陌生的目光投向每一个事实，因为它们来自生活（d e m Leben）、来自诸神（d e n Göttern）①，而对赫拉克勒斯的痛苦及其根由和赫拉的报复则一无所知。依我之见：戏剧也向生活（d a s Leben）提问，而提供答案的则是命运（d a s Schicksal）——在以上的意义中，问题和答案实际上都是和某种确定的事情联系在一起的。但是，真正的戏剧家（只要他是个真正的诗人，真正代表了诗性原则）将会看到，"一个人的生活（e i n Leben/a life）"如此丰富、如此浓烈，在不知不觉中变作了"生活（d a s Leben/life）"。然而，在后者

---

① 这两个名词之前的定冠词都拉开了字距。在使用打字机写作的时代，这种处理相当于今天电脑写作为突出强调而给字体加粗。

这里，一切都是非戏剧性的，因为另一种原则已经发生效力了；在前者那里，提出问题的生活在刚刚念出问题的第一个单词的时候就失去了一切的有形之体。

因此，有两种类型的心灵现实：生活（d a s Leben）是一种，活着（das L e b e n/Living）① 是另一种；两者同样都应是现实的，但它们却不可能同时都是现实。两者的要素都包含在每一个人的每一次体验之中，虽然其强度和深度各不一样；在记忆中时而这个，时而那个，而每一次我们只能感受到其中的一种。自从有了生活，自从人们准备去理解并安排生活，在他们的体验中就有了这种二元性。因为争夺上风和优先权的战斗主要是在哲学领域里打响的，所以，战斗的呐喊听起来总有一种异样的声音；出于这个原因，这呐喊声不能被大多数人辨认，实际上也无从辨认。这个问题似乎在中世纪已经最清楚不过地提出来了；那时的思想家分为两大阵营，一派主张普遍（Universalien）、概念（柏拉图的理念，如果你愿意这么称呼）才是唯一真实的现实，而另一派人只愿意承认真实的现实是话语，也就是对唯一真实的个体事物作总结的名称。

同样的二元性也使表达方式相互分离了；这里对立的双方分别是表象（Bild）和"意义（Bedeutung）"。其中的一个原则是创造表象的，另一个原则是设定意义的；对于第一个原则来说，只有事物是存在的，对于另一个原则而言，只有它们之间的关系、概念和价值是存在的。文学作品本身并不知道事物之外的东西；对它而

----

① 在前者，卢卡奇拉开了冠词"das"的字符间距，显然是想突出这种"生活"的普遍性；而在后者，他则拉开了名词"Leben"的字符间距，其意是要突出它的过程性，因此我们权且译为"活着"。

言，每一件事物都是严肃的、唯一的、无可比拟的。所以，文学作品不知道问题为何物：人们对纯粹的事物提不出问题，而只能对事物之间的关联提问；因为——就像童话中那样——这里每一个问题都变成了一种事物，与唤醒它生命的事物颇为相似。主人公站在十字路口或者处于战斗当中，然而，十字路口和战斗并不是可以给予问题和答案的命运，它们就是简单的字面意义上的战斗和十字路口。主人公吹响了他的奇异号角，意料中的奇迹——一种使生活中的诸事恢复秩序的事情——发生了。在真正深刻的批评中，事情的生命、表象是不存在的，存在的只有透明、表象不足以表达的事物。一个"所有表象的无表象（Bildlosigkeit aller Bilder）"是所有神秘主义者的目标，苏格拉底曾以嘲弄的口吻对斐多（Phaedrus）谈到了从未隆重地礼赞过生活也不打算礼赞生活的诗人。"心灵的不朽部分曾一度安住过的地方是阔大的存在，是无色、无形、不可触摸的，只有心灵的舵手——唯有精神才能看到它。"

你也许会说：我的诗人是一个空洞的抽象，所以我的批评家也是不外如此。你说得对，两者都是抽象的，但也许并不完全空洞。它们都是抽象的，因为即使苏格拉底也要动用他的世界里的表象来言说，尽管他的世界是无形象且超越一切形象的，而德国神秘主义者所谓的"没有形象（Bildlosigkeit）"这个单词也只不过是一个譬喻。没有对事物的归整就没有文学作品。马修·阿诺德（Matthew Arnold）有一次将之称作"对生活的批评"。因为它确实代表了人和命运、世界的终极关系，它毫无疑问在这些深刻的领域里有其根源，即使它常常意识不到这一点。哪怕它常常拒绝所有的提问，可是拒绝所有的问题不就是在提问，有意识的拒绝可不就是一种态度立场？我还要进一步说：表象和意义的分离本身就是一种抽象活动，因为意义总是包裹在表象之中的，超越于表象之上的光照透了一切表象使意义得以显现。一切属于我们这个世界的表象和存在于这个世界上的欢乐从它的面容上体现出来；然而，它也在回忆，它提醒我们：有一种事物曾经于某时在某地存在过，让我们想起它的家园，想起心灵根基之处唯一重要的、富含意义的事情。是的，在它们裸露的纯粹中，它们只是抽象行动、人的感觉的两个末端，但是，只有借助这种抽象行动，我才能界说可能的文学书面表达的两极。最坚决排斥表象的作品，最狂热地追逐表象之后的东西的作品，是批评家、柏拉图主义者和神秘主义者的作品。

不过，在谈论这些的时候，我已经解释了这个问题，即为什么这种感觉需要一种它自己的艺术形式——为什么当我们在其他形式里、在诗歌中找到它的时候，这种感觉的每一种表达总是困扰我们。正是你曾经说出了被赋形的一切都要满足的大要求，它或许是唯一绝对的普遍要求，但是无情的，不能接受任何例外：作品中的一切必须使用同样的素材来塑造，它的每一部分都必须由一个单个的点出发来进行条理分明的规整。因为所有的作品都追求兼备统一性和多样性，因此，这实则是一个普遍的风格问题：在杂多的事物中获得平衡，在单一素材的聚集中实现丰富的层次。在一种艺术形式中是生机勃勃的东西，在另一种形式中则是死亡了的：这正是形式的内部分离之实际的明显的例证。你是否还记得，你是怎样跟我解说某个壁画是怎样用浓墨重彩的鲜明风格来表现人物的勃勃生机的？你说，这些壁画是在廊柱之间画就的，即使其中描画的人物僵硬得像木偶，每个面部表情都只是一个面具，但它们还是比廊柱更生动，这些廊柱围拢着这些壁画，并与这些壁画共同构成了一个装饰的统一体。不过，只是略微生动一些，因为它们是作为一个统一体被保存下来的；但另一方面，它们始终比廊柱更生动些，如此才能激活生活的幻想。然而，这里平衡的问题是这样被提出来的：世界和彼岸、表象和透明、理念和流溢位于正处于平衡状态下的一架天平的两个托盘中。问题穿透得越深——你只需把悲剧和神话传说比较一下——表象的线性越强，一切被压缩进的平面越少，色彩的光辉越苍白粗糙，世界的丰富性和多样性越简单，人物的表情就越脸谱化。但是，还有其他体验，对于对该体验的表达而言，即使是最简单、最标准化的姿态也嫌多——简化还是太少了；还有一些问题，发出这样提问的声音是如此轻柔，以致与它们相比，事件之最哑然的声音也变成了刺耳的喧闹声，而不是音乐的伴奏；有一些命运关系，它们是命运自身之间的关系，人性的东西只能干扰它们抽象的纯粹和崇高。我在这里谈论的并不是什么精致和玄奥，那都是些价值范畴，因此只在一个特别的形式之内才是有效的。我们这里谈论的是把各种形式区分开来的基本原则；谈论的是构建整体的原料，是立场观点，是给整个作品赋予总体性的世界观。简而言之，如果有谁把文学的形式比作棱镜里被折射的阳光，那么，论说文作家的作品就好比是紫外线。

当然，也有一些我们用任何形式都无法加以表达的体验，但它们仍然渴望着被表达。从已经阐明过的一切你应该已经明白我所指的是什么体验，它们又是什么种类的。我把智思（Intellektualität）、概念性（Begrifflichkeit）看作情感的体验、直接的现实、定在（Dasein）的自发的原则；在它未经伪装的纯粹中，世界观化为了心灵的一个重大事件、生活力量的引擎发动机。这立刻就有了一个问题：什么是生活，什么是人，什么是命运？但是，提出来的仅仅是一个问题：这里的回答并不是像自然科学那样的一个"解答"，或者，在更纯粹的高度上，像那些哲学命题的回答。事实是，如同在各种形式的诗中那样，这个问题是象征、命运和悲怆。当一个人经历了这些事情的时候，那时，他外部的一切就在坚定的如如不动的状态下期待着看不见的——感觉无法抵达的——力量斗争的结果。一个人想要借以表达他的体验的任何姿态只会伪造那种体验，除非它嘲弄地强调它自己的不足，然后将自己剔除出去。如果一个体验了这些事情的人不能以任何外部特性来被刻画，那么文学作品又如何能够来塑造他呢？

　　一切文学写作都用命运关系的象征方法来再现世界：命运的问题无处不决定了形式的问题。这种统一、这种共存如此强烈，以致没有一种因素可以脱离其他而单独发生；在这里，分离只有在抽象的方法中才是可能的。因此，我在这里试图想完成的分离，实际上只是为强调区分而出现的：因为文学作品从命运中获取它的外观和它的形式，所以它的形式总是显得像命运；但是，在论说文作家的作品那里，形式变成了命运，变成了创造命运的原则。这种差别意味着：命运把事物从事物的外部世界中提取来出，着重强调了本质的东西而剔除掉了那些非本质的东西。但是，形式也在一个质料的周围设置了限制，否则该质料就会在万物中化为乌有。命运来自一切所源出的地方，如同事物来自诸多事物，而形式——也就是说从外部看，它被看作完成了的某物——为非实质性的事物明确了界限。因为规定事物的命运是它们血肉之中的血肉，命运在论说文家的作品里是找不见的。因为命运一旦丧失了它的唯一性和偶然性，就像这些作品的无实体的质料一样是空虚的、非物质的；它就无法为自己赋形，因为它缺少对形式的自然偏好，也不具备浓缩成形式的可能性。

所以这些作品要讨论形式。批评家就是那在形式中洞察到了命运的人：他们最深刻地体验的心灵内容，也就是形式间接地、不自觉地隐藏在自身中的心灵内容。形式是他的博大体验，形式——如同直接的现实——是表象的因素，是他的作品的真实的活着的内容。这个形式，从生活象征的一个象征沉思中诞生，借助这个体验的力量得到了它自己的生命。它成为一种世界观，一种面对它所源出的生活的态度：一种重新塑造它、重新创造它的可能性。因此，批评家的命运时刻，是事物变为形式的时刻。在这样的瞬间，或远或近的、此岸或彼岸的所有感情和体验都获得了形式，被融化、压缩为形式。这是内部和外部、心灵和形式融为一体的神秘瞬间。它和悲剧中的命运时刻一样的神秘，在后者那里，悲剧中的主人公遭遇他的命运，在前者的中篇小说的命运时刻中，偶然性和无穷的必然性发生了交会，在抒情诗的命运时刻中，心灵和它的背景相遇并融合为一个再也不能分离的新的统一体。形式是批评家作品里的现实；它是批评家用来向生活提出问题的声音。这就是"为什么文学和艺术是批评的典型、自然质料"的最深刻的实际原因所在。在这里，诗的终点变成了起点和开端；在这里，即使在其抽象的概念性中，形式也显得是某种坚固而有形的东西。但这仅仅是论说文的典型质料，却不是唯一的质料。因为论说文作家需要的只是作为体验的形式，他只需要形式的生命，只要它包含着的活生生的心灵现实。这个现实在生活的每一个直接感性的表达中都能找到，不过，它可以从现实中出来，又能够将现实读进去；通过这样一种体验的图式，人们就能够切身地体验生活、塑造生活。这只是因为文学、艺术和哲学都公开地、趋之若鹜地追求形式，与此同时，在生活中，它们不过正是某种人和某种体验的理想要求罢了，面对必须被赋形的对象要比面对曾生活过的对象需要更少张弛度的批评体验能力张力；所以，在最初的、最表面的一瞥之下，在艺术领域里，形式虚影的现实要比在生活中的显得出现问题的概率低得多。因为生活的形式并不比一首诗的形式更抽象。不管是在前者中还是在后者中，形式只有通过抽象才能变得清楚明了，形式的真理也不是比它由以被体验的力量更强大。在判断诗歌的高下的时候，假如仅仅根据该作品是否从生活中或别的什么地方汲取素材来做区分，那这种做法就是很肤浅的。因为在任何情况下，诗歌创造形式的力量如同一切已然陈旧、已经被赋形的事物一样，全都破裂和散落开来了，在它的手中，一切都变成了未被赋形的原材料。对我来说，这种区分的操作是肤浅的，因为这两种思考世界的方式只不过是在面对诸多事物的时候选边站，在任何情况下，这两种方法都是可行的，虽然有一点确凿无疑：在两种方法中都存在某些事物，其中一类按照自然所要求的理所当然地从属于某一既定的立场，而另一类则只有通过极其强烈的斗争和极其深刻的体验才会出现。

如同在所有真正本质性的关联中那样，自然的质料影响和直接的有用性在这里巧遇：只有当人们在观赏画面或者欣赏诗歌的时候，论说文作家的作品被书写出来用以表达的体验才能成为他们头脑中的意识；即使这样，这些作品也几乎没有一种能推动生活本身的力量。这就能说明：为什么多数人相信论说文作家的作品只是为了解释书本和图画，只是为了方便他们的理解。然而，这种关联却是深度而必要的，它是偶然存在和必然存在的混合，这种混合中的不可分的东西和有机的东西，就是任何幽默和任何反讽的源泉，我们只有在每一位真正杰出的论说文作家的作品里才能发现这样的幽默和反讽。每一种独具个性的幽默都非常强劲，强劲到了论说它都是不合适的程度；因为谁要是不能在瞬间感受到这种幽默，你向他清楚地指出来的就都是没有用处的。我这里所说的反讽指的是批评家所讨论的生活的终极问题，但是，批评家的声调暗示着他只在讨论图画和书本，只讨论广大生活里非本质的东西和漂亮的点缀品；即使在此时，也不是内部的最深处，而只是它们美丽而无用的表面。每一篇这样的论说文都似乎与生活相隔万里，它们之间的距离越大，两者实质上的切近就越容易让人热烈地、痛苦地感受到。也许当卓越的蒙田先生给他的作品冠以极度优雅而得体的名称"随笔"的时候，他感觉到了类似于此的东西。这个词单纯、质朴，就是一种傲慢的礼貌。论说文家一挥手打发走了他自己的骄傲的希望，那种希望有时候误以为自己离终极目标已经很近了：毕竟只有自己能拿得出手的诗作才需要解释，或者最多是有自己概念的诗歌需要解释。但是，他通过反讽把自己投向这种渺小（面对生活的最深刻的头脑工作的永恒的渺小）之中去，甚至以反讽的谦恭态度强调它。在柏拉图那里，概念性是以针对琐细的生活事实的反讽为框架的。厄里克西马库斯（Eryximachos）在阿里斯托芬开始唱他对厄洛斯（Eros）① 意义深

---

① 希腊神话中的爱神。

刻的赞美歌之前就让他打喷嚏，以此治愈了阿里斯托芬的笑嗝。当苏格拉底盘问他深爱的吕西斯（Lysis）的时候，希波萨勒（Hippothales）充满关切地注视着苏格拉底。小吕西斯怀着幸灾乐祸的童心要苏格拉底用对付自己的那些使人苦恼的问题，去盘问他的朋友美涅克塞努（Menexenos）。但两位少年的教师粗鲁地闯了过来，闪耀着智慧火花的对话线头就此掐断，男孩们被拽回了家。然而，苏格拉底却充满风趣地说："苏格拉底和那两个男孩想交个朋友，但还没来得及说清楚到底什么是真正的朋友。"① 在某些现代论说文作家——只要想一想魏宁格（Otto Weininger）——的庞然大物一般的科学仪器那里，我看到了一种相似的反讽，但是，只有在谨慎而克制的风格中，比如狄尔泰，我才看到了反讽的一个有所不同的表达。事实上，我们总可以在每一个论说文大家的每一篇文章里找到相同的反讽，当然应该承认，形式是各不相同的。中世纪的神秘主义者是唯一没有内在反讽的一群人——我想，这里的原因是用不着跟你讨论的。

我们看到，批评和论说文多数情况下都要谈论图画、书本和思想。那么，它们对于各自所表现的事物的态度是什么呢？人们常说：批评家应当说出事物的真理，而诗人却无须说出他所描述的对象的真理。在这里，我们并不是要抛出彼拉多（Pilate）所提的那个问题②，也不是要探询是否诗人也要被推向一个内在真实性，是不是任何批评的真理都强过或大过它。我不想问这些问题，因为我

① 参见《柏拉图对话集》之《吕西斯篇》结尾，该篇或名《论友谊》。
② 在审问耶稣的时候，彼拉多问耶稣："你是犹太人的王吗？"耶稣说："说的是。"（参见《马太福音》27：11。）

的确在这里看到了差别，只不过是其抽象的两端极点上那纯粹的、鲜明的、没有任何过渡的差别。当在写到有卡塞纳尔①的部分的时候，我曾指出，论说文总是在说那些已被赋形的东西，或至少说那些过去已经存在的东西；因此，这已成了论说文本质的一部分，即它不是无中生有地创造新事物，而是把那些一度生动存在过的事情，重新整理一番。因为论说文只是重新整理它们，并不曾从形式中创造出形式来，所以它和它们紧密相连，并总是说出它们的"真理"——对于它们的本质的表达。也许这种差别可以这样最简单地表现：文学创作从生活（还有艺术）中提取主旨；论说文在艺术（还有生活）中有其模型。也许这就足以说明这一差别了：论说文的似非而是跟肖像画的似非而是几乎如出一辙。你知道为什么，难道不是吗？当我们看风景画的时候，我们从来不问这座山和那条河流是否真的是如它们被画出来的那样，但是，当我们观看一幅肖像画的时候，是否相像这个问题却不由自主地强加给了我们。让我们再进一步探讨这个问题吧，提这样的问题真的很愚蠢、很肤浅，会让真正的艺术家陷入绝望。站在委拉斯开兹（Velasquez）的一幅肖像作品前面，如果你说："画得真像！"那你会感到你的确是在谈论跟这幅画相关的某些东西。但是，像？像谁？当然，谁也不像。你根本不知道画上的人代表的是谁，也许你永远不会知道；就算你知道，你也不会太在意的。然而，你还是感觉它真像。因为其他的肖像作品只是靠色彩和线条来实现其效果，而你对它们并没有

---

① 卡塞纳尔（Rudolf Kassner，1873—1959）是奥地利散文家和文化哲学家，在《心灵与形式》的第二篇论文《柏拉图主义、诗艺和形式》中，卢卡奇曾专门分析过他。

这种感觉。换言之，除了所有其他艺术感觉，真正杰出的肖像作品赋予我们的不仅仅是所有其他的艺术感觉，还给予了这样的东西：一个曾经真正活着的人的生活。这些作品强有力地让我们感觉到，他的生活就是如同这幅画的线条和色彩所呈现出来的那样。这只是因为我们看见画家站在他们的模特儿前面为了这种理想的表达在进行一场艰苦的战斗——战斗的外景和呐喊肯定不是为了跟战斗相像，只是为了这个原因我们才把这个名称赋予了这幅肖像画对真实生活的暗示；即使世界上没有人长得和画上的人一样。因为即使我们认识画上的那个人，不论画得"像"还是"不像"——任意选出一个时刻或者表达，然后声称：这就是这个人的本质，这样的操作难道不是一种抽象吗？即使我们知道千万种这样的时刻或表达，但当我们看不见他的时候，我们又怎能知道他生活中那无法估量的巨大部分呢？我们怎么知道燃烧在这个"熟知"的人里面的内在光芒呢？我们又怎么知道这内在之光是如何反射到别人那里的呢？你看，这只不过是我对论说文真理的或多或少的想象罢了。这里也有一场为了争夺真理的战斗，一场为了实现道成肉身的战斗，某人从一个人、一个时代、一个形式那里读出的生命；不过，战斗的胜负只取决于创作和想象的张力，也就是我们能否从文字记录里读出这一个特殊生命的暗示。因此，最大的区别就在：文学作品将它所表现的人的生活幻想传递给了我们；而那可以想象的，并且能够用创作出来的作品加以衡量的人和事却无处可寻。论说文的主人公曾经存在过，因此，他的生活必须被赋形；但是，这种生活也和诗中的一切一样，深藏在作品中。论说文必须要从它自身内部创造出其说服力的前提条件和观想的有效性。因此，这两种论说文会互相冲突是不可能的：每一种都创造一个不同的世界，即使当它为了达到更高的普遍性而超越了那个被创造的世界，它也因为其声音、色彩和口音而始终留在那个被创造的世界之中，也就是说，它只是在非本己的意义上离开了那个世界。下面这个说法并不就是正确的：存在一个客观的外在的生命力的尺度和真理，比如格林（Grimm）的、狄尔泰的或施莱格尔的歌德真相都可以用来比对"真实"的歌德。之所以这个说法不正确，是因为我们有许多歌德，每一个都各不相同，每一个都与我们的歌德有着深刻的差别，而这么多的歌德恰恰可以向我们传递出对生活的更坚固的信念。并且，反过来，如果我们自己的观想被别人再现出来，而这些人微弱的气息却无法给我们的观想注入独特的生命力量，那么，我们自己只会感到意兴阑珊。的确，论说文是要追求真理的。但是，如同扫罗（Saul）出来寻找走失的母驴，却发现了一个王国①，所以，真正有能力寻找真理的论说文作家是会在他的路的尽头，走到了并非他所搜寻的目标处，即生活。

真理的幻象！不要忘了文学创作是如何困难、如何缓慢地丢弃那个理想的。它距今天并不遥远，也很值得去问一问：想象力的消失是不是全然有利的。人是不是的确想得到他原来所追求的东西，他是不是可以沿着笔直而简单的路迎着他的目标走下去，这些问题都值得我们去问一问。想一想中世纪的骑士史诗，想一想希腊悲剧，再想一想乔托，你就会明白我说的是什么意思。我们在这里谈论的不是平常

---

① 扫罗奉父命到山中去寻找几头丢失的驴，却被士师撒母耳按照耶和华的旨意立为以色列的第一个王。（参见《撒母耳记上》：9—10。）

的真理，不是那种能够更精确地称之为"日常""平庸"的自然主义真理，而是一种神话的真理，这种神话的力量使得古老漫漶的传说和故事能够流传千载。真正的神话诗人只寻找他们的主题的真实意义；实用性的现实既不能也不愿撼动他们。他们把神话看作神圣的、神秘的象形文字，解读这些象形文字也正是他们的使命。但是，你难道不明白这两个世界都各有一个自己的神话集（Mythologie）吗？弗里德里希·施莱格尔很久以前曾说过，德国人的民族神灵不是赫尔曼（Hermann）也不是沃顿（Wodan）①，而是科学和艺术。无可否认，这种说法并没有真正体现德国人的全部生活，但是，它却是对一个民族在一个特定时代的"部分"生活的更加适当的写照——准确地说，我们现在谈论的就是那一部分。生活，也有它的黄金时代和失落的天堂；在这里，我们发现了丰富的生活，其中充满了奇妙的探险，也不乏难以索解的来自黑暗罪恶的惩罚；这是，像太阳一样的英雄出现了，他们利用黑暗的力量解决他们的深仇大恨；在这里，高明的魔术师的具有魔力的语词和美丽女妖之充满诱惑的曼妙身姿，也把软弱的人引进了万劫不复之中；在这里，也有原罪和救赎。所有生活中的斗争也都在此展现，但是，世间万象的填充物却和"其他"的生活的填充物有所不同。

我们希望诗人和批评家能将生活的象征赋予我们，并在我们的问题的形式中陶铸平静有生命力的神话和传说。如果一个伟大的批评家梦想把我们的渴望编织进早期佛罗伦萨的油画或希腊的人体雕塑之中，并从它们那里为我们找到了我们在别处劳而无获的东西，且由此

---

① 沃顿是条顿神话系统中的主神，在该系统的另外一支中，他的名字是奥丁。

谈论科学研究的最新成果，谈论新方法，谈论新事实，这难道不是一个精巧的、尖锐的反讽吗？事实总是在那里的，而一切也都包含在事实之中，但是，每一个时代都需要另一类的希腊人，需要另一类的中世纪和另一类的文艺复兴。每一个年代都创造它所必需的一切，只有下一代人会认为他们父辈的梦想是谎言，必须用他们自己的新的"真理"与谎言作斗争。历史在文学作品的影响下走了同样的道路，批评界也同样如此，祖父辈一心想要延续其生命的梦想——不要再提更早的几辈先人——几乎不再能与今天的人们的梦想相触碰。于是，文艺复兴时期最为变化多端的那些"知见（Auffassungen）"可以和平相处，互不干扰，正如一个新诗人所刻画的新菲德拉（Phädra）①、新西格弗里德（Siegfried）和新特里斯丹（Tristan）② 一定会无损于前辈笔下的菲德拉、西格弗里德和特里斯丹。

诚然，艺术科学是存在的，艺术科学也必须存在。最出色的论说文作家恰恰是最不能放弃艺术科学的一群人：他们创造的必然也是科学，即使当他们对生活的想象已经超越了科学的领域。有时，它自由的飞翔会受制于无从碰触的事实——干巴巴的质料事实；有时，它会因为自己是一场幻象，因为自己领先于事实，它就可以任意地、随心所欲地在它们之间从容游转，而失去了全部的科学价值。然而，今天论说文的形式还没完全走上独立的路，就像它的姊

---

① 拉辛最后一部公演悲剧《菲德拉》（1677）的主人公，她一厢情愿地热恋自己的养子伊波利特，最终导致灾难。该剧取材于希腊神话，被认为是作者的最佳悲剧。

② 一个著名中世纪爱情传说的男主人公。这个传说的情节非常复杂，其结尾尤为有意思：特里斯丹生命垂危，只有他的爱人能够医治，但就在爱人即将到达之际，他却因为听信谣言以为爱人已经死去而黯然辞世，随后赶来的爱人见此情景也悲痛而亡；他们死后，在他们的坟墓上长出了两棵常春藤，枝叶连理，永不分离。

妹文学作品很早以前走过的路——那是一条发展之路，以原始的无差别的科学、伦理和艺术的统一为开端。但是，那条路的起点如此强大，以致随后的发展几乎不能与它等同，至多有几次能够接近它而已。当然，我谈论的是柏拉图。但凡生活展现在眼前时，曾经活着的或创作过论说文的最伟大的论说文作家之中，能够从生活中获取一切而不需要中介物质的人，只有他一人。他能够把他的问题，被提出的最深刻的问题，和经历过的生活联系在一起。这位最杰出的形式大师也是所有创造者中最幸运的一个：人们直接与他比邻而居，人们的本质和命运构成了图式的本质和他的形式的命运。即使柏拉图的作品里全是些最枯燥的符号——不仅是因为他神奇的赋形——生活与形式的一致也达到了很高的程度。但是，柏拉图和苏格拉底相遇了，并且给苏格拉底的神话赋形，将苏格拉底的命运用作向生活提出关于命运问题的手段。苏格拉底的生活是论说文形式的典型生活，它是如此典型，以致没有文学形式的任何其他生活能与之相比；或许悲剧中的俄狄浦斯（Ödipus）是个唯一的例外。苏格拉底总是生活在终极的问题之中；对他来说，每一个其他的生命现实都不如他对寻常人们所提的问题更富有生命。他用自己的整个生命去填补那些概念，用最直接的生命能量去体验和感受那些概念；其他一切不过是那个唯一的真实的现实的一个譬喻故事，只是在被用作表达那些体验的一个手段时才是有价值的。他的生活中响起了最深沉最隐秘的眷望的声音，这声音满载了最激烈的斗争。但是，那种眷望——简单地说——只是眷望（die Sehnsucht），它所借以显现的形式就是想去领会眷望的本质并从概念上把握它的努力，然而，这斗争不过是文字之争，仅仅是为了更明确地界定若干概念而一决高下罢了。然而，这种眷望却整个地灌注了生命，斗争在字面上就是为了决定生死。尽管如此，表面上填注了生活的那种眷望却不是关于生活的本质之物，关乎生死的斗争既不能表达生也不能表达死。如果有可能的话，苏格拉底之死会成为一场殉难或一出悲剧——这意味着它可以用史诗或戏剧形式表现出来。但是，柏拉图准确地知道为什么要把自己年轻时期写的悲剧焚毁。悲剧的生命只能用其结局给自己加冕，因为只有结局才能赋予整体以意义、含义和形式。准确地说，在每一篇对话以及苏格拉底的整个生命之中，结局总是任意的和反讽的。一个问题就这样被抛出来了，而且达到了如此的深度，以致它变成了所有问题的问题，但是，在此之后，一切仍然是公开的；来自外部的某些事物——来自一个现实，这个现实既与这个问题没有什么联系，也与一个能提出一个新问题并与之相遇的答案的可能性没有什么联系——力图打破一切。这种打破不是一个理想的结局，因为它并非来自内部；然而，它算是一个最深刻的结局，因为来自内部的结论是不可能的。对于苏格拉底来说，每一个事件都只是更加清楚地看到概念的一个机会，他在法官面前的辩护只是引导能力低下的逻辑学家认识自己的无知的一条途径——那么他的死亡呢？死亡在这里并不作数，它不能被概念所把握，它只是打断了重要的对话——这是唯一真实的现实，这种打断非常粗鲁，而且也是来自外部，与那位施教者打断苏格拉底和吕西斯的谈话如出一辙。然而，这样的打断只能以幽默的方式来看待，它和它所打断的事物几乎没有联系。但是，这也是一个深刻的生活象征——本质的东西总是被这样的东西以这样一种方式打断。

希腊人感觉每一样现成的形式对他们都是一个现实，是一个活生生的事物而不是一种抽象。阿尔克比亚德斯（Alcibiades）① 已经清楚地洞察到——很多世纪之后尼采才再次强调这一点——苏格拉底是一种新的类型的人，以他难以理解的本质与所有其他先他而在的希腊人深度不同。但是，苏格拉底在同一篇对话中，表述了他那种类型的人的永恒理想，无论是完整的人的感知，还是在最深刻的本质上作为诗人的人都不能理解这种理想；同样一个人既能写悲剧又能写喜剧，是悲还是喜完全取决于选取的视角。批评家表达了他最深的生活感觉——立场优先性，概念先于感觉；他确切地表述了一种最深刻的反希腊的思想。

如你所见，柏拉图自己是一个"批评家"，虽然批评和其余一切一样，对他而言只是一个事件，一个反讽的表达手段。对于后来时代的批评家，批评成了他们作品的内容；批评家只论及文学作品和艺术，他们再也没有机会遇到苏格拉底那样的人，那种将自己的生命当作他们跃向终极的跳板的人。但是，苏格拉底给这类批评家判了刑。"在我看来，"他对普罗塔戈拉（Protagoras）说，"把诗当作谈话的话题太容易让人联想起那种没有教养、俗不可耐的人在他们家里摆设的宴席了……像我们现在的这种谈话——我们之中大多数人所引以为豪的谈话——不需要外界的声音介入，也不需要某个诗人出场……"

对我们来说，幸运的是，现代论说文并不总需要谈论书本或诗人。但是，这种自由却使得论说文更成问题。它站得太高，俯瞰到了太多的东西，它把这些东西连接起来，却不能给一部作品作出解

---

① 此人是柏拉图对话之《普罗泰戈拉篇》中的一个人物。

说或诠释；每一篇论说文都用看不见的字母在标题旁边写下这样的语句："思想发生的因由是……"对于忘我的劳作而言，论说文太丰富太独立了，因此，它的理知性太强大、形式太多样化，以致不能从自身中获得形态。与它忠实地照本宣科的做法相比，它现在难道不是更成问题，距离生活价值更加遥远？

　　一旦某物变成了问题——我们这里所说的思考方法和它的表达方法还没有问题，但是并非一直以来都没有问题——这样，拯救就只能从问题最极端的尖锐化中得以实现，从它在问题中发展到的最顶级的末端中产生。现代论说文失去了曾给柏拉图和神秘主义者赋予力量的生活背景；关于书本的价值以及有关书本的所有评论，他都不再天真地轻信。这种情况的问题性已经尖锐到不得不要求轻率浅薄的思想和表达的地步了。对很多批评家来说，这已经成为其生活情绪了。然而，这种赎救是必须的，因而会成为可能，会真实地发生。论说文作家必须清醒地认识他自己，发现他自己，从他自身之中建设属于自己的东西。论说文作家也谈论一幅画或一本书，但是立刻就离开了它——为什么？因为，我想，那幅画或那本书的思想已经强有力地支配了他的头脑，因为他忘了所有和它有关的具体而次要的东西，因为他只把它当作一个起点，一个跳板。比起所有的文学作品来，诗性（Ｄ i e Dichtung）① 更古老、更阔大，也是更重要的事：那是文学批评家的古老的生命情绪，只是在我们的时代中，它已经成为一种有意识的态度。为了弄明白关于大与小的先验优先性，并将之宣说明白，通过用这种认知所观想和把握到的价

_____

① 这里的冠词"die"的字符间距被拉开了，看来卢卡奇是想强调诗的本质、诗性，而不是具体的诗作。

值标度来判断每一个个别现象，批评家们被发送到了那个世界之中。理念在所有关于它的表述说出之前就已经存在了，它是灵魂的一种价值，是自为的世界推动者和生活的塑造者：所以，这样的批评总要讨论最富有生命力的生活。这个理念是一切存在者的尺度，所以，"在某种因由"下观想着已经创造出来的东西的批评家，就是要创作最真实最深刻的批评的人。只有伟大和真实的事物才可能存在于理念的周边。如果这个神秘的语词被言说出来了，那么，一切的脆弱、渺小和未完成之物都会离散，失去其被篡夺的本质性（Wesenheit），失去其错位的存在。它并没有遭受"批评"：这理念的氛围就足以指向它了。

　　这样，论说文作家的存在可能性就在最深的根基处变得成问题了。他通过观想的理念的指向性的力量从相对的、非本质的事物中将自我拯救出来；但是，谁赋予了他这种裁断的权力呢？我们差不多可以这样说，那个权力是他自己获取的，他在自身中创造了这种判断价值。但是，借用更深的深渊把正确的东西分离开来的，无非是对他的近似的、斜眼范畴的自满自得的认识。论说文作家的评判尺度实际上是在他自身中创造出来的，但是，唤醒他们、使他们面向事实的并不是他，而是对他耳语的人、伟大的美学价值的制定者、总是即将到来然而却还没有到来的人、唯一被召唤来做评判的人。论说文作家就是一个像叔本华（Arthur Schopenhauer）那样的人，他一边写自己的那些次要作品（Parerga）①，一边等待自己的（或者别人的）《作为意志和表象的世界》（*Welt als Wille und Vorstellung*）的到来，论说文作家是远行到旷野中为即将来到的那

---

① 这是一个拉丁文单词，意思是"额外的装饰"，据此，我们权且译为"次要作品"。

个人传教的施洗约翰，他认为自己就是给那个人提鞋都不配。①
如果另一方不来呢——论说文作家不就没法辩解了吗？如果另一方
来了，他不就因此变得多余了吗？他如果尝试为自己辩解，是不是
就变得完全成问题了？他是纯粹的先行者那一类人，但如果一切都
取决于他自己——也就是说，不受制于他所宣示的命运，他可以向
任何价值或合法性主张自己的权利，那么，这似乎就很有疑问了。
面对着那些在宏大的赎救体系中否定他的成就的人们，他的坚持是
再容易不过的：每一个真实的眷望总是能轻轻松松地战胜那些慵懒
地深陷在粗劣的既有事实和经历中不肯挪动的人；因为眷望的存在
（Da-Sein），胜负已判。因为它把一切表面上积极的和直接的事物
的面具都揭了下来，把它揭示为次要的眷望和廉价的完成，直指那
些人无意识地追寻的尺度和秩序，那些人自认为是无法达到那些尺
度和秩序，于是就胆怯地、空洞地否认其存在。论说文可以平静
地、骄傲地把它的一片片碎片陈列在科学精确性的些小成就和使人
印象深刻的新鲜感面前做一番映衬，但是，一旦伟大的美学临现，
它的最纯粹的作为、最厉害的成就就全都失去了力量。那时，它所
有的创造都是对那种最终无以质疑的尺度的运用；它自身仅仅是某
种临时的偶然的东西，它的结果也不能在体系的可能性中从自身得
到纯粹的证明。这里论说文似乎确实只是一个先行者，无法给它杜
撰一个独立的价值附加于其身。但是，这种对价值和形式的眷望，
对尺度和秩序的眷望和对目标的眷望，并不只是一个必须达到的终

① 那个人就是耶稣。"我是用水给你们施洗，叫你们悔改。但那在我以后来的，能
力比我更大，我就是给他提鞋也不配。"（参见《马太福音》3：11。）

点，因为要是这样的话，它就会被取消，从而成为一种专横的同义反复。每一个真实的目标（Ende）① 都是一个真正的终点：路的终点。虽然路和终点不能成为一个统一体，不能等量齐观地并列，它们却可以并存。在那个已被发现的价值系统里，我们所说的眷望因为被满足而被取消；但是，这个眷望并不只是痴痴地期盼实现，而是一个拥有自己的价值与定在的心灵事实：对待生活总体的一种原发性的深刻态度，一个最后的不能被取消的体验可能性范畴。因此，它不但要被满足（因此被取消），而且要被赋形，这赋形能把它——它最为本己的因而也是不可分割的本质性——向着永恒的价值拯救和救赎。这就是论说文的赋形。让我们再想一想次要作品的例子吧！它们是发生在体系之前还是体系之后，不是一个纯粹的时序差别问题：而这个时间—历史差别只是它们两种特性区别的一个象征而已。在体系之前写出的次要作品在它们自身的内部创造了先决条件，从而在它们对体系的眷望中创造了整个世界，于是——似乎是——它们可以给出一个例子、一个暗示：它们内在地、难以形容地包含了体系，以及它与有生命的生活共生共存这一事实。因此，它们必须在体系之前发生；即使体系真的被创造了，它们也不会得到运用，而总是一个新的创造，一个在真实的体验中焕发的生命。这个"运用"既创造了进行判断行动的主体，也创造了被判断的对象，为了把定在者升华进入它那永恒的绝妙境界，它包含了一个完整的世界。因此，论说文是一种裁断（Gericht），其本质性的东西、决定其价值的东西不是判决（Urteil）（就像体系中的情况那

━━━━━━━━━━

① Ende 是目标，也是终点。

样），而是审判的过程（Prozeß des Richtens）。

直到现在我们才可以写下开篇词：论说文是一种艺术形式，是对自己的完整的生活进行独有的无保留的塑造活动。但是，直到现在，将它称作一种艺术品，突出强调它和艺术的差异，才显得它不是一个充满矛盾和暧昧意味的错误；它以和艺术作品同样的姿态面对生活，但是只有姿态，只有对自己立场的确定性是相同的，要不然它们之间就没有什么交流了。

这就是我要跟你谈的论说文的可能性，以及"理智诗作"——这是大施莱格尔对海梅斯特胡斯（Hemsterhuys）的作品的叫法——的性质和形式。论说文作家早就开始的自我省思是否已经完成，或者是不是能够完成，这里不可能展示这个问题，也不可能对准这个方向。我们能谈的只是这样的可能性，这样的问题：本书所尝试走的路是否真的是一条道路；我们没法讨论谁已经走过这条道路，他又是怎样走过了这条道路。至少可以说的是：这本书已经在这条道路上走了有多远——它的批判，以及它整个的批判锋芒，全都无保留地包含在它所来自的观想中。

佛罗伦萨　1910 年 10 月

柏拉图主义、诗艺和形式

——论鲁道夫·卡塞纳尔

"无论在何处，我总是能遇见这样一种人，这种人能极其出色地演奏一样乐器，甚至能以自己独有的方式作曲，可是在生活之中，除了他们自己的音乐，他们一无所知。这难道不是挺奇怪的事情吗？"在鲁道夫·卡塞纳尔的每篇作品中，无不回荡着类似于这种要么坦诚相见要么隐藏着弦外之音的发问。甚而他最短小的评论文字都能提供对这些问题的回答，在他所分析的每一个人物（此类人物多为诗人、批评家、画家）身上，能使他发生兴趣并为之强调的，只是导致此类问题的因由。诸如：这些问题引起什么样的后果，一个人过去的生活是怎样的，艺术与生命如何彼此对待，一方怎样重新塑造（umformt）另一方，一种更高级的有机体是怎样从双方之中化育而出，抑或因何不能？艺术风格是否存乎一个人的生命中？若是，此风格如何显示自身，又在何处显示自身？生命之中是否真有一曲强音贯穿始终，使得一切必然地在其旋律中获得救赎，一切离散之物也必然努力地重归一统？一部伟大的生命之作能成就艺术家多大的名声？假如艺术家真是由天下无双的金石所铸就的伟大人物，其作品该在哪里昭然于世？

　　那些在卡塞纳尔的批评作品里亮相的是些什么人呢？能够提出这个问题，本身就决定了卡塞纳尔在当今批评家中的地位（是否定的）。他是如今尚健在的批评者之列中唯一活跃的一位；唯一一位探访自己的圣坛的批评家，他亲自选出他要牺牲的对象，如此他就可以召唤出那些能够回答他问题的人的精魂；卡塞纳尔绝非仅接受偶然印象的感光片，而是一位威风凛凛的正面的批评家。正面表现在他对人物的选择上：他从来不写论战内容，哪怕只是有一点论战情绪的批评文章他也从来不写。蹩脚的、非艺术的东西对他而言是不存在的，他从不以正眼视之，遑论与之论战。正面还表现在他对人物的描写上：他对败笔毫无兴趣，他感兴趣的只有跟人的本质不可分离地相连起来的界限——构成他的最高价值的对立极点的界限，以及构成他生命里具有伟大象征意义的行动的背景的界限。在他观视这些人物之时，其他所有的东西都从他们身上消失于无形。他能够用一种具有暗示性的力量掠过事物，以至于他的眼光能把人从他们的外壳中剥离出来，从那一刻起我们就能感觉到那外壳只是糠秕，只有他视为谷粒的东西才是有价值的。卡塞纳尔的绝技之一便是他对许多事物视而不见。有关日常生活和老生常谈的故事写作的范畴都不能进入他的慧眼。譬如，在他论及狄德罗之时，从他身上看不到一点文学史所称之为百科全书派的痕迹，也没有把他看作市民戏剧的缔造者，或者是众多新思想的宣讲者，他对狄德罗的一神论、自然神论、无神论均不作区分，乃至一再为心理学家强调的"日耳曼朦胧说（germanische Nebelhaftigkeit）"都从他眼前飘走。在把诸如此类的庸常的东西从眼前统统扫除以后，他给我们塑造了一个新的狄德罗，一个永不安分、不断探索的狄德罗，作为第一位印象主义者和个人主义者的狄德罗。对于这样的狄德罗而言，一切观念、一切方法都只是一种用以达及自身或理解他者的手段，或者仅仅是与他们发生接触；这样的狄德罗高估了整个世界，因为非如此不能达到提升自己的目的；这个狄德罗的身上满满地集中了各种矛盾，时常空话连篇，好为大言，但在某些非同小可的关键时刻——也只有在这样的时刻——他所发现的风格至今仍长存于我们所盼望的韵律之中。

如此我们便要谈一谈卡塞纳尔所选中之人。在他的作品中登场亮相的主要有两类人，两者都是以艺术为生命的代表类型：创造型艺术家和批评家，或者——依卡塞纳尔的叫法——诗人（Dichter）和柏拉图主义者，他以保守的、近乎独断论的果决将这两者作了泾渭分明的区分。他以现代伤感主义为敌，以界限混淆者为敌，以杂烩风格为敌，后三者都容忍"作诗运笔艰难之人依靠想象用散文体去写诗"。因为对于每一种灵魂类型而言都有适合它的不同表达手段：诗人用韵文写作，柏拉图主义者用散文写作，并且——最重要的是——"诗艺有其法则，而散文没有。"

诗人用韵文写作，柏拉图主义者用散文写作。一方生活在坚固而安全的法则工事里，另一方则裸身于万千种自由的漩涡和危险之中。一方处于光华万丈、施魅作法的自身内部的自我完成状态，另一方起伏于相对的永恒的波峰浪谷之间。一方的手中偶尔握有事物，凝神观思，但多数时候展开强大的羽翼一飞冲天，另一方总是切近事物，但又总是与它们远隔万里，似乎他能占有它们，而实际上他只能向往它们。或许两者都是一样的无家可归者，游离于生活之外，然而诗人（他自己永远不能企及生活的世界）的世界却是一个人们能生活于其间的绝对世界；柏拉图主义者的世界没有任何的实体性。诗人既不说"是"，也不说"不是"，柏拉图主义者在同一时刻既相信又怀疑。诗人的命运可能是悲剧性的，柏拉图主义者却没有可能成为悲剧主人公，卡塞纳尔说："父亲根本没有被谋杀的那个人才是哈姆雷特。"

这些都是两极对立的矛盾。它们几乎互补。诗人的生活问题在于无视柏拉图主义者的存在，对于柏拉图主义者而言，很要紧的体验是与诗人一起达至澄明之境界，并找到合适的言辞将此境界的规定述说清楚。纯粹的诗人缺少的是思想，这里的意思是说，如果他有思想，这些思想也只是质料，只是旋律的诸种可能性，只是合唱歌队里的声音，与其他声音没有区别，它们什么也不能领会，也不对任何事物承担义务；诗人不能习得什么，因为诗人总是闭合的、圆整的。诗人的形式是诗句，是歌；对他而言一切都会融入音乐之中。"在柏拉图主义者的心里活跃着某种东西，他永远不能为之找到合适的韵脚"，他将一直期盼他所永远达不到的东西。对他而言，思想也只是原生质料，只是一条他可以任意行走的路径，但是这条路径本身对他意味着终极，意味着他生命里不可继续裂解的事实，他不停地发展自己，然而却从未达及过一个目标。他要言说的东西总是多于——或者少于——他有机会所言说的东西，那暗哑事物的无声陪伴把他的作品变成了音乐。他从不能说清关于自己的一切，从不能全身心地投入一桩事情，他的形式从来没有被完整地填塞，或者说这些形式不能收纳承揽一切；分析、散文是他的形式。诗人总是谈论自己，他为哪一个对象吟咏倒是无关紧要的；柏拉图主义者从不敢明目张胆地思考自己，他只有通过别人的作品才能体验他自己的生命，通过别人的理解才能更好地接近他自己。

真正典型的诗人（依照卡塞纳尔的判断，无异议地属于这类诗人的或许只有品达、雪莱和惠特曼）是从来不会成问题的，而真正的柏拉图主义者却总是成问题的；对于那样一种决意要将生命合乎条理地活到终点的人来说，在一种非常深刻的意义上，成问题和不成问题就都是一回事。只有当这对比鲜明的两类人混合成一类人（这样的事一定会在历史发展进程中不可避免地发生），表达和路径，诗篇和散文才会变成生命的问题。于是，卡塞纳尔举例说，欧里庇德斯，这位苏格拉底的门徒，他的希腊悲剧与埃斯库罗斯相比是柏拉图风格的，经沃尔夫拉姆·冯·爱申巴赫①之手，法国的骑士史诗都走向了其反面，从柏拉图主义变成了基督教风格。

问题出在哪里？解决之道何以寻求？在纯粹类型的人那里，工作和生活是融为一体的，或者更恰切地说，只有那些能与工作发生关联的那部分生活才是重要的，才是必须予以考虑的。生活无足轻重，工作压倒一切；生活是纯粹的偶然，工作是必然本身。"当雪莱创作的时候，"卡塞纳尔写道，"他暂别了世人"。佩特②、罗斯金③和泰纳④的作品将他们的生活中所有能够与其作品产生抵牾的可能性消解了。当柏拉图主义者的永恒的非确定性威胁着要在诗歌的白色光

---

① 沃尔夫拉姆·冯·爱申巴赫（Wolfram von Eschenbach，约1170—约1220）是中高地德语时期诗人，创作有大量叙事诗和弥撒抒情诗。
② 佩特（Walter Horatio，1839—1894）是英国批评家，对王尔德、穆尔和其他唯美主义作家影响深远。
③ 罗斯金（John Ruskin，1819—1900）是英国作家、评论家和艺术家，对维多利亚时代公众的审美观点产生过重大影响。
④ 泰纳（Hippolyte Adolphe Taine，1828—1893）是19世纪法国实证主义的代表人物，著名的思想家、文艺评论家和历史学家。

环上投下暗影的时候，当他沉重的距离感要把诗人高飞的轻飘感向下拉坠的时候，或者当人们不得不产生这样一种担心，担心诗人那种神圣的轻灵之思可能会篡改柏拉图主义者深刻的迟疑，褫夺去他们的真诚的时候，问题就出现了。在这样的人们那里，问题在于要找到足够阔大的形式来安顿彼此互相排斥的潮流，富足的形式要将这些潮流强行结为一体，并赋予这统一体以强大的力量。重要的是，该力量不至于崩坏这样的形式。对于这样的人们而言，两个方向之中的一个是目标，另一个则是危险；一个是指南，另一个则是荒野；一个是工作，另一个则是生活。两者之间激烈爆发的生死之战是为了一场胜利，这场胜利能把两大敌对的阵营联合起来，从落败一方的短处之中，从他们的不足之中创造出优势来。这样的斗争是充满了危险的，因为很有可能出现如下局面：一个极点与其余诸极点达成妥协，消解了不和谐音之后只产生了空虚的平庸。

真正的消解只会催生形式。只有在形式中（"唯一的可能性"是其最简洁的定义），只有假道于形式，才能从每个反题中、从每个趋向中生成音乐和必然性。每个问题中人的道路都导向形式，也导向了一种统一性，该统一性能从自身内部把最大规模的互相纷争的各种力量整合在一起，因此在这条路的起点挺立着一个能够创造形式的人，也就是艺术家，在艺术家的形式中诗人和柏拉图主义者是一人两名。

冲出偶然性的牢狱！这就是目标！向着这个目标冲击的有维特、弗里德里希·施莱格尔和本杰明·贡当斯的阿道夫（卡塞纳尔认为此人是克尔凯郭尔的先驱）；所有这些人在他们的第一幕人生大戏中都很美好、有趣，而且真诚坦荡①，那个时候做一个有趣、

---

① 原文是 "wie aus echtem Holz geschnitzt"，就好像用原生木头刻出来的一样。

个性独特、才华横溢的人就足够了。一旦他们向着一种普遍的、创造出垂范意义的生活努力的时候（这些也是对形式概念的另一种表达），他们便破碎了，扁平化了，他们沦为了自杀者或者在内心废坠沉沦了下去。克尔凯郭尔达成了一个在柏拉图主义基础上的信仰高度严格的生命组织（Lebenseinrichtung），但是为了实现这一目的，他必须战胜他心中的美学家和诗人；他必须把诗人的全部特点都体验到底，这样才能将它们融合为一个整体。生命之于克尔凯郭尔的意义，如同诗艺之于诗人一样，他心中隐匿的那个诗人仿佛是他生命中诱惑他的塞壬女妖的歌声。罗伯特·勃朗宁①走的恰恰是与他截然相反的路。他从不止歇的天性使他在生命里永远找不到一个固定的落脚点；他从不敢认为一句表达的话语是终极有效的；他从没有在一篇文字作品中找到他曾经生活过的和感受过的内容；一直到最后他在一出极为奇特的抽象诗性和印象主义的抽象心理戏剧中（或者说在戏剧断片中，在独白中，在戏剧场景中）为他的柏拉图主义发现了音乐，发现了罕有的、光辉瞬间的抒情诗，借此他生活中纯粹偶然的部分就变成象征性和必然的了。于是，波德莱尔（Baudelaire）以他的艺术才华（Artistentum）把那种轻若鸿毛（差不多是无足轻重）并且无所归依的人和那种代表了一切与永恒的、无所归依的诗人结合到了一起。艺术植入了罗塞蒂②的生活，

---

① 罗伯特·勃朗宁（Robert Browning，1812—1889）是英国诗人、戏剧家，主要作品有《戏剧抒情诗》（*Dramatic Lyrics*）、《环与书》（*The Ring and the Book*）、诗剧《帕拉塞尔苏斯》（*Paracelsus*）。

② 英国维多利亚时代意大利裔的罗塞蒂家族，每个成员都有非凡的天资，在当时的英国文艺界极为活跃，卢卡奇在这里所提到的罗塞蒂可能是诗人克里斯蒂娜·罗塞蒂（Christina Rossetti，1830—1894）。

原本是纯粹艺术的、风格的要求转变成了生命的感受。济慈把他的诗人精华的思想发挥到了极致，他信靠了一位圣徒的禁欲苦行思想，为此放弃了生活，他的生命超越了他的诗艺，将两者融为一体（这里的生活就是诗篇的背景），从而形成了一个更高层次的新的统一体。

从偶然性到必然性是每一个问题中人的必经之路；走到那里就等于走到一切皆成为必然的道路之上，因为一切都表达出了人的本质，一切都不外乎是人的本质——纯粹的、没有保留的本质；在那里一切都变成了象征性的，如同在音乐里一样，一切都只是它所意味的含义，它所意味的就是它自己之所是。

诗人的形式飘荡在他的生活的上方，柏拉图主义者总是与生活失之交臂；艺术家将一切暗影吸收入自己内部，并且由于这场对黑暗的豪饮将它的光辉提升到了更高的强度。只有通过艺术家的形式，才能在柏拉图主义者沉重的蹒跚步履与诗人轻灵的失去分量的羽箭飞翔之间创造出一种平衡；通过艺术家的形式，从诗艺中产生柏拉图主义者永恒期盼（对确定性和对信条的期盼）的持久隐匿的主题，柏拉图主义者将生命的多色调载入了诗人齐声一致的圣歌之中。

或许，只有对于那些情感向着两个方向发出不谐和音的人来说，生命才是现实。或许生命只是一个语词，对于柏拉图主义者意味着作为诗人的可能性，对于诗人来说是作为柏拉图主义者的可能性，而且还是隐匿在他的灵魂中的柏拉图主义，能够如此生活的只有这样一种人：在他的灵魂中这两种要素水乳交融地混合在一起，并且从这两者的结合之中产生出形式来。

在世界文坛上，卡塞纳尔是柏拉图主义色彩最为浓郁的作家之一。在他心中跃动着一份对确定性、对尺度和对信义的期盼，这份期盼强烈得难以置信，也以难以置信的方式隐伏着，并且被猛烈的反讽层层包裹，被僵硬的展示（Aufstellungen）遮蔽。他的怀疑和摇摆是高贵的，也正是这种怀疑和摇摆促使他丢下所有的尺度，倒逼他去审视在孤绝的强烈光照下的人，而不是平静从容地去观审宏大合题（der großen Synthese）之下的修饰性和谐里的众人。卡塞纳尔似乎是闭着眼睛在审视着这样的合题，当他观看事物的时候，如此众多的对象、如此精致的细节、如此众多不能复现的东西都被他尽收眼底，导致每个总结都像是谎言，像是有意识的伪造。然后他紧跟着自己的憧憬，他闭上双眼便能看清作为一个整体［光影色调中的（in den Valeurs）整体］的众多事物，然而他的真诚又迫使他睁开眼睛观看它们，于是它们再度彼此分离、各自孤绝、密不透风。在两极之间摇摆就是卡塞纳尔的风格。在他观审事物的时候，如果他臆想中的合题装填进了真实的内容，如果那些事实尚有一刻保持着光影的色调（Valeur），并且还没有强大到能够冲破它们之间梦寐以求的关联，这样的观想时刻是很美好的。当目之所及的美妙细节都进入了墙上雕饰花纹展现的童话故事里的一眼望不见头的跳舞者的行列的时候，在这样的时刻闭上眼睛也是美好的：他们都是有生命的，而不再只是象征物，也不再只是装饰物。卡塞纳尔狂热地梦想着博大的统一的线条，诚然他——出自认真细致的考虑（aus Gewissenhaftigkeit）——也完完全全是一位印象主义者。如此双重性产生了炽热的张力，同时也造就了他风格中难以穿透的迷雾。

我们曾说：柏拉图主义者的世界没有实体性。诗人创制的世界总是实在的，哪怕这样的世界是由梦幻编织而就的，因为用来编织的质料是更加统一的、更富有生命力的。批评家的创造之道有如荷马史诗里的英雄，他用一头替罪羊的血使另一位在冥府中憔悴不堪英雄的影子貌似获得了生命而短短地苏醒一会儿。两个世界的居民彼此面对，一个是人，另一个是影子，那个人只是想从影子那里了解一件事（ein Ding），而影子获得生命只为了给出一个回答（eine Antwort），在这整段时间内，这一问一答交织在一起，提问是为了回答，回答是为了提问。柏拉图主义者从不创作这样的人物；该人物已经或曾经在某个地方复活了，但他的复活并不依靠他的意志和力量，他能做的只是召唤出黑影，吁请这影子对某一个问题作出回答（只有在这里批评家才是有绝对发言权的），这个问题的重要意义也许连被问者也从未意识到。

柏拉图主义者是灵魂的解体者，而不是人的创造者。霍夫曼斯塔尔（Hofmannsthal）在他的一篇对话中以巴尔扎克之口对两类人作了区分：一类人的生命能量具体体现在戏剧中，另一类人的生命能量则体现在叙事诗中，因此人们可以想象那种能存在于一部戏剧中但不能存在于一首叙事诗里的人物，或者相反。也许人们可以通过全部的文学艺术形式将这些区分工作继续深化下去，并根据各自的艺术形式制作出生命能量的等级表。可以肯定的是，如果戏剧居于该系列的一个末端的话，论说文（此用语指称的是柏拉图主义者的所有文本）就必然地居于另一个末端。这种分类不是学院式的风格，它自有其深刻的灵魂成因。在同一篇对话中，巴尔扎克讲述了这个成因：他不相信性格（Charakterer）的存在，而莎士比亚却是相信的；他感兴趣的不是人，而只是命运（Schicksale）。在卡塞纳尔后来创作的一篇对话中，一位发言者不承认对方拥有性格（单数），他说他的记忆力异乎寻常地出色，他不能忍受一件事情反反复复地发生，任何重复发生的事他都觉得是错误的、愚蠢的、多余的、无益的。然而，不经重复就无法作出价值评判，甚而连生命延续下去的可能性都不复存在。为了把事情说清楚，我们还要补充一点有关技术的成因：克尔曾有一次提到过豪普特曼（Hauptmann）的《大火灾》（*Der rote Hahn*），指出无赖老鞋匠菲利茨（Fielitz）为了成全舰队的利益而不惜以身犯险，此一壮举纵然外表看起来光华璀璨竟也未能如愿，其原因是豪普特曼只点到了一次，没有重复，在戏剧的进展过程中这样一件事情只被提及一次是再自然不过的，然而还是让人产生强粘上去的（Aufgeklebte）的印象。一个戏剧性格（Charakter）没有持久的个性是不可想象的；通过戏剧的视角我们根本看不出哪个人物没有持久的个性，他们的短暂性在接下来的一瞬间就被忘记了。对这种特征的重复无非是对个性和性格（Charakter）持久性的深度信仰的技术上的等价物。我们用不同的方式说过，柏拉图主义者不相信重复，重复是塑造人物的心灵上的，同时也是技术上的主要要求。

因此，他论说文里的人物显得栩栩如生，而不是他中篇小说里的人物显得栩栩如生。从卡塞纳尔那里我能看到罗伯特·勃朗宁和伊丽莎白·勃朗宁，能看到他的黑贝尔①、他的克尔凯郭尔、他的雪莱和他的狄德罗，但是我完全看不到他的阿达尔贝特·冯·格莱

---

① 黑贝尔（Christian Friedrich Hebbel，1813—1863）是德国作家，其作品兼具 19 世纪德国唯心主义、现实主义、心理主义和决定论的特点，具有明显思辨倾向。

辛（Adalbert von Gleichen）和约阿希姆·福图纳图斯（Joachim Fortunatus）。我能记得他们所想过或见过的事，但这些事跟我脑子里的感性、可视和可闻的印象（Vorstellungen）没有一点相关。我看不见它们。我能看见勃朗宁姐弟活生生地在我面前，可那也许只是他们的影子，也许卡塞纳尔言语之间就在暗示说，从那些书中被召唤出来的影子已经披挂上了他们在生活中用过的盔甲，他们保留了他们生活中的姿态、节奏和韵律；也许那只是对精灵的召唤，片刻之间看上去很像是人物的创造。

可以肯定，假如卡塞纳尔尝试着给勃朗宁赋予新的生命，那么这个人物一定是存在过的。对于歌德来说，艾格蒙特①或塔索②是否在某个时刻真实地存在过并不重要，对于不是非常擅长创造人物的斯温伯恩③来说，玛丽·斯图亚特（Mary Stuart）有没有存在过也不重要；然而在柏拉图主义的佩特那里，沃拓（Watteau）可以在一个女孩子的日记里面被描写得活灵活现，而与此同时那位记日记的女孩子却消失在重重的迷雾之中。两种具有相同形式的创作才能的艺术家一个选择了论说文，另一个选择了——我们姑且说是——戏剧作为自己的表达形式是外部原因使然，这种讲法是不对的。只要是个真实的艺术家，他就会根据自己的能力程度去生活（或者更

---

① 艾格蒙特（Lamoraal graaf van Egmond，1522—1568）是荷兰贵族，早期反对西班牙腓力二世的荷兰政策的领导人，也是歌德据此创作的戏剧《艾格蒙特》（*Egmont*）的主人公。
② 塔索（Torquato Tasso，1544—1595）是意大利文艺复兴后期诗人，也是歌德剧作《托尔夸托·塔索》的主人公。
③ 斯温伯恩（Algernon Charles Swinburne，1837—1909）是英国诗人、批评家，没有宗教信仰，主张无神论。

恰切地说，创造人物），去发现他的艺术形式。因此，假如柏拉图主义者要论说自己，他就必须要穿越他者的命运，在这些他者那里，那些既有之物（das Gegebene）、那些源自生命的形成之物，以及那些永恒的、不可变更的东西已经特别丰富了，这样他才能抵达他隐藏在自身灵魂内部最深处的亲密的地方。因为他那分解一切的目光只能汇聚于强劲的现实，在某种程度上看到的就是有血有肉的人。有时候我觉得，作为真诚的批评家，他的诚信仿佛会驱使他不那么专断地（eigenwillig）处理他的原型人物，而是竭尽一切努力来描画他们，一如他们在现实中之所是——他的这种理解是形成于他对于自有界限的深刻的认知。批评家本来只需司职于构建各种各样的过渡关系（Übergänge），现实世界越是无可辩驳地存在，并且与他联系得越是紧密，他就距离创作越近。

重申一下：诗人和柏拉图主义者是两个对立的极点。每个柏拉图主义者在描述诗人的时候都会说出自己最富意义的话语。也许有一条神秘的律法规则，它决定了这个或那个诗人应当被指定给哪一位批评家，于是后者就有可能论说这位诗人。也许诗艺与柏拉图主义的混合程度决定了哪一方在这层意义上是另一方的心理上的对立面；也许从一种神秘的数学意义上说，在这两类人当中柏拉图主义和诗艺的总和数总是恒定的，也就是说，一个人越是纯粹的柏拉图主义者，他就越会激赏并挚爱与柏拉图主义没有丝毫关联的纯粹的诗人、观想者。也许这其中的原因在于，我认为卡塞纳尔的全部文章里要数评论雪莱的那篇是最精湛、最富于诗意的，对于像爱默生（Emerson）这样纯粹的柏拉图主义者来说雪莱却是无足轻重的。卡塞纳尔在写雪莱的时候找到了最响亮、最富于活力、最切中肯綮的语言，也许正是因为他在各个方面来说都与雪莱不相及；也许他在描述雪莱的文风的时候，谈论的就是他自己。在论及雪莱的肖像时，他写道："它们仿佛是从光、空气和水里面编织出来的，它们的色彩是彩虹的色彩，它们的音调是回声的音调，它们的绵延，如果我能这样说的话，是起起落落的波浪的绵延。"要给雪莱的文风——或者说是卡塞纳尔本人的文风——进行定性，没有比这段文字更美更好的了。因为雪莱的风格也是他的风格；然而雪莱那里没有暗影，在卡塞纳尔那里有的是暗影的昏色光照。

1908 年

生活中被撞碎的形式

——论索伦·克尔凯郭尔与蕾金娜·奥尔森

树底下的美少年啊,

你不能中断你的歌唱,

那些树也不会落光叶子;

鲁莽的钟情汉,你永远、永远亲吻不到,

虽然很接近了——但无需悲哀;

她不会凋谢,纵然你不能如愿以偿,

你将永远爱下去,她也永远娇美!

济慈:《希腊古瓮曲》①

1

什么是姿态(Geste)的生活价值?或者换一种方式来问:在

---

① 参见卞之琳《英国诗选》,湖南人民出版社 1983 年版,第 114—115 页。

生活中，形式的价值，形式之创造生活、提升生活的价值是什么？姿态是对一种并不含混的事物的运动的清晰表达。如果说形式是表达生活中之绝对者的唯一方式，那么，姿态就是那在自身中是唯一完整的事物，就是那唯一的现实，它是一种非常纯粹的可能性。

姿态不假外物就可以表达生活，但是，表达生活——这可能吗？这不是一切生活艺术（Lebenskunst）——这种生活艺术用空气建起一座水晶宫，用心灵之非实在的可能性去伪造现实，利用心灵的分分合合建造出一座沟通人与人的形式之桥——的悲剧吗？这姿态究竟能否存在？由生活的角度观之，形式概念能有意义吗？

克尔凯郭尔曾说，现实与可能性无关，但是他却将自己的全部生活奠立在了一个姿态上面。他的每一篇作品、他的每一次抗争与历险在某种意义上都是那个姿态的背景；或许，他根本就是为了使他的那个姿态在与生活之混乱的多样性的对比中更加明晰地凸现出来而写作和历事的。他为什么这么做？在所有的人之中，偏偏是他比其他任何人都要更清晰地看到了每一个动机的一千个方面和一千种变化，他是怎样做到的？他明察秋毫地洞见了每一种事物是如何向对立面转化的，假使我们也凑上前去仔细观察，在几个难以区别的过道之上，无以桥接的深谷是怎样地张开了口子？他为什么做这样的事？或许是因为姿态是自然神力（urkräftig）的生活必需品中的一种；或许是因为一个想成为"真诚的（ehrlich）"——这是克尔凯郭尔使用频率最高的一个词——人的人必须强使生活放弃它的单纯意义，必须如此稳固地——即如他向他揭示魔幻的语词的本质时那样——抓住那不断变化的形

体的柏洛托士（Proteus）①，以使他自己不再变动。或许这个姿态
——为了能够让克尔凯郭尔的辩证法为我所用——就是佯谬
（Paradox）；就是现实与可能性、物质与空气、有限与无限、生活
与形式相互交切的那个点。或者，用更确切与更接近克尔凯郭尔的
术语的话来说：这姿态就是心灵由以从一个阶段过渡到另一个阶段
的飞跃（Sprung），就是那由以离开现实之总是相对的事实而达到形
式之永恒确定性的飞跃。简言之，这姿态就是生活中的绝对由以变形
为可能的那个独特的飞跃。姿态是生活之伟大的佯谬，因为只有在其
严格的永恒性中，生活之每一个转眼即逝的瞬间才有自己的一席之
地，也只有在它之中，每一个这样的瞬间才变成了真实的现实。

任何一个与生活进行纯粹游戏的人都需要这种姿态，因为这
样，对于他而言，他的生活才能生成一种较之于由无限运动所组织
的游戏更加真实的东西。

但是，真有一种面对生活的姿态吗？难道它不是一种自欺——
哪怕是英雄式的美丽的自欺——，相信姿态的本质就存在于一个行
动中、一次转向（Hinwenden）中、一次掉头远去（Abwenden）中：
它坚如磐石，然而又以不可改变的力量将一切都封锁在自身之中？

2

1840 年 9 月，艺术学硕士索伦·阿比·克尔凯郭尔与国务顾问

---

① 这是希腊神话中变化无常的海神。

奥尔森 18 岁的女儿蕾金娜·奥尔森（Regine Olsen）订婚。但仅仅一年后，他就解除了婚约并前往柏林。当他再回到哥本哈根的时候，他就以一个著名的怪人的身份而闻名于当地了。他的作品是用各种笔名发表的，虽然凭着横溢的才华赢得了一些崇拜自己的读者的认可，但他却因为其作品"伤风败俗"和"轻浮浪荡"的内容而招致大多数人的仇恨，他特立独行的生活方式使得他成为幽默报刊连续不断的攻击的目标。他的晚期著作使他树敌更多，也就是占统治地位的国教会的头头们。在他发动的旨在反对这些人的艰难斗争中，他指出我们时代的教会并不是一个基督教群体，事实上，任何一个人继续成为基督徒的可能性都不复存在了，它死了。

而在此之前几年，蕾金娜·奥尔森嫁给了她以前的一个仰慕者。

3

究竟发生了什么事？对此的解释可以说数不胜数，每一份新近出版的克尔凯郭尔的文本、信件、日记都使得人们理解这一事件变得容易一些，但同时，这也使我们去感同身受地理解或评价这一事件对索伦·克尔凯郭尔或蕾金娜·奥尔森的生活的意义变得更困难了。

在写作关于克尔凯郭尔的论述时，卡塞纳尔以一种令人难以忘怀也无法超越的言辞拒绝了以往的每一种解释。"克尔凯郭尔，"他写道，"使他与蕾金娜·奥尔森的关系成了一首诗，当他使自己的生活成了诗的时候，其目的不在于掩盖真相，而在于揭示它。"

这里面并没有什么解释，所写出来的文字超过了解释，它就是一个姿态。克尔凯郭尔曾说过：我是一个忧郁的人；他还说过：我的整个不朽对于她来说太陈旧了；他又说：我的罪就在于我试图带着她一道跃入那伟大的川流；他又说：如果我的生命不是一场伟大的忏悔，如果它不是一部使徒前传（vita ante acta），那么……"

他离开蕾金娜·奥尔森，对她说他不爱她，从来就没有爱过她，那时候对他的薄幸精神来说，每一个瞬间都有全新的人和全新的关系产生。他的大部分著作都明确地宣示了这一点，为了强化他对蕾金娜·奥尔森的信心，他的言说方式和生活方式都强调了这一件事情。

……当蕾金娜嫁给了她过去的一个仰慕者的时候，克尔凯郭尔在日记中写道："今天，我看见了一个美丽的少女，但她并没有引起我的注意。没有哪一个已婚男人对妻子的忠诚能超过我对蕾金娜的忠诚。"

4

这个姿态的目的就是使费解的事情变得不含混——这种事情因为很多理由而发生，其后果又是枝蔓丛生。从婚约中抽身而出，带来的后果只有烦恼，只有悲剧——这两个人的相遇只能以悲剧收场——就是不要摇摆的不确定性，不要让现实破碎并流散入可能性之中。对于蕾金娜·奥尔森来说，一旦意味着生活的东西失落了，那么，这个东西就失去了在她生活中的全部意义；如果深爱着蕾金娜·奥尔森的他必须离开她，那么，离开了她的他则必须是一个恶棍和勾引者，这样，回到生活的每一条道路对她来说都是敞开的。既然索伦·克尔凯郭尔的忏悔就是离开生活，那么，忏悔就必然会因罪犯的面具——它是以骑士般的风度伪装出来的，从而掩盖了他的真实的罪——而变得更伟大。

蕾金娜·奥尔森与别人的结合对克尔凯郭尔来说是必须的。"她很好地抓住了要领，"他写道，"她明白，她必须结婚。"他需要她结婚，因为这样，对他们的关系来说，就不再有不确定的和左右摇摆的东西了，进一步的可能性也没有，有的只是这一种关系：勾引者和被抛弃的少女。但是，少女安慰了自己并找到了回归生活的道路。勾引者的面具后面是一个因为苦行而自愿将自己冻结在他的姿态中的修道者。

少女的变化从一开始走的就是一条直线。在勾引者僵硬地微笑着的面具后面，是同样僵硬的苦行修道者的面容。姿态是纯粹的，表情说明了一切。所以说，"克尔凯郭尔使他的生活成了一首诗"。

5

一个人的生活与另一个的生活的唯一本质差别是如下问题：即生活是绝对的还是纯粹相对的，生活中相互排斥的对立面是否尖锐地、永远地相互分离了？这个差别就是：当生命之路貌似出现分叉的时候，生活问题是否在非此即彼的形式中被抛出，或者，"不但……而且"才是其恰切的表达。克尔凯郭尔总是说：我想成为真诚的，这种真诚的意思无非就是义务（这个词最纯粹的意义），就是根据诗人的原则活在他的生活之中；决断的义务，即在每一条道路上走到底，一直走到岔道边上的义务。

但是，当一个男人四下观望的时候，他就既看不见道路和岔路，也看不清有什么泾渭分明的不同选择；一切都在流动，一切都转变成别的事物。只有当我们扭过脸转移目光，然后过了很长时间后再回望过去，那样，我们就会发现那个事物已经变成了别的事物；当然也有可能那时它还没有完成变形。克尔凯郭尔哲学的深刻意义就在于：他在生活之不间断地摇摆的过道的下方设定了几个固定的支点，并在细微差别的融化着的混沌中得出了绝对的质的区别。已经被确定为彼此不同的事物，它们之间的界限已经明确地、深刻地建立了起来，将它们彼此分开的东西已经没有任何可能再被涂抹得无法辨认。因此，克尔凯郭尔的真诚就意味着如此的悖谬：尚未成长为一个遮蔽了所有先前差别的新的统一的东西，必定要保持永远的被分离。在已经发现有差别的事物中间，你必须去选择一个，你不必去寻找什么能够解决"纯粹貌似的（nur scheinbaren）"矛盾的"中间道路（Mittelwege）"或"更高的统一体（höhere Eiheiten）"。所以，不存在什么体系，因为照着一个体系去生活是不可能的；体系是一座庞大的宫殿，它的创造者只能回撤到一个不起眼的角落里去。在思想的逻辑体系中，不再有生活的任何空间了，由是观之，体系的起点总是任意的，它所建构的东西是自在闭合的；从生活的观点来看，是相对的——只是一种可能性而已。生活中没有什么体系。生活中只有个别的和具体之物。存在与有差别是等量齐观的。只有具体的、个别的现象才是不含混的、没有细微差别的绝对。真理——或许——是纯粹主观的；但主观性则肯定是有真理性的；个别的事物是唯一如此的事物，个别的人是真实的人。

生活中也有一些主要的典型性的可能性循环，用克尔凯郭尔的话来说就是层级（Stadien）：美学层级、伦理层级和宗教层级。其中的每一级都以容不得任何过渡的鲜明样态与其余层级隔离开来了，它们之间的联系就是奇迹、飞跃、一个个人的突然变形。

6

这就是克尔凯郭尔的真诚：万物都与他物有着严格的区分，生活与体系之间，人与人之间，层级与层级之间同样如是。看到生活中的绝对，没有一丝的妥协。

但是，将生活看作没有妥协的存在难道不是一种妥协吗？将绝对性牢牢地固定住这难道不是一种对观看万事万物这一强制责任的逃避吗？层级难道不也是一种"更高的统一体"吗？对一种生活体系的否定自身难道不也是一个体系——一个非常体系化的体系吗？飞跃难道不是一种突然的转变吗？在每一次达成一致的背后不正隐藏着一种更严格的区分，在其最激烈的否定背后难道不正隐藏着一种妥协吗？一个人能够面对生活成为真诚的人，然后把他的生活事件全都进行文学形式的风格化转型吗？

7

克尔凯郭尔的这种分手姿态的内在真诚性表现在：他所做的一切都是为了蕾金娜·奥尔森。书信和日记满载了这一点：要是他们能够继续在一起，蕾金娜就会被彻底毁了。蕾金娜轻快的笑声将无法打破他深深的忧郁之暗淡的沉寂了，那笑声马上就会静止，欢快的轻灵将会负载着疲惫不堪的重荷一头栽倒到坚硬的地上去了。这样将没有人能够从那牺牲中得到益处。而拯救蕾金娜·奥尔森的生活正是他的职责所在（从人的幸福这一立场来看，这是以剥夺人的生存为代价的）。

但现在的问题是，蕾金娜·奥尔森的生活是否是他要拯救的唯一对象？他自问：依照他的看法，使他们两分手这一事情难道不是他自己生活中必然的部分吗？难道不是因为他爱这种忧郁，爱得胜过了其他，甚至到了没有它就不能生活的地步，出于这个原因他才放弃了与他的忧郁的抗争（如果他没有放弃，这一抗争或可成功）吗？"我的苦恼是我的城堡。"他曾这样写道。在别处他又说（我将有代表性地引用一些）："我处在伟大的忧郁中，还是热爱生活的，因为我热爱我的忧郁。"关于蕾金娜和他自己，他写道："……她已经被毁灭了，只怕她也反过来毁了我，因为我已经坚持不懈地为了她而不堪其重，伤害了自己。对她而言我太重，对我而言她则太轻，但不管对于哪一条道路，都同样免不了闪失自己。"

有这样一些人，为了使自己能变得更伟大，甚至连那些与快乐和阳光有一丝关联的事物都必须永远地被禁止。卡洛琳娜①曾评论弗里德里希·施莱格尔："有些人的生机是必须被压制的，弗里德里希就是这样的人中的一个，如果他享受了胜利的充分荣光，哪怕就一次，他也将毁灭掉他生命中最美好的、为他所专有的东西。"罗伯特·勃朗宁在齐阿皮诺（Chiappino）②的忧愁的历史中重写了弗里德里希·施莱格尔的悲剧，只要齐阿皮诺停留在阴影中，只要他的全部生活仅仅意味着悲惨和无结果的眷望，他就还是一个强劲、高贵、精致、有深刻感受力的人。当不幸的命运把他高高地抛起，这一高度甚至超过在最狂野的梦里的盼望，超过了他最愚蠢的自怨自艾，他就变得空虚了，他愤世嫉俗的言辞只能勉强掩盖他在意识到这种空虚——与"好运"相伴而至的空虚——时感到的痛苦（勃朗宁把这种崩溃称作是"心灵的悲剧"）。

克尔凯郭尔或许知道这一点，或许感受到了这一点。在他与蕾金娜分手之后，或许他那极其活跃的创造性直觉能立即感受到分手所释放出来的痛苦，而且这直觉从一开始就索取唯一可能的释放。或许，内在于他的某些东西知道，快乐——如果它是可以达到的——将使他的余生变得瘫痪和贫瘠。或许，他害怕的不是幸福不可得，而是蕾金娜的轻灵竟然可以解救他那伟大的忧郁，害怕两个人都获得了幸福。但是，如果不是生活剥夺了他的忧郁，他能变成什么样子呢？

---

① 卡洛琳娜·谢林（Karoline Schelling，1763—1809）是德国浪漫主义运动的积极参与者，原本是一个医生的妻子，后与奥·施莱格尔结婚，但她后来又爱上了谢林，奥·施莱格尔则欣然同意解除婚约，并一直与她及谢林保持了友好的交往。
② 勃朗宁戏剧式抒情诗《西班牙修士的独白》中的一个人物。

8

克尔凯郭尔是多愁善感的苏格拉底。他说："爱是我所唯一擅长的事情。"但苏格拉底唯一想做的事情就是去认识和理解相爱着的人，因此，对于苏格拉底来说，克尔凯郭尔生活中的核心问题其实并非是问题。"爱是我所唯一擅长的事，"克尔凯郭尔说，"为我的爱赐一个对象吧，一个就行。但是，站在这里，我犹如一个射手，弓弦拉开到了极致，人们要我射中目标，可是这目标就在我的五步开外。射手因此说，这我做不到，但你把目标移到我两三百步之外，那你再看看吧！"

济慈这样向自然祈祷：

> 主题！主题！伟大的自然！给我一个主题吧！
> 让我的梦想得以开始。

去爱！我爱的对象却不在我的爱所走的路上，那我能爱谁去？谁足够强有力，谁更包容他自身中的一切，这样，他的爱将成为绝对的、比其他一切更强有力？谁比其他所有人都更高，爱他的人永远不能向他提出要求，面对着他永远不敢声称自己才是正确的，难道这样施予他的爱才是绝对的爱？

"爱，从不要求证明自己是对的"，这就是克尔凯郭尔对爱的描述。因为人的所有关系中永远的相对性与他们的摇摆，因此他们的渺小的原因就在于：一会儿是这个人对，一会儿又是那个人对；一会儿是这个人更好、更高尚、更美丽，一会儿又是那个人更好、更高尚、更美丽。只有当施予爱的人在性质上与另外的人相区别，这才会有恒久不变的性质和清晰性，如果一个人能比其他人高出甚多，那么，（在最广泛的意义上）对错问题也就不再会作为一个问题被提出来了。

这就是中世纪苦修骑士的爱的理想，但这份爱的理想的浪漫程度无与伦比。克尔凯郭尔因这一爱的理想在心理学上的洞见而失去了素朴的信念——一个对克尔凯郭尔来说是朴素的信念，即为了能以他们的方式爱她（游吟诗人为之断念的那位女子），即使她是在任何时候、任何地方都不会存在的梦中形象，并足够与现实中的女人具有非常大的差别，只有这样的爱才能够成为绝对的爱。我相信，这就是克尔凯郭尔的虔诚的根源。上帝能被这样去爱，也只有上帝能如此。他曾写道：上帝是我们的需要，为了逃避我们境况的悲惨、忍受我们的生活，我们依赖这种需要。是的，但克尔凯郭尔的上帝坐在远远高出人类头顶的王座上，他以这样的深度与一切人事相分离，那他怎么能帮助人类去忍受他的生活呢？我想，就是因为这个原因。克尔凯郭尔需要生活的绝对性，需要生活的稳固性，他不接受任何挑战；他的爱需要没有任何迟疑地倾吐一切的可能性。他需要一个没有任何问题的爱，不是那种一会儿这个人更高，一会儿那个人更高的爱；不是一会儿这个人有理，一会儿那个人有理的那种爱。只有当我从来就不占理的时候，我的爱才是确然的和无可置疑的，而只有上帝能给我这种保证。"你爱人，"他写道，"然后你总是想证明对于他你是错的，但是，唉，他已经对你不忠了，不论这会让你多痛苦，你面对他总是有理，你的无理只是在于：你如此深切地爱他。"心灵就此转向了上帝，因为没有爱心灵就不能幸存，上帝为爱人的人赋予了他想要的一切。"折磨人的怀疑从没有将我从他身边拉走，在他面前我总是对的这一想法也未曾让我惊恐，因为我相信，面对上帝，我总是错的。"

9

克尔凯郭尔是一位行吟诗人和柏拉图主义者，这两重身份都是浪漫、感伤的。在其心灵的最深处，牺牲的火焰为了一个女子的理想而燃烧，然而火刑柴垛上同一堆火也在灼烧着同一位女子。当男人与世界首次面对的时候，他周围的一切都属于他，每一个个体事物都在他的眼前消失了，他迈出的每一步都从每一个个体事物旁边经过。假如在丰饶的世界中，男人还会既悲伤又可笑地饿死的话，那么，女人则一开始就不在这个世界中——女人一开始就知道怎样把捉事物，知道事物的用途和意义。因此，在克尔凯郭尔的寓言中，为了生活而拯救男人的正是女人，但女人这么做仅仅是为了要让男人滞留在生活中、将男人拴在生活的有限性上。真正的女人、母亲都是对无限的向往者的最大的死敌。正是由于如此苏格拉底娶了克珊西普（Xantippe）① 并与之相处甚欢，这仅仅是因为他认为婚姻是达到理想的道路上的障碍，而克服婚姻的障碍

---

① 苏格拉底之妻，悍妇。

则是让人快慰的。苏索①引证上帝的话说："在万物中你都发现了反抗的力量，那正是我给自己所拣选出来的人作的标记。"

克尔凯郭尔并没有进入这场战斗，或许他逃避了，或许他不再需要它了。有谁知道呢？人类共同体的世界、伦理的世界，其典型形式就是婚姻，这样的世界就处在克尔凯郭尔心灵的两个至为亲密世界之间的中心位置：在纯粹的诗的世界和纯粹的信仰世界之间。与诗人生活的"可能性"相比，伦理生活的基础、"责任"是坚固而安稳的，同时，与宗教的绝对感觉相比，它的永恒评价就是永恒的起伏了。但是，这些确定性的质料却是空气，诗的可能性的质料同样是空气。区分这两者的界线划在哪里呢？

不过，这或许是一个不能在这里追问的问题。对于克尔凯郭尔来说，蕾金娜·奥尔森不过是导向除了上帝之爱外别无所有（Nichts-als-Gottes-Liebe）的冰冷神殿的道路上的一层台阶罢了。对她所犯下的罪孽仅仅深化了他与上帝的关系；他在痛苦的忍受中爱她，导致她深陷痛苦，其结果是帮助他升华了他的迷醉狂欢，固定了他的道路方向的唯一目的性。如果他们真的相互归属，那么，处于他们之间的一切都将为其飞翔提供振翅之力。"感谢你从来没有理解我，"在一封写给她却没有发出的信中，他说，"我从中了解了一切。感谢你近乎疯狂地冤枉我，你的这个举动决定了我的生活。"

抛弃蕾金娜，这也仅仅是克尔凯郭尔追寻自己梦寐以求、永不

---

① 海因里希·苏索（Heinrich Suso，1295？—1366）是德国的神秘主义者。

可及的目标过程中的一步，不过，这一步是他登顶的最可靠的一步。普罗旺斯的行吟诗人在他们赞美女子的诗篇中说：严重的背信弃义是高度忠诚的基础：为了成全理想、被真爱所爱，一个女人必须属于另一个人。克尔凯郭尔的忠诚要比行吟诗人们更深沉，因此他更不讲信义：一个被深爱的女人仅仅是通向大爱、通向那唯一的绝对的爱的道路，也就是通向对上帝之爱的道路。

10

不论克尔凯郭尔做了什么，以什么理由做，这都是为了拯救蕾金娜·奥尔森。不管这种生硬推开的姿态有多少内在意义，从蕾金娜·奥尔森的眼中向外部看去，它只有一个含义。克尔凯郭尔感到，对蕾金娜而言，只存在唯一的一种危险：不确定性的危险。因为对她来说，从她对他的爱这一事实中不会有生命生长而出，所以，他以自己的全部力量——牺牲自己的好名声——去希望：除了对他的恨之外，不再有别的感情。他希望蕾金娜把他看作一个恶棍，他希望她全家都将他视作一个邪恶的勾引者而憎恨他，如果蕾金娜恨他，她就得救了。

不过，即使有长时间的暴烈场景作铺垫，分手也还是来得太突然了；蕾金娜突然间发现眼前的克尔凯郭尔与她以前所认识的那个人截然不同。如果她觉得新的这个人与过去的那个是统一着的，如果她把克尔凯郭尔看作一个完整的人，那么，她就必须重新评价他们一起相处时的每一句话和每一分钟的沉默；从那时起，她就不得不重新评价他所做的一切。他所做的一切都是为了使她的评价工作能够容易些，为了把她新近形成的表象之流向着一个唯一的方向去导引——他所希望的唯一方向，就是导向蕾金娜的目力所看能见的唯一的目标方向，即恨他的方向。

这就是背景，就是在克尔凯郭尔的色情笔记（特别是《勾引者手记》）记载中，从生活自身接受的光芒。一种非肉体的感性和一种沉重迟缓的程序化的无良知是这些笔记中流露的主要感情。色情生活、美丽的生活、在情绪享受中达到顶点的生活就是世界观，也仅仅就是世界观。这是一种克尔凯郭尔在其自身中作为可能性而感受到的某种东西，但是他的优雅的思考和分析不能付诸肉体的某种东西。也就是说，他是一个抽象的勾引者，他需要的仅仅是一种勾引的可能性，一种他能够创造和尽情享受的完满情境；他是一个并不真的需要将女性当作其快感对象的勾引者。他是柏拉图式的勾引者，作为一个勾引者，他是如此之深刻，乃至他根本不能真的去勾引，他已经与所有人远远地拉开了距离，他在精神上高高地超越了他们，他期待他们的，他们永远也达不到，即使达到了，也是作为一种不可理解的根本性事件（Elementarereignis）强行闯入了他们的生活。这样一个绝对的勾引者，他的出现能在所有女性那里唤起一种陌生感硬生生挤进来的永恒的感觉，正是因为他的无限遥远，他才不可避免地显得有些滑稽（这一点是克尔凯郭尔无法意识到的），所以，当他从她的生活的地平线上隐约出现的时候，对任何一个女性而言，他都没有走向毁灭。

我们已经说过，勾引者这个角色是克尔凯郭尔因蕾金娜·奥尔森的缘故而故意摆出来的姿态。但是，成为勾引者这种可能性已然潜藏在克尔凯郭尔之中了，因此，这个姿态反作用到了指挥它的心灵身上。在生活中并没有什么纯粹空洞的滑稽：它或许是人的关系之最令人伤绝的含混性。一个人只能游戏实际存在的东西，一个人不可能不是他生活中某一部分的东西，虽然他可以与这个游戏保持谨慎的分离，但他却在游戏开始之前颤抖地生长并进入了生活。

当然，蕾金娜只能看到姿态本身，这个姿态的影响强使她去重新评价生活中的一切，这样，姿态就成了它以前所是的直接反面，至少那是克尔凯郭尔所希望的，而且他已经将一切赌注都压在了上面。但是，在肉身的现实之中所经历之事至多是被一个意识到"这是一场喜剧"的事实给毒化了；现实却不能无保留地、不加怀疑地被重新评价；只有对此的看法和价值能够改变。蕾金娜与克尔凯郭尔共同经历过的是生活，是活生生的现实，通过对动机的被迫的再评价，这现实变得摇摆不定，在回忆中无可挽回地越发使人迷惑。因为如果当下强使蕾金娜以不同的方式去审视克尔凯郭尔，那么，仅对当下而言，对他的审视就是感性现实；过去的现实以一种不同的声音在说话，而这个声音是不能被她现在的新认知的虚弱发声掩盖住的。

在与蕾金娜分手后不久，克尔凯郭尔写信给他唯一可以依赖的朋友博森（Bösen）说：如果蕾金娜知道了他为必须进行的分手作了怎样处心积虑的安排，那么，她就会因为这里面的良苦用心而重新认识他对她的爱。我们对蕾金娜的生平知之甚少，但有一点我们是知道的——克尔凯郭尔死后，蕾金娜在读过他的生前遗稿后写信给她的一个亲戚隆德医生（Lund）说："这些文字像一道新的光亮照彻了我们的关系，这道光我有时也看到过，但我的谦卑不允许我认为它就是真实的光线；然而，我对他无可动摇的信心却使我屡屡看到它。"

克尔凯郭尔有时自己也感受到了这种不确定性。他感到，在蕾金娜的眼中，他的姿态依旧是一种纯粹的可能性，即如他眼中的蕾金娜的姿态一般，他也知道这个跟打造他们之间的刚性的现实的方式是没有关系的。如果有一条能了解真实现实的路，那么，它一定是一条通向蕾金娜的路，不过，踏上这条路去旅行，不管怎样小心谨慎，都一定会永远地摧毁他迄今为止已经完成的一切。他必须保持着他外表的刚强和内心的不确定，因为他知道，另外一头的她的生活中的一切都已经安顿好了，是确定的。如果他向她走过去了，那么，他是否会遭遇活生生的现实呢？但这只是或许而已。在解除婚约后的十年里，他始终不敢去见她；或许这整个婚姻只是她生活里的一副面具，或许她一如既往地爱着他，或许一次邂逅都足以将一切踩为齑粉。

11

但是，如果事实上它从来就是一个真实的确定性，那么，维持一个人的姿态的僵硬的确定性就是不可能的。不管他怎样希望，一个人既不可能如此深沉地将忧郁伪装成轻松的游戏，也不可能在背信弃义的外表下如此干脆地隐瞒自己充满激情的爱。是的，姿态会反作用于心灵，但心灵也会再度反作用于试图隐藏它的姿态，光从那心灵中发射出来，心灵或姿态都不能维持坚硬和纯粹，而是终生保持着相互分离。

外在地——在某种方式下——达到这一姿态的被保存住的纯粹性，只有唯一的一条道路，那就是：每一个人在他者那里走出单一性意义的时候，必须发生误解。在这条路上，偶然的运动，没有被说出来的，以及被不经意说出来的无意义的词汇获得了决定生活的深意；反过来，由这个姿态在他者那里所唤起的反弹有强大的作用力，足以迫使在对方那里生成的姿态强行返回他自己选择的处境里面。当他们分手的时候，在那伤心欲绝的恳求和追问中，蕾金娜有些幼稚地问克尔凯郭尔：他是否还会想起她，这个问题成为克尔凯郭尔全部生活的中心主题。当蕾金娜订婚的时候，她向他发出问候并期待得到同意的表示，但这么做，就在毫无所知的克尔凯郭尔的心里引起了一系列的其他想法。当他用不着再承受面具之重的时候，他想，当面解释的时机来了，但是，蕾金娜同意她丈夫的意见，将他的来信原封不动地退给他了，从而给他传达了一个明确的姿态，即他应当知道：就让一切都永远保持不确定吧——如同他对于她永远是一个问题那样；然而，一旦克尔凯郭尔去世，她亦会因为拒绝倾听他的解释所造成的不确定性而陷入深深的忧伤。因此，不管他们后来见面与否，其结果都是一样的非充分性：匆忙地摆脱姿态和匆忙地进入姿态，两人对两者的关系产生了各自的误解。

12

心理学开始之处也就是不朽（Monumentalität）终结之地：单义性只是对追求不朽行为的一种保守的表达。在心理学开始的地方，除了行动的动机外没有行动；需要解释的东西，能够承受解释的东西，已然不再坚固并失去了单义性。如果有东西依旧被埋在大堆的残片下，那么，解释的洪水就会无情地将它冲走。因为在这个世界中，没有比解释和解释所产出的种种推论更靠不住的东西了。为了一个理由而存在的事物很可能因为别的理由而成为它的对立面，或者因为同样的理由，如随着环境的些许变化而变成自己的对立面。即便原因不变——它们是不可能不发生变动的——这稳定性也维持不了太久：当狂风暴雨停下，在那狂热的激情一刻之中将一切风卷残云般地冲走的东西也就变得微不足道了，从前消失不见的不起眼的东西在事后的认知中却变成了庞然巨物。

被动机主导的生活是小人国和大人国持续不断的转换；所有王国之中，内部最深处无底的、在最空荡之处泛滥无归的就是心灵原因的王国、心理学的王国。一旦心理学的角色进入生活，那么，它就会拥有清晰无误的真诚和不朽。当心理学开始统治生活的时候，也就没有什么姿态能够在其自身容纳生活和生活境遇了。只有在心理学依旧沿袭传统的前提下，那姿态才能是单义的。

在这里，诗和生活以悲惨的、鲜明的界限区分开来。诗的心理学向来是单义的，因为它始终是一个自为（ad hoc）的心理学。哪怕心理学向多个方向开枝散叶地发展，但它的多层次性依然是单义的，只是能够更为缠乱地塑造最终统一体的平衡。在生活中没有单义性，因为没有自为的心理学。在生活中，动机不只扮演一个为了最终的统一而被接受的角色，因为并不是每一个已然发出的声音全都静默了。在生活中，心理学是不可能沿袭旧俗的，在诗中它却总是与之相反——不管这旧俗有多么精致和复杂。在生活中，只有无希望的有限的精神能够感受到完整的单义性；而在诗中，只有完全失败的作品才能在这个意义上是多义性的。这就是为什么，在所有可能的生活中，诗人的生活在最深刻的意义上是非诗人的，是最深刻的无形和无姿态。（济慈是看到这一点的第一人。）因为诗人意识到，是什么使生活成为生活；真实的诗人面对生活不知其局限性，也不知道跟自己生活相关的任何幻觉。因此对于一个诗人而言，生活只是粗糙的原材料；只有他那双本能施暴的手才能从现实的混乱无序中捏制出单义的形式来，从非肉身性的现象中创造出符号出来，将形式（诸如界限和深意）分别赋予千重万层的枝杈和泛滥无归的质料。因此，对于诗人而言，他自己的生活绝无可能成为被赋形的对象。

克尔凯郭尔的英雄主义就在于：他希望从生活中创造出形式。他的真诚就在于：他看到了一个十字路口，并走到了他所选择的道路的尽头。他的悲剧就是：他想要体验不可能体验的生活。"我徒劳地抗争，"他写道，"我失去了脚下的大地。我的生活终究只能是诗人的存在而不能是其他。"所以，诗人的存在就是虚无和无价值，因为这种存在从来都不是绝对的，从来都不是自在自为的，因为它总是在这里处于与某物的关系中，这种关系是无意义的，而且使得诗人的存在彻底枯竭——至少是一瞬间；但是，生活无非就是由这些瞬间组合而成的。

克尔凯郭尔（他的精神从来都没有被限制）的生活反对这种必然性，发动了王者一般的有限的抗争。我们可以说，生活巧妙地给予了它所能给的一切和他想要的一切。但生活的每一件礼物都是纯粹的欺骗，它从没有给过他现实的东西，而是用那胜利和征服的假象——像在俄国战场上的拿破仑一样——引诱他越来越深地陷入那吞噬一切的不毛之地中。

他为自己争得了这种英雄主义，是在生命中和在死亡中的战斗中赢得的。他以这样一种方式生活：每一次生命的跃动都要圆整地发展为巨大的姿态——他以雕塑一般的确定性观视着这过程——这种生活方式贯穿了他的一生；他在正确的时间死去，用这种方式结束了自己的生命，即如他所希望的时间和像他所希望的方式。当我们凑到近旁去观看的时候，就发现，他最确定的姿态是多么确定；即使死亡在他最真实、最深刻的抗争的顶点夺去了他的生命，即使它以他所希望的方式来了，这样，垂死的他能够成为其抗争的殉道者（Blutzeuge），但他不可能是这场抗争的真正的殉道者。因为不管其他什么因素，他的死都指向好几种可能性；在生活中，一切的指向都不只有一种可能性，只有已成为过去的现实才能将些许可能排除在外（从来都不是全部，这样，就只有一种现实被留下来了）。即使这样的现实也对一百万种新的可能性打开了通道。

他在跟他那个时代的基督教进行抗争，战斗最激烈之际，死亡追赶上了他；除了抗争之外他在生活中别无所求；他简直不能再提升抗争的规格了。（一些偶然因素也使其死亡变成宿命性质的了：

他依靠自己的资本度过了一生——恰如中世纪早期靠放高利贷取息度日的人一般——所以在他死的时候，他的钱财也就见底了。）当他瘫倒在大街上的时候，有人将他送进了医院，他说，他该死了，因为他所代表的理想需要他去死。

就这样，他死了。但他的死也让问题都敞现出来了：如果他还活着，那么，他坟墓上突然裂开的那条路将通向何方？在他遭遇自己的死亡之后，他将去哪里？死亡的内在必要性就在可能解释的无限序列之中；如果他的死亡不是去回应一个内在召唤，就像一个演员听从暗示他的提词一般，那么，我们也就不能将他的路的终点当作终点，我们必须想象那路究竟会蜿蜒曲折延伸到何处。这样，克尔凯郭尔的死就获得了一千种的意义，充满偶然性，而没有实际的宿命性质。这样，克尔凯郭尔生命中最纯粹、最单义的姿态——徒劳的努力——最终仍旧不是一种姿态。

1909 年

浪漫派的生命哲学

——论诺瓦利斯

真正遵循教规的人的生活一定总是象征性的。

诺瓦利斯：《花粉集》（*Blütenstaub*）

背景是行将就木的 18 世纪；这是一个理性主义的世纪、斗争的世纪、资产阶级大获全胜并且意识到了自己的胜利的世纪。在巴黎，沉浸在梦幻里的空谈理论家们以他们残忍而血腥的结论穷尽了理性主义的所有可能性，而在德国的大学里面，接二连三的著作已经摧毁并埋葬了理性主义的骄傲希望——没有什么事物是理性掌握不了的。拿破仑和知识界的反动已经令人不安地逼近了；因此，在一个新的已然处于崩溃边缘的无政府状态之后，旧的秩序死灰复燃。

18 世纪末的耶拿。某些人的一段生活插曲，他们对这偌大的世界也只有插曲的意义。地球上四处响彻着战争机器的轰鸣和整个世界崩塌的巨响，而此时在一个德国小镇上聚集了一群年轻人，他们来到这里的目的是为了给这个混乱不堪的世界创造一种和谐的、包容一切的新文化。他们怀着难以令人理解的纯真和大无畏的勇气远道而来，这样的纯真和勇气只属于那些知觉程度高到病态的人，以及那些为了追求生活的一个简单道理的人、等待某些时刻的再次来临的人。那是灼热的火山上的舞蹈，那是光芒万丈然而却不真实的梦幻；多年以后一位旁观者对它的记忆最终变成了某种令人困惑的悖谬的东西。因为在他们梦想和散布的全部财富中，"总体中总会有一些不健康的东西"。他们曾希望建造一座精神的巴别塔（Babelturm），但构成其整个地基的却只是空气；因此，它必然会倒塌，而在其倒塌之时，它的建造者们也将随之重重地摔落。

1

弗里德里希·施莱格尔曾经这样写道：法国大革命、费希特的知识学和歌德的《威廉·麦斯特》是这个时代的最重要的事件。这条总结蕴含了德国文化运动的全部伟大意义和全部悲剧。对于德国而言，只有一条可以通往文化的道路——内省之路，这是精神的革命之路，而对于一场真正的革命却没有人去严肃地思考。原本要付诸行动的人们，现在要么失语要么沉沦，或者变成在头脑中肆意纵横地操作各种思想游戏的纯粹的乌托邦主义者；原本可以成为悲剧英雄的莱茵河彼岸的人们，现在只能把他们的命运交付于诗作。如果我们能够正确地估量时代和环境的话，就会发现，施莱格尔的这个论断公允客观得令人惊叹；但令人奇怪的是他为什么如此激赏革命，因为在德国知识界的头脑中，费希特和歌德代表了真正生活的大方向，而革命并没有多少具体的意义。由于外部进步根本无从谈起，于是每一股能量都转向了内心，其后不久，这个"诗人和思想家的国度"在内心的深度、精度和冲击力等方面都超过了其他所有的国家。如此一来，高峰和平地的落差越来越大。登临阿尔卑斯绝顶的人目睹峡谷深处感到眩晕，那稀薄的空气也使他们几近窒息，但这些都是徒劳无益的，因为下山早已不可能；至于山下的人们，还都活在几个世纪之前。将山下的人们接引到山顶以使自己摆脱孤独、获得更多人的支持这一想法同样不能实现，因为通向更高处的唯一的道路是一条绝路：它的尽头是致命的孤独。

一切似乎都已经失序错乱。每一座高峰都深深地刺入那空旷的空间。理性主义带来的后果是危险的和毁灭性的，但它至少在理论上废黜了一切既存的价值，有勇气来反对它的人最终只能做出原子式的、无政府主义的情感反应。但是，当康德出手将作战双方俱引以为豪的武器装备摧毁之时，似乎再也没有什么能在不断扩大的新知识块面（Masse）中或幽暗的深处（trüben Tiefe）创造秩序了。

只有歌德一人做到了。在这任性乖张的、桀骜不驯的个人主义海洋中，他的君临天下的自我膜拜（Ich-Kultus）意识是鲜花盛开的岛屿。在他的周围，个人主义纷纷落马，沦为一种本能的无政府主义、一种在细节和情绪中迷失自己的琐碎、一种可悲的断念，只有他能为自己找到秩序。他有力量静静地等待直至他的幸福给他带来充实，他也有力量以一种冷静的平和来阻挡一切危险之物。他深谙斗争之术，绝不至于拿他最大的本钱去孤注一掷，也不至于拿这个本钱作代价去谋求妥协或媾和。他的战绩是这样一种类型：新发现的不毛之地经过他的眼睛的扫视就变成了一座座花园，而当他决意断念之时，他所占有的事物的力量与和谐反倒随着战利品的流失而得到了增强。

那个时代释放出来的所有强力也在他的心中奔腾呼啸，他的雷霆电闪驯服了泰坦①们，这些泰坦此时所掀起的滔天巨浪要比当年他们因为自己的桀骜不驯而被投进塔尔塔罗斯阴间（Tartaros）时所掀起的浪涛更狂暴、更猛烈。他遇见了所有的危险，但都把它们踩在了脚下；他历经了孤独带来的一切痛苦，但他时刻做好了遗世独立的准备。每一声回响都是一场令他惊喜的收获，是一次幸运的、令人愉悦的际遇，然而，他的全部生活都具备一种崇高的、残酷的、充满荣光的必然性，在这里，每一次损失必将带来和任何一次收获同样多的丰富性。

人们自然会说，最真实地去评价早期浪漫派的方式就是以最详尽的方式去书写歌德对于他们每一个人，对于他们生活的每一个时刻的意义。这样，人们就能目睹欢庆胜利的载歌载舞场面，那无声的悲剧、激昂的振奋、勇敢的探险和迷途中的远游，听到两种助威声你中有我、我中有你地交织而成的呐喊：赶上他！超过他！

---

① 泰坦（Titanen）是希腊神话中天神乌拉诺斯和地神该亚的 12 个子女，其中大多数都起来反对其中两个泰坦（即克洛诺斯和瑞亚）的儿子主神宙斯，战败后被囚禁在冥界。

2

18 世纪末的耶拿。几条陡然升起的抛物线在这里短暂地交会，长期生活在孤独中的那些人欣喜地发现，有人正以与他们一样的节奏和似乎可以适用于相同体系的感知方式在思想。他们是一群彼此迥异的人，但他们居然能够相互关爱，相信能有共同提升的可能性，哪怕这只是一个短暂的时段，这听起来像一个浪漫的传说。

当然，尽管它遍布全德国，这一切充其量不过是一个庞大的文学沙龙，是在社会基础上建立起来的一个新的文学团体。德国最特立独行和最坚持己见的重要人物在这里相聚了。每个人都在漫长而艰难的路上向着一个制高点奋力攀登，而到达那个制高点后，他就能最终看见阳光，一幅辽阔的图景就能向他展开；每个人都历经了独处荒漠的所有痛苦，这是一群渴求文化和群体生活的人，在他们身上扩张到极致的个人主义悲伤与痛苦汇集成了极度的狂喜（Schmerzensekstase）。他们感到，他们所走过的路，以及德国觉醒的新一代年轻人在他们之前所走过的路，都通向了虚无；几乎在同时，他们所有人也都看到了从虚无走向某个转机（Etwas）的可能：从一个舞文弄墨的无政府主义状态（那是当时的环境强加给他们的）中解放出来，向着一个硕果累累的、创造文化的目标快步飞奔的可能。

在他们之前不太久，歌德最终到达了这样一个目标。也许这正是把这一代人从持久不变、漫无目的、吞噬并摧毁活力的躁动中拯救出来的决定性力量，半个世纪以来，这股躁动已经毁灭了德国最杰出的人物。今天，我们也许可以把他们为之奋力追求的事物叫作文化，因为在他们眼前第一次出现了一个具有可能性的救赎目标，他们因此有了一千种刻画它的诗歌格式，看见了一千条趋近它的道路。他们知道：他们的每条道路都通向这个目标；他们感到：他们必须在心中吸收一切可以想象的东西，必须去历经一切能够经历的事情，为的是使那座"看不见的教堂"富足丰饶而无所不包——建造这个教堂正是他们的使命。仿佛一种新的宗教就要诞生，一种泛神论的、一神论的、将进步神化了的宗教，一种脱胎于新事实和新科学的发现的宗教。弗里德里希·施莱格尔认为，观念主义蕴涵了一种能够穿透一切的力量，在人们还没意识到它是一种哲学之前，在它成为时代的有意识的深刻统一体之前，该力量早就已经将自己展现在自然科学之中了。在这种力量中隐藏了一种创造神话的力量，人们只要将它唤醒，就能达到希腊人曾有过的境界：一切诗歌、艺术和生活表达的强大的共同背景。当然，这个神话不只是那些其最高渴望就在于创造文体的人的理想要求，因为它已经成了新宗教的下层建筑。他们常常把他们的这个目标也称作宗教，他们的探求精神在事实上也具备纯粹宗教的排他性和单义性，而被归类为他们习惯称之为目标的事物。这个目标是什么，几乎没有人能以晓畅的语言说清楚，即使今天也不容易把它的意义压缩为任何套语。这个问题由生活本身明白无误地、毫不含糊地提了出来。一个新世界似乎正在那时诞生，它似乎给人类带来了新的生活可能性，但是，古老的、仍在延续的生活和新旧交织的道路却使得最优秀的子民在其中根本就找不到容身之所。当下杰出人物的定在、生活的归属、安身立命和立场的选择越来越危险，越来越可疑。每一个地方和在表达生活的艺术作品中，都提出了这样的问题：今天的人能够怎样生活？他们应当怎样生活？人们在寻找一种天才性的伦理（"天才是人的自然状态"，诺瓦利斯如是说），不仅如此，人们还在寻找他们的宗教伦理，因为即使伦理也只是到达遥远目标和最终和谐的一种手段。旧的宗教、中世纪与歌德的希腊情结、天主教都是这个新向往的代用象征，这个新的向往把寄存在它内部的统一各种感情的热烈意志提升为了一种宗教：一切渺小的事物和一切伟大的事物、友谊和哲学、诗和生活。

新宗教的这群信徒聚集在柏林和耶拿的沙龙里，用充满激情的悖谬之语讨论着征服世界的新方案——之后他们创办了一份刊物①，这份刊物充满了才智和机趣，内容深奥，每一行文字都透露了其不可操作性。可是假如有一条能化作现实……

"总体之中总会有某种不健康的东西的……"

3

歌德与浪漫派。我认为前面所说的一切都已清楚地表明了他们的关系，也许更清楚地表明了他们之间的分歧所在。当然，浪漫派同样能看到、感受到这两点。他们能借之以靠近歌德的，只是那骄傲的喜悦，他们当中的大多数人仅仅是战战兢兢地、瞻前

---

① 指《雅典娜神殿》。

顾后地暗示他和他们之间的分野。《威廉·麦斯特》是他们每一个人具有决定意义的经历，但只有卡洛琳娜忠实于歌德的生活方式，只有诺瓦利斯敢于用激烈的言词指出与歌德划清界限的必要性。他最清楚地看到了歌德胜过他和他的众多伙伴之处：歌德把一切都化为了行动，而在他们那里，一切都只止步于方法和想法；为了解决自己的问题，他们只能提出对成问题的事物的思考，而歌德却在事实上战胜了自己的问题；他们努力地试图创造一个新世界，在这个新世界里，天才人物、他们的诗人能找到自己的家园，然而，歌德却已经在他自己的当下生活中发现了他的家园。

他也同样清楚地看到，为了发现这个家园，歌德所被迫作出的牺牲，他的整个存在都在抗拒这个大胆的想法——把这一解决之道看作唯一可能的方案。他的头脑里也曾经梦想过作为生活目的的《威廉·麦斯特》的最终和谐，他和歌德同样清楚地看到，那场漫游的开端和征程是何等危机四伏。尽管如此，但他还是认为，较之于满足达到目标的必备条件，达到目标则使歌德成了一个更贫弱的人。

在这里，浪漫派的道路和歌德的道路发生了分歧。两者在彼此对抗的力量中寻找平衡，但浪漫派所要求的平衡必须保证自己的力量在和谐的助力之下不至于被弱化。也就是说，较之于歌德的个人主义，浪漫派的个人主义更为强劲、更为执着、更为自觉、更为坚定，浪漫派希望通过将这种个人主义扩展到最大限度而达成终极和谐。

诗是浪漫派的伦理学，道德则是它的诗。诺瓦利斯曾经说，道德在根本上就是诗。弗里德里希·施莱格尔也认为，一切本真和原初的独特性就其本身而言是富有道德价值的。然而，他们的个人主义不应该成为孤家寡人。诺瓦利斯说："我们的思考是一场对话，我们的感受则是同情。"《雅典娜神殿》上的警句和断片——这是他们的纲领在最有代表性的和抒情意义上的最真实的表露——并不是某一个个人的作品，人们甚至无法判断很多警句和断片的原创者。在撰写作品的时候，浪漫派热衷于强调共同的方向和道路，有时则把各种不同的思想整合成一句新的格言，为的就是取得天下一家的整体效果，避免个性过于彰显。

他们想要创造一种文化，希望艺术能被人掌握，还想把天才们组织起来。他们企图——如同过去的伟大时代——使任何新创造出来的价值成为不可剥夺的，使进步不再听命于偶然。他们看得很明白，这种文化唯一可能的基础是诞生于物质和技术精神的艺术。所以，他们全身心投入语词拼贴的艺术之中，如同老金匠把一生奉献给了矿石合金的冶炼一样。但是，创作这样的艺术作品，哪怕是一件完美的作品都不是他们的终极目标。如果真有某种事物拥有真正的价值，那么，它的价值也仅仅是塑造的手段。"成为神祇，作为人的存在，自我教化，是同样意思的不同表述。"施莱格尔如是说。诺瓦利斯补充说："诗是人类精神的专有的行动方式。"这不是为艺术而艺术，而是一种泛诗主义（Panpoetisums）。

这是黄金时代的一个古老梦想。但是，他们的黄金时代并不是过去时代之永远失落了的、只偶尔在现在的美丽童话里出没的宝藏，达到这个目标是每个人的人生义务。它是梦中骑士上下求索的

"蓝花（blaue Blume）"①，是他们梦寐以求的中世纪，是他们衷心皈依的基督教。没有什么是人类无法企及的，这样一个时代一定会到来，在这个时代不存在什么不可能的事情。"人们诟病诗人太爱夸张，"诺瓦利斯写道，"但在我看来，诗人的夸张还远远不够……他们不知道哪些力量可供他们驱使，哪些世界听命于他们。"所以，《威廉·麦斯特》使他失望，说整部作品根本上是反诗的，认为这是"一部旨在反对诗的《天真汉》（Candide）②"。

这句断语等于给该书判了死刑，在这里，诗才是真实的，也只有诗构成了整个世界的真正中心。浪漫派的世界观是最纯粹的泛诗主义：一切是诗，诗是"一和一切"。从来没有谁像浪漫派那样，"诗人"对他们而言有如此重要的意义、如此神圣、如此包罗万象。在后来的时代里，诗成为某些人和诗人唯一值得献祭的圣坛，浪漫派的祭礼覆盖了全部生活，那不是对生活的弃绝，也不等于将生活的财富拒之门外；浪漫派的祭礼似乎是只要不放弃就能企及目标的唯一可能。真实生活的人，就是这一目标；他们讨论的——用费希特的话说——是"自我"。在下面这层意义上他们是自我主义者，对于他们自己的发展过程的那些狂热追随者和仆从来说，只有促进他们的生长发育的事对他们才是友善的和有价值的。"我们并不是

---

① 在诺瓦利斯未完成的长篇小说《海因利希·封·奥弗特丁根》中，青年诗人海因利希曾做过一个梦，在梦中，他看见了一朵蓝色的花，这是他的神秘追求和憧憬的一个象征。这蓝花后来成为浪漫派永远无法追求到的一个神秘象征物，一处能使人获得心灵平静的净土。

② 《天真汉》是伏尔泰的哲学讽刺故事，叙述的是青年天真汉如何向所爱慕的公主居内贡特求婚，以及他的老师邦葛罗斯的种种经历。该书讽刺当时唯理性哲学的乐观主义，尤其是莱布尼茨的哲学。

'自我'",诺瓦利斯写道,"我们能够也应该成为自我,我们是自我生成的萌芽。"诗人是唯一符合此标准的人,因为只有诗人才具有生成自我的最大可能性。但这是为什么?

每个强烈向往文化的时代只有在艺术中才能找到其中心;文化越少,人们对文化就越怀念,对此的向往就越强烈。但是,下面这个问题也就随之更明显地突出出来了:浪漫派生命哲学的本质是被动的体验能力占据支配地位,尽管这一点还没有被他们完全意识到。他们的生活艺术是对生活中发生的所有事件的天才适应,是对命运带给他们的一切的最大限度的利用及对此向着必然性层面的提升。他们使命运变成了诗,但既没有塑造命运也没有超越命运。他们所走的是通向内心的道路,这道路导致的结果是所有事实有机地结合了起来,与事物影像达成了美丽的和谐,而不是对事物的控制。

然而,这条通向内心的道路是对着他们对统一和普遍性进行大综合的渴望开放的唯一可能性。他们在寻找一种秩序,能够包容一切的秩序,并且该秩序因自身之故无须断念;他们尝试着去覆盖整个世界,所用的方法是:从所有不和谐的乐音合奏中产生一曲和谐的交响乐。这种统一和普遍性的联结只有在诗里才会实现:所以,对浪漫派而言,诗就是世界的中心。因为只有在诗中才有取消一切矛盾,在更高的和谐中把歌曲完整唱完的合乎自然的可能性;只有在诗中,人们才能通过或多或少的强调把每件事物都安置进它们合适的位置,但是,对于诗而言,一切都变成了一种象征,一切对于诗也只是一个象征;一切都有一种意义,但没有什么事物能够自在自为地宣称拥有一种价值。浪漫派的生活艺术是化作行动的诗,从诗艺之最内在最深邃的法则中生成了生活的紧急要务。

在一切被正确地理解和深入地经历之处，不存在真正的矛盾。不管浪漫派要选择什么样的道路，他们所能寻找的只是他们本己的自我，搜寻的节律所能创造的也只是亲密和亲缘关系，而非一个一致的方向。导致差异与一致发生的只是语词，即使他们的论点至多只是通往真实价值的途径，是对尚未成熟到可以被赋形的感受的不充分和临时的表述。节奏感和社群的韵律感（这两个概念是同一个意思）使一切未消散的不和谐音都消失了。如果没有歌德的干预，施莱格尔兄弟可能就会在同一期《雅典娜神殿》上同时刊登谢林的《海因茨·韦德泼斯特》（*Heinz Widerporst*）① 和诺瓦利斯的《基督教》（*Christentum*）。信仰不能把人和人分离开来，因为他们的生活价值被认为是太渺小了。不管其终点何在，每一次助跑都将以反讽的方式被接受；但是，用象征的眼光看，如果它值得的话，它是被当作一种宗教而被认可的。

浪漫派的利己主义有着浓烈的社会的、群体的色彩。他们希望，个性最大限度的施展能在最后关头使人类彼此真正贴近。在贴近的过程中，他们能从孤独和混沌中寻找到他们的获救之路。他们深信，他们毫不妥协的、坚持自我的写作风格有助于在作者和读者之间形成正当的、必然的共同体，并能确保其受欢迎程度，受到大众的欢迎是浪漫派所有人着力强调的目标之一。他们清楚地看到，这种共同体的缺失说明了这样一个事实的原因：就是他们那个时代

① 这是谢林在 1800 年前后写的一篇长诗，全名《海因茨·韦德泼斯特信仰中的伊壁鸠鲁象征》。这是一篇具有渎神性质的诗，是谢林对诺瓦利斯亲天主教的文章《基督教，或是欧洲》的一个回答。

的荣光的力量发挥没有成熟地发育为文化行为（Kulturtaten）。他们希望从他们狭小的、封闭的圈子里发展出这样一种共同体，而且他们也确实做到了——就局限在那个圈子的内部，持续了短短几年。这些来自各种方向并选择了不同方向的人们，看似在同一条大道上穿行，希望把一切分歧都看作纯粹外在的东西，而把共识看作至关重要的东西；这种和谐被认为是那即将来临的、更真实的和谐的共鸣的朴实无华的先声。如果他们当中少数人的价值评判出现了偏差，就足以产生如下后果——随着"汉萨同盟（Hansa）"的解体，这种和谐中产生了震耳欲聋的不谐和音，它们连续不断地发出，此起彼伏。

有意识地从生活的表面上引退出去是浪漫派生活艺术的代价，但这只是表面上的，在心理学领域中才能意识到这种转变，他们最深刻的本质和他们最深刻的关系对于浪漫派还是陌生的，因而未得救赎，从而失去了拯救生活的力量。实际的生活现实在他们眼前消失，并被另一种现实取代，这是一种诗的现实、纯粹心灵的现实。他们创造了一种内部统一的、同质的有机世界，并将之等同于现实世界。这给他们的世界赋予了悬浮于天国与尘世间的某种天使般的性质，无形而灿烂；但是，那存在于诗和生活之间的巨大张力——这张力给两者赋予真实的、创造价值的力量——却消失了。这张力他们甚至一点都没有保存，而是任由它在向着天国的豪壮而举重若轻的飞翔中，将它简单地遗忘在了大地上。因此，他们几乎不再能够意识到他们的定在了。只有这样，他们才能意识到他们的普遍性（Allesumfassen），但也正是因此，他们不再能够认识到他们的局限性了。对他们而言，这些局限性并不像对那些一直活到终点的人那样具有悲剧意义，也不是一条通向真正的纯粹作品（这个作品的不朽性和强度在于使异质事物保持隔离，在于创造一种新的、最终摆脱了现实的对世界的统一分层）的道路。对于他们而言，这些局限性是一种崩溃，是从一个热烈的美梦中的觉醒，是一个没有富藏、没有新希望的悲伤结局。因为他们把他们梦想的、自创的宇宙等同于真实的世界，所以，他们怎么也做不到一个明显的区分。正因如此，他们相信，不经放弃，行动也是可能的，相信在现实中进行诗的创作也是可能的。每个行动、每一件事、每个创作都是有限的；不经放弃，就无法完成一件事，执行者因此永远不能拥有一种全面性。所以，浪漫派悲剧的盲目性就在于，他们既不能也不愿清楚地看到这一必然性。所以，他们脚下的地面以几乎不可察觉的方式悄然消失，他们心中不朽的、坚稳的大厦逐渐变成一座空中楼阁，最终消散成一团空幻的雾霭。一起走过的梦如薄雾一般化为乌有，仅仅是几年以后，他们中就差不多没有人能理解其他人的语言了；即便是那最深的梦，也就是对将来临的文化的痴痴的希望，也随之消散了。但是，他们毕竟享受过了共同体的喜悦，而此时他们不再尝试着在孤单小路上的攀登。很多人在重复自己的青春，有些人在自我拯救，对一个新宗教的绝望的搜寻和甚嚣尘上、令人绝望的无政府景象——这种无政府的状态只是增添了他们对秩序的向往——使他们精疲力竭，最后皈依了旧宗教，投入更为平静的港湾。一度立志要改造世界和创造新世界的人就这样成了虔诚祷告的改宗者。

"总体之中总会有一些不健康的东西的……"

4

到目前为止，我们还没怎么谈诺瓦利斯，其实他才是我们话题的真正中心。再没有人比这位体弱多病的、注定要早夭的青年更矢志不渝地强调终极目标的绝对意义了，也再没有人像他那样强烈地受到浪漫主义构造生活的全部威胁了。尽管如此，在所有这些生活艺术的大理论家当中，他是唯一拥有过和谐生活的人。而任何其他人在大白天看到脚下的深渊都会眩晕，都会站立不稳从高处落下；只有他能从一直存在的内在固有的危险中赢取提升生活的力量。他的危险也因此比其他人的危险更残酷、更切身，然而或许也是因为如此，他才能从中汲取最强大的生活能量。

他的危险是死亡。他自己的死亡和与他心灵最为亲近的人的死亡。他的生活纲领只能如此构成：给他的生命所归属的诗中的死亡谱上恰当的韵脚；把他的生活作为不可碰触的事实和谐地嵌入这些死亡。以这样的生活方式，即死亡作为一个提示语而不是一种中断出现，它内部的合理性和美并不要求它保持永远的断片状态；为了让他的最爱挣脱死亡，他选择了这样的方式：即痛苦的旋律不曾全部消音这种方式，一个新的时间计量以死亡开始的方式，他自己确定的死亡与他所爱之人的死处于一种更深入的内在关系之中的方式，嵌入两个死亡之间的每个短暂的生命都变得富有而充满了体验的方式。

在诺瓦利斯那里，浪漫主义的倾向发展到了登峰造极的程度，浪漫主义有意识地、果断地否定了作为生活形式的悲剧（当然只是生活的形式，而不是诗的形式）；浪漫主义的最高追求是彻底扫除悲剧，以非悲剧的方式解决悲剧的情状。诺瓦利斯的生活是最浪漫的，命运总是把他放置在这样一种情状之中：在此情状之下其他人只能收获痛苦或悲伤的狂喜；而他的两手触及之处却都变作了黄金，没有什么不能给他带来充实。他的目光总是与最沉重的痛苦相遇，因此，他必须一次次跳进最绝望的深处，但他仍然微笑着、快乐着。

青年弗里德里希·施莱格尔记录了他们之间的第一次对话；那时两人都只有 20 岁。诺瓦利斯以火一般的激情道出了他的思想："世界上应该没有邪恶——一切都再次趋近那个黄金时代。"许多年以后，在他生命的终点，他那唯一的长篇小说的主人公对这种感觉进行了这样的最终表述："命运和性情（Gemüt）是同一概念的不同名字。"

命运不止一次对他进行毁灭性的打击。但他把一切都交付给了命运，变得比起过去更为充实。经过了一个迷茫的青春期，似乎有了一个小女孩有望完成他的所有梦想，但她却撒手人寰，留下的只有他的信念，不久他也会追随她而去。① 不过，他从未想过自杀，也未想过被苦闷吞噬，他有不可动摇的信念：他能够也应该献身于命运赐予他的生活，虽然他的生命将不会延续太久。他愿意死去，这个意愿强烈得足以呼唤死神，让死神降临。

---

① 诺瓦利斯曾与一个贵族小姐——13 岁的索菲·封·寇恩订婚，但两年后这女子却因肺病而夭逝，这给诺瓦利斯造成了很大的精神刺激。

　　但是，生命来到了他身边，阻止他向死神靠近。生活向他展示了那光芒万丈、文采飞扬的未完成诗作，此时，灿烂的道路引导着他要超越歌德。在他面前，铺展着不计其数的新科学的奇迹、投向无穷之处的多重视点、注定要创造新世界的多种可能。他被带入了行动的世界，他一定领悟到了：对他而言没有什么是干枯的、不能结出果实的，在他的邻近之处，一切变作了和谐，即使作为政府官员的存在也变作了一曲凯歌。但是，他还是想选择死亡。

　　然而，生命阻止他这样做。生命甚至不把忠诚——他向命运索取的唯一之物——赏赐给他。生命赏赐给他的是一种新的幸福和一种新的爱情，是胜过之前所有人的爱。然而，他却不愿意接受。他只想保持忠诚——可是他终于无法抗拒。他，这个一度想赴死的人，又一次活转了过来。这就永恒地宣告，对于人类而言，没有什么是不可能的，在现实中，他只有一个要求——希望达到他所愿望的对立面。当他的生命的整个大厦崩塌之时，在他的内心却什么也没有破裂，他热烈地、果决地靠近他的幸福，就像早先预备走向死亡时那样热烈、果决。

　　最后，当他把双手伸向生命的时候，当他终于超越了死亡的礼拜的时候，一度让他徒劳地翘首以盼的救世主出现了，死亡，在不久之前还是他生活的欢乐的加冕，而此时却像刺耳的击打声向他袭来。可是，现在他怎么能死去！他的朋友们都不能相信，死亡真的是近在咫尺，而后来他们确信他还不知道死亡正在临近。可是他为他的死亡时间起草了一份新的计划，他小心地避开了病人所不能满负荷地、完美地完成的事，他只因为他的病体能够促成的事业而继续活着。有一次他写道："疾病是人类最为重要的一个对象……对于利用它们的艺术，我们的所知何其少也。"在他去世前的几个月，在给他的朋友蒂克（Ludwig Tieck）描述他的生平的信中，他写道："……这是一个晦暗的时代。但我一直是欢快的"。而坐在诺瓦利斯床边目睹他的死亡的弗里德里希·施莱格尔也说他死的时候有一种"无法描摹的欢快"。

5

诺瓦利斯是浪漫派中唯一的真正的诗人，唯有在他一人身上，浪漫主义的全部精神化作了歌，只有他表现了那种精神。其余的人，如果还算是诗人的话，也只是浪漫主义诗人。浪漫主义给了他们新的主旨，仅仅改变了他们发展的方向或丰富了它，在他们在自己身上发现了这些新的情感之前，他们已经是诗人，在他们完全脱离了浪漫主义之后，他们也还是诗人。诺瓦利斯的生活和作品——没办法，这是老生常谈，但这是唯一切中要言的表达——形成了一个不可拆分的统一体。作为这样一个统一体，它们是浪漫主义整体的一个象征，似乎它们被放逐进生活、迷失方向的诗在被他的生活所解救后，又一次成为纯净、清澈的诗。浪漫主义的临时起跑道仅仅是起跑道，没有例外，浪漫派对于统一的意愿必定总是停留在断片形式的一个意愿，再没有什么地方有比诺瓦利斯的作品中这种意愿更断片化的了，但就在他刚刚开始创作他的真正作品之时，他却要命归黄泉了。尽管如此，他是唯一的这样一种人：其生活留下了美丽如画的一堆碎石，人们从中挖出了美妙的断片，满怀惊奇地问，这些断片当初构成的建筑原貌应当是什么样子。他所有的道路都通向一个目标，他所有的问题都得到了解答。每一个幽灵、每一个浪漫主义的法达摩迦纳（fata morgana）① 都获得了实在的肉身，只有他不受磷火的引诱陷入无底的沼泽，因为他的双眼能把每一簇磷火看作星光，他还能展开双翅去追随它。他遇上了最残酷的命运，只有他才能在这场斗争中成长起来。在所有搜寻对生活的控制力的浪漫派人物中，他是唯一有实践能力的生活艺术家。

尽管如此，他的问题依旧没有得到回答：他向生活提出疑问，死亡给了他答案。也许礼赞死亡的歌唱比礼赞生活的歌唱更重要、更崇高，可浪漫派的初衷并不是要寻找这样的歌唱。

浪漫派的悲剧在于只有诺瓦利斯的生活能化作诗，他的胜利是对整个浪漫派的死亡判决书。因为浪漫派想凭之来征服生命的一切手段，只够一个美丽的死亡之用；他们的生命哲学是死亡的哲学，他们的生活艺术则是死亡的艺术。他们努力去拥抱世界，却使他们成了命运的奴隶，诺瓦利斯今天对我们如此伟大、如此完整，也许就是因为他成了一个不可战胜的主人的奴隶。

1907 年

---

① 意大利语词汇，取自亚瑟王传说中登场的巫婆摩根勒菲，英国神话中亚瑟王的妹妹变成的妖精。也译作"复杂蜃景"，是一种不常见且形式复杂的海市蜃楼，只出现在地平线上的一小段窄带，因为人们相信海市蜃楼都是出自摩根勒菲的巫术。

市民阶级的生活方式和为艺术而艺术①

——论泰奥多·施笃姆

1

市民的生活方式和为艺术而艺术：在这个自相矛盾的讲法里面隐含了多少内容？当然，曾经有一过段时间，这个提法并非自相矛盾。一个出身于市民阶级的人，他何以能够想到自己竟然还可以过一种非市民阶级的生活？艺术究其本身而言是内在于自身自成一体的（in sich beschlossen sei），需要遵循其自有的规律。这不是艺术强行脱离生活的必然结果，而是艺术就是为自己而独立存在的，正如每一项因自身的缘故而得以真诚地实践的事业一样。因为整体的利益提出了这样的需求，根据整体性的需要，人们对待一项事业就必须采取如此的态度：仿佛该事业在自身之外没有任何其他目的，

---

① 德文原文为"市民性（Bürgerlichkeit）与为艺术而艺术"，英译本为"市民的生活方式和为艺术而艺术"（The Bourgeois Way of Life and Art for Art's Sake），考虑到 19 世纪与 20 世纪之交，Bürgertum（市民阶层）在知识精英界饱含贬义，译者倾向于采用"市民阶级的生活方式"这一译法。

而只是为了其自身内部的完满性而存在一样。

今天的我们满怀着眷恋（Sehnsucht）回望这一段岁月，那是一种癔症式的眷恋，从一开始就注定无法满足的眷恋，饱经世故的人们的眷恋。怀着软弱无力的眷恋我们追忆曾经有过的这样一段岁月，在那时，即使从遥远之处向着完满性靠近，人们也无须付出天才的努力，因为完满是理所当然的事情，去思考不完满的可能性根本就不存在；因为艺术作品的完满性是一种生命形式，不同的作品只是由于其完满程度不同而被区分开来了。这种眷恋是艺术家良知（Künstlergewissen）的卢梭主义；是对无法企及的蓝花的浪漫主义眷恋，这朵蓝花只能在梦中被观瞻，因为它只是以梦幻的形式（Formvisionen）向外飘散馥郁之气。那是向着我们自身最大的对立面的一种眷望，这样的眷望，成因于一种病态的神经系统使用最后一点力量在分娩的阵痛中而达到的自我升华（Selbststeigerung），由之产生了宏大的、神圣的单纯性，以及自明的、神圣的完满性。市民的生活构态（Lebensgestaltung）无非是把生活严格地降低到市民的标准，而这只是向完满接近的一种手段。那是一种苦行，是对生命中全部光焰的弃绝，如此一来所有的光焰，不管它们奔向哪里，奔向任何别的哪个地方，都可以经由艺术作品获得救赎。在这里市民阶级的生活规格是一种强制劳动，是令人憎恨的奴役；这样的强制遭遇了一切生命直觉的奋起抗拒，只有动用最残酷的力量才能使后者屈服。也许如此一来在这场抗争中会有一种迷狂的力量将生命直觉的抗拒提升到了极致的程度，而这种达到了极致程度的提升正是艺术劳动之必需。这样一种市民生活的构态吸收着生命，因为它的反面就是生命：光明和挣脱了一切束缚的状态，灵魂在变化莫测的情绪丛林中迷醉而恣意狂放地跳着胜利之舞。市民的生活方式是一根皮鞭，驱赶着否定生活的人不停地劳作。市民阶级的生活构态只是一面面具，在那面具之后隐藏着的是对缺失的、幻灭了的生活的剧烈的、毫无结果的痛感，也隐藏着姗姗来迟的浪漫者的生命之痛。

这样一种有产者的存在（Bourgeoisdasein）只是一副面具，像一切面具一样，它是否定性的东西：它只是这样一种事物的对立面，该事物只能通过它说"不"的能量获取意义。如此的有产者的存在仅仅意味着对一切美的事物的否定，对一切看上去仿佛是值得追求的事物的否定，对生命本能所孜孜以求的一切事物的否定。如此的有产者存在就其本身而言没有丝毫的价值。因为只有从它那里涌现出来的作品才能给这样一个框架内部和如此形式下实现出来的生命赋予某种价值。然而这样的有产者的本质真的与市民阶级的本质是一回事吗？

市民阶级的生活特色首先是由市民的职业所决定的；每个人的生活之中不都是包含了一项职业吗？乍一看似乎是不可能的。可以看出，有着这样一种生活的市民所体现出的条理性和秩序只是一副副面具，面具的后面隐藏着自我意识最固执、最无政府的活动（Beschäftigung），这样的生活只是在最外部的外观上，因其浪漫派的反讽和有意识的生活风格化（Lebensstilisierung）配合着其死敌的显现形式。

市民阶级的生活方式和为艺术而艺术。这两个互相排斥的极端能否在同一个人的身上并存？两者能否以同样的认真和坦诚经历生活，并且在同一个人的身上合而为一？市民阶级的生活特色首要地是由市民的职业所决定的，是由某个单独来看并非十分重要的东西所决定的，这个东西是一种职业，该职业哪怕取得最大的成功，也无法生发出能够提升个性的狂热，而它的衰败、没落却至多只有两三个人觉察得到。实在的、深刻的市民阶级观念（Gesinnung）要求人们满腔热情地全部接受这些，要求人们深深地沉浸于这些在世俗生活中具有决定意义的要点，这些要点极可能显得琐碎而浅薄，或许给人的灵魂提供不了一丝一毫有益的养料。对于真正的市民来说，他的市民职业并非是一种活动（Beschäftigung），而是一种生命形式，是某种脱离于内容而能决定步调、节奏、轮廓的东西，一言概之是决定他生活方式（Stil）的东西。因此，市民阶级的职业是这样一种东西，它在生活形式与典型的生活体验两者神秘的交互作用之下，深入地渗透进了一切创造性的活动中去。

市民阶级的职业是一种生活形式，它首先意味着生活中伦理的优先性；操纵生活的是体系化、有规律地重复的东西，是根据某种义务一再重现的东西，是某个不管你有没有兴趣都必须去完成的东西。换言之，是秩序对心情的统御，是持久之物对瞬时情感的统御，是平静的劳作对由官感为其提供养料的天才的统御。最深刻的结果也许就是，这种执着的投入精神战胜了以自我为中心的孤独；这里的投入对象并不是由我们自身投射出的理想——该理想大大超出了我们的极限，而是一个外在于我们，我们对之很陌生的东西，因此这个东西是很简单的，真实得唾手可得。这种执着的投入给孤独画上了休止符。也许伦理的最大生命价值在于，它是这样的一片领地，那里有某些共同体存在着，永恒的孤独在那里终止。伦理的人不再同时是万物的始和终，他的情绪也不再是衡量发生在这个世界上所有事件的意义的尺度。伦理将共同生活的感觉施加于每一个人。如果别无他途，那就会通过对直接的、可计量的有用性的认识，对已完成劳动成果（不管这项劳动成果多么微不足道）的认识迫使他接受。对劳作之中纯天才的自我认识只能总是非理性的。天才的作用总是同时被低估和高估，因为不管是从内部还是从外部，天才是永远不能被衡量的。

在一个人的生命之中，如果只有创造力——该创造力只仰仗于他的天才——才能从外部给予此人面对世界的分量，或从内部给予支撑他的力量，生命的中心就被完全转移到了那份天才的方向上。生命是为了工作，而工作对于一位艺术家来说总是不确定的事情，有的时候，生命感觉由此几乎被拔高（hinaufgeschraubt）到心醉神迷的程度，在这种极度兴奋的张力之下，生命感觉不免会上升到极致，但是这里所达到的高度日后要用最可怖的神经抑郁和心情低落作代价。作品是生命的目的和意义。由于那种最强大的内化力量，生命的中心被移向了外部，进入了不确定性和完全无法计量的可能性的奔腾咆哮的海洋。相反，散文作品提供了坚实的基础和确定性；作为生活的形式，散文作品自身就造成了生活和工作关系的转变，这种转变是对生活立场的观察得来的。它带来的结果是：人的人性价值——他的内在和外在的分量——被移换到了坚实的基地上，价值获得了长久性，因为重心转移到了伦理的领域和伦理的价值上，也就是至少是恒久有效的可能性得以立足的价值。这样的工作从不要求一个完整的人，它也绝不可能提出这样的要求；这样的工作所带来的生活节律必然是这个样子：生活是主旋律，一切其他的东西都只是陪衬。当施笃姆在斯图加特拜访默里克①的时候，他们的交谈接触到了这样一个问题，一个关于工作和生活的问题。"……只须如此，"默里克是这样论及文学创作的，"你在你身后留下一个痕迹，主要的东西却是生活本身，永远不能被忘怀的生活。"他差不多是这样说的——按照施笃姆关于默里克的手记，我引用一下他的原话——"似乎他以此警告那些年轻的同行。"

默里克的职业是牧师，后来他全力以赴地投身于他的教职；施笃姆的职业是法官；凯勒总是带有一点骄傲地自称是"国家文员（Staatsschreiber）"。在胡苏姆（Husum）的当地法官②和苏黎世的国家文员大人之间的通信中，他们谈到了他们共同的朋友海泽（Heyse）的神经状况。下面这封信是从瑞士发往石勒苏益格（Schleswig）③的："保罗·海泽的状况令我困惑不解，他在大约一年的时间里就写出了一部极漂亮的诗集，然而他却一直是个久治不愈的病人。也许就是这样一种饱受干扰的神经机制自行造成了自杀可能性增加的结果。若果真如此，我的神经很正常，那恐怕不是个多高明的人。不说笑话了，我差不多愿意相信海泽现在正在为这样的事实还债：他几乎做了三十年诗人，没有遭遇过哪怕是一年的职业变换需要他分心，比如公务员、教师或者别的什么世俗行当。像他这样的一个人，打算去消费（konsumieren）世界，到最后一定会把自己也一块儿消费了……但是我们什么也没法对他说，说什么都

---

① 默里克（Eduard Mörike，1804—1875）是德国最伟大的抒情诗人之一，有的评论家认为他仅次于歌德。
② 指施笃姆，施笃姆出生于胡苏姆，亦在家乡为官。
③ 石勒苏益格，德国北方的行政地区，与丹麦接壤，胡苏姆即隶属于该地区。

太晚了！"来自胡苏姆的回信口气也差不多："论及咱们的海泽老弟，您一点都没有说错。像这种需要不断地投入想象力和感情的终身职业，只有健康程度达到顶级的人才能支撑得住。谁能说得准，假如席勒不是那样疯狂工作的话，他是不是能活得更长久一点……"这话听起来似乎只有照顾好健康才使得散文创作成为可能。"家庭里的烘焙制作，"施笃姆说，"在他看来该劳动是必不可少的，甚至他在高龄的时候还离不开它，那时他已退休，还怀着可以全身心写作的快乐想法。"于是他给几个女儿教习法语，忙着经营他小小的庄园，也许他这么做是为了让他的生活保持他由来已久的健康而有规律的节奏。似乎这里说的只是健康保养的问题，但是——如同别的所有地方一样——这个问题的提出就包含了所有的回答：对于凯勒和施笃姆来说似乎只是一个健康保养的问题，但对其他人来说这就产生了艺术和生活两者之间无法调和的、超越性的悲惨（Tragik）。只有深刻地洞察到这一矛盾无法克服的性质，这种见解才是具有悲剧性的。真实而深刻意义上的悲剧（Tragödie）只存在于这样的环境下：在那里，矛盾的要素都生发于同一片土地，在最为内在的层次上处于一种亲缘关系之中，然而又在水火不容的争斗中互相对峙。在悲惨那里，区分甜与苦、健康或病态、危险或得救、死亡或生命已不再有意义，在那里破坏生命的东西与无须怀疑的最具效用性和最好的东西一样，都变成了一种不可或缺的必然之物。施笃姆的生命是健康的，没有问题的。为安稳起见，他总是远远地绕开每一个发生悲剧的可能性。对于他的生活来说，所有这一切都只能将它们看作疾病一类的东西，对此人们是应该也是能够保护好自身的——我找不到更合适的言语给这样的情形作描述——就如同对待胃病或感冒一样。这一切于他而言都是疾患，如果不能预防这样的疾患，它就会再次冲击肌体的健康。

在这样的生命活动中潜伏着某种意志坚定而强大的东西，一种稳健、有力的韵律，一种棱角分明的能量。有一次他在写给埃米尔·库①的信中说，他在读大学的时候就已经知道并感觉到，不管将来他碰到什么事，也不管他自己怎么样对待自己，他生命的核心都不会受到伤损；他总是觉得"我可以做最极端的事而无须担心会失去自己"，或者如他在一首诗中所写：

> 如果那颗心在呜咽，
>
> 那就碰杯吧，别理会那哭声！
>
> 我们知道，一颗正常的心是杀不死的。②

在他的生命里，从未发生过什么事情是成问题的。最剧烈的痛苦侵袭过他的生命，企图将之碾为齑粉，但总是遇到坚定的抵抗。施笃姆不是一个会受问题困扰的人，因此命运只能从外部向他逼近：如果那是人的命运，那它就可以被战胜，如果超出了人的命运，那么他就停下脚步让它过去，屈从地低下头，表情谦恭、镇定。"安葬你最爱的人吧，"他妻子去世后他在一首诗中这样写道，"生活还要继续，不用多久，你就会在日子的重压下重新站立起来，坚持着你的自我。"他在内心里是信仰宗教的，他的内在感受到了一切发生之事之间的彼此关联，他以快乐的屈从接受了这样

---

① 埃米尔·库（Emil Kuh，1828—1876）是奥地利文学批评家、作家，后文有提及。
② 英译为了 abab 的交叉尾韵需要对原诗的句子作些许更动。本汉译是对字面意思的直译，没有考虑形式上符合诗体特征。

的事实，他信仰宗教，却不相信任何确定的信条，从不卷入非宗教的斗争或牺牲，虽然他生活在一个宗教陷入严重危机的时代。他的感觉非常敏锐而微妙，极小的外部刺激都能深深地触动他，但是他的敏感却从来不会扰乱他的生活中稳定、笔直的线路。他整个的感情世界最紧密地和他的故土连在一起，可是当外邦奴役了他的家乡，他被迫流亡之时他也没有崩溃。他的整个身心都在望眼欲穿地期盼幸福，他需要幸福就像需要空气——在和他共同幸福生活了多年的妻子去世以后，他也没有崩溃，尽管他的痛苦很大很深，他最终还是成功地再次找回了他所需要的新的幸福和温暖。"尽管如此，我不是一个容易折断的人；"妻子故去后他写信给默里克说，"我那么多的精神兴趣一个也不能丢下，它们一直陪伴我走到今天，已经成为维持我生命的东西，在我面前——就像一首诗中所言——还有工作，工作，工作！只要是我力量所及，就一定要去完成工作！"

我们不太容易判断这两种生命原则中哪一个支撑着另一个：是那种市民式的、简单而有规律的生活方式在支撑同样是很安逸、很稳当的确定性，凭着这种确定性生活对灵魂发生过作用，或者反过来灵魂也对生活发生过作用。可以肯定的是两者是互相紧密联系的。施笃姆没有片刻的犹豫或摇摆就选择了法律职业，虽然这一职业不能给他的内心世界提供任何有益的东西，但他在生命中没有一刻惋惜过自己的选择，也就更谈不上后悔自己的选择。

我们一直都没有接触到问题的关键点，即生命实践与艺术相关联的那个点。我们曾说过只有生活里的工作才赋予生活意义；只有当生活所没有为之牺牲的东西抵消了最大的牺牲的时候，维持生命的饱满和力量这件事才是有意义的。当生活整体的雅努斯①的一张脸真实地展现了市民的生活方式，而另一张脸展现了最严酷的艺术劳动的艰难斗争之时，我们就面临着一个悖谬。这个世界，施笃姆的世界和他最仰慕的艺术的世界，以及他的作品所最挚爱的世界，就是德国审美者的世界。在 19 世纪各色各样的审美者当中，为艺术而艺术的德国审美者是最纯粹、最真实的。

几乎每个人都知道福楼拜的痛苦，正是这样的痛苦在延绵几十年的创作之痛后孕育出哥特弗里德·凯勒的作品。我们都知道《画家诺尔顿》②的第一稿的毛病和不和谐何其沉重地压在默里克的心头。他为了创作第二稿付出了西西弗斯式的劳动，牺牲了最丰富、最美好的年华；孔拉德·费尔迪南德·迈耶尔③的案例就更著名了。施笃姆被凯勒评价为"安静的金匠和银丝细工饰品技工"，他创作作品的时候可能没那么多的痛苦，但是就他的天性而言，我们前面提到过，他和每一位严谨的能工巧匠一样都不会敷衍了事。也许在他身上，这种坚忍的、严格的、注重实效的工匠工作风格发展得更为淋漓尽致。他的双手凭本能感觉应该对什么原料进行加工，应当给这些原料赋予什么形式；他从未尝试过要跨越形式的界限——他的灵魂诸多的现实情状和可能性给他预先规定好的界限；在这些界限之内他强迫自己去实现最大程度的完美。凯勒，这位意

---

① 雅努斯（Janus）是罗马人的门神，具有前后两个面孔，一个看着过去，一个面向未来。

②《画家诺尔顿》（*Maler Nolten*）是默里克创作的一部浪漫主义中篇小说。

③ 孔拉德·费尔迪南德·迈耶尔（Conrad Ferdinand Meyer，1825—1898）是瑞士现实主义作家，创作过历史小说、抒情诗。与哥特弗里德·凯勒和耶利米雅思·哥特赫尔夫（Jeremias Gotthelf）并称为 19 世纪瑞士最重要的作家。

识极强的叙事文学大家一直从事戏剧的构思和设计；而施笃姆从来不许可自己越过禁止进入长篇小说领域的红线。

这种唯美主义的根本特性（der Wesenszug）就是手工劳动者的精湛技艺（Tüchtigkeit），在这里它与这样一种生活构态不可分割地、深刻地联系在一起：人们以素朴的市民正派作风（Anständigkeit）将这种生活构态进行到底。他们的艺术实践和生活方式都同样是简单的直线特点，该特点把他们和其他审美者在创作上的完满性（ouvrier-Vollkommenheit）区分了开来。假如福楼拜的理想也是手工劳动者的精湛技艺的话，那么对他来说，手工事业（Handwerktum①）就只能是多愁善感的（用席勒意义上的语言），只是对永远失去的素朴的神往。施笃姆、默里克、凯勒与民谣诗人冯塔纳、克劳斯·格罗特②，以及其余诸人的手工事业都具有同样意义的素朴。前一批诗人（即福楼拜式的审美者）的目标是用张弛的力量（Kraftanspannung）努力去接近完美理想，后一批诗人（施笃姆、默里克等）的目标却是达成这样一种诚实而精湛作品的意识：为了创造完美，竭尽自己的全部力量的意识。在生活和工作的协调问题上，前者把重点放在了工作上，而对于后者来说重点是在生活上。前者认为生活是通达艺术理想的媒介，而后者则认为工作的完美只是一个象征，是充分利用一切生活可能性的最可靠、最美的路径。而那个象征就是：市民阶级的生活

① Handwerktum 中的后缀 tum 只能意会，难以言传，比如 Chinesentum 被顾彬称作“国粹”。德语词汇中也有“Deutschtum”“Griechentum”，大体也是德意志精粹、希腊精粹的含义。
② 克劳斯·格罗特（Klaus Groth，1819—1899）是德意志最著名的抒情诗人和作家。

理想——创作好一件作品的意识——得到了实现。

因此，这些人在把他们的作品付梓的方式之中总有一些触动人心的放弃。没有人比他们更清楚地看透真正的完美与他们所能达到的最好状态之间的距离。可是这种距离意识与这种直接而均质的力量一起活跃在他们的内心之中，它便几乎不起一点作用。仿佛它已经被说出来，一劳永逸地得到了解决，沉寂无声地作为一切基础的东西，将在以后被言说。这种无声的知识透显出了温和的谦卑，它持续影响着那样一种姿态——他们以此种姿态任其作品飞跃提升（hinausgehen lassen）。对他们和过去的手工艺术家来说，艺术像其他一切东西一样是生活的表现形式，因此献身于艺术的生活总是和同样的权利及义务联系在一起的，就和其他任何一类的人性的（市民阶级的）行为一样。因此他们对自己提出的要求都是伦理的要求，但是对于工作他们也拥有他们的人性权利。伦理不仅要求在艺术上技巧精湛，而且要求他们思考艺术给人带来的是利益还是害处。凯勒考量他的作品所可能产生的教育效果，同样也考虑其文学影响。当他论及施笃姆所提出的一个主题（在该主题中迷信有着相当的分量）的时候，他提请他注意，该主题对于这个唯灵论骗局大行其道的时代可能会产生有害的作用；另一方面，凯勒在自己的作品中放弃了任意表现所有的细微个性的权利，即流连于细节修饰之中所呈现出来的细微个性，他自己也要甘冒使作品框架结构松动的危险。他在此时受到一种感觉的引导，他的作品都是因为他的缘故而问世的。这样他作品里的全部能量就可以表现出来，因为这些个性都在于此，他必须为它们找到合适的表达。在这里起决定作用的是劳作而非结果。这里的艺术观深刻而真实地与中世纪的艺术观结合在一起，中世纪是对精湛手工艺倾心不已的浪漫派所念兹在兹的黄金时代。在浪漫派那里永远得不到实现的东西——正因为他们对之倾心不已，在凯勒、默里克、施笃姆等人那里实现了，只要今天有这样的可能；浪漫派把他们的倾心与倾心的对象分隔了开来，或者说他们的倾心也许只不过是分离的、无以沟通的裂痕的象征。可以肯定的是（权且当作一个例子），莱波尔①对霍尔拜因（Holbein）② 模仿得很像，任何现代艺术家都没有办法模仿得更像，而英国的前拉斐尔派对那些位佛罗伦萨人却是尽可能地敬而远之。

　　文学创作较之其他任何艺术门类都更强烈地受到时代潮流的制约，这些作者都能创作出让我们回想起曾经有过的伟大艺术，即便只是作为从劳作投射到生活的明媚回射（strahlender Reflex），这样一个事实有其时代心理的原因。在德国，很多事业的发展，特别是经济的发展都比其他地方起步要晚，因此很多旧有的社会形式和生活形式比别处更久地保留了下来。19世纪中叶的德国，尤其是在德国边缘地区的城市里，古老的市民阶级还是如往常一样强大和活跃，与今天软弱的资产阶级相比有着天壤之别。这些作者得益于这样的市民阶级的怀抱，他们就是该市民阶级的纯粹的、突出的代表人物。同时，他们也十分清楚自己所代表的群体。我不是说他们在智思上明白自己的处境，而是认为，历史知觉对于他们成了生命感

---

① 威廉·莱波尔（Wilhelm Leibl，1844—1900）是德国现实主义画家里的代表人物。

② 德国绘画史上有多位姓"霍尔拜因"的画家，从上下文看，卢卡奇可能指的是文艺复兴时代三位杰出的德国画家：老汉斯·霍尔拜因（Hans Holbein the Elder，1465—1524），其弟西格蒙德·霍尔拜因（Sigmund Holbein，1470—1540）及其子小汉斯·霍尔拜因（Hans Holbein the Younger，1497/1498? —1543）。

觉，成了实际起作用的生活要素，对他们而言，他们的故土、出身、阶级是决定其他一切的体验。重要的不是他们对所有这一切的爱戴，当然这样的爱戴在别人身上也随处可见，甚至表现得更彰显、更抢眼。但是，他们的体验缺少深度，因而他们的表达形式既善感又充满激情。不，这些作家的关键体验是他们的市民阶级的生活态度，尤其是凯勒和施笃姆。我们差不多可以说，瑞士对于前者，石勒苏益格对于后者是极端重要的体验，这只是他们的直觉（Anschauung）的抽象感性情状（Beschaffenheit），而非知性（Erfassen）的情状所带来的结果。我们之所以能这么说，是因为这些作家的体验意味着："我出生于此地，我就是这里的人"。其后果是：他们所真切而强烈地目睹的，仅是他们家乡土地上承载的东西，他们对人与人们之间的关系的直觉取决于这里所形成的价值观。在他们的作品里市民阶级的生活之道是历史性的。在未曾打破的老旧的市民阶级的最后几位伟大诗人的作品里，一束强光照在了市民生活最寻常的事件上。在这些诞生了的作品中，德国老旧的市民阶级开始变得"现代"，与此同时，老套的室内装饰（Intérieur）还在接受着童话般的、奇异怪诞的流动光照。当这些洛可可、比德迈耶尔的室内装饰轻轻地来到世间的时候——哪怕只是在记忆中，那些可爱、精致、头脑略显狭隘的居住者也来到了世间。在凯勒那里，丰富的、童话般的幽默去除了平凡事物的平凡性；在施笃姆那里事物还是其本来面目的事物，围绕着它们的幽默几乎无以察见；我们从这些事物上面可以看出，他的目光温存地从那上面掠过，忧伤地看着它们远去；他的目光保存了他从这些事物当中获取的一切的记忆感觉，平静而气定神闲地看着它们的没落，一边是满含着热泪，一边是神定气闲地接受了不可更改的事实。

在施笃姆的世界里，这种没落的诗意还没有完全被意识到。（在凯勒那里显然是被意识得很充分了。）他的市民阶级的人物们一路安详地走来，并没有感觉自己或者自己代表的市民阶级的本质有任何问题。即使悲剧的命运降临到他们头上，也仿佛只是个人的命运，仿佛只是这一个人在承受这样的命运；在他的作品里是看不见整体受到撼动的。一切如旧，尽管有各种各样的不幸和灾难，尽管这些人在忍受过程当中才显得坚强，尽管他们至为阳刚的姿态只是表现为目睹着某个东西飞逝而过——生命、幸运，或幸福感，只是眼睁睁看着，噙满了的压抑的泪水模糊了眼眶。这是断念的力量，放弃的力量，旧市民阶级面对新生活的力量——施笃姆不会想到他在这里是一位现代的作家。某个东西消失不见了，有人在目送它远去，他还活着，他还没有被毁灭。然而他脑海里的记忆是永存的：某物还在，某物灭失了，曾几何时，这个东西本该是可以保留下来的……

> 我看见你白色的衣裙在飘摆，
> 还有你那轻盈、温柔的身体——
>
> 从植株的圣杯中，
> 梦幻般地流淌出夜的芳香。
> 我想着你，一直一直想着你，
> 我要睡去了，而你还在跳舞。

2

　　最硬的刚性和最软的阴柔，最灰暗的单调和色彩最丰富的艳丽：施笃姆的世界就是在它们之间的融合中诞生的。北海的浪涛拍打着海岸，在冬季暴风的猛烈冲击下，沿海大堤几乎护不住堤岸后的土地，而那纯净的空气和来势更猛的重重雾霭把草地、海滨沙滩和城市一块儿化成大片绵软的平地。无声的、单调的静谧倾洒在万物之上。一眼望去，草地、牧场、海中零星的小岛，没有一样是能吸引住观视者的目光的，或者是使那目光流连忘返的。一切都是那么简单、安逸、乏味、单调，只有当地人的眼睛才能发现这里的美。只有这样的眼睛才能从乏味的单调中看出多重的色彩，只有当地人的耳朵才能听懂每一株树和每一丛灌木的博大而深刻的体验，只有这样的人才会明白那缓慢暗淡下来的影子和海边晚霞的情怯的红色是生命的转折性关头的陪伴者。小市镇同样显得安逸，呈现出同样单调的灰色，市镇里的德意志老房舍简单、形制相同，房舍的花园也是既小又简陋，简陋的斗室里堆满了从祖父，或者是从更远的先祖那里传下来的家什。哪怕是这些房舍以及斗室的灰色也融进了当地人眼里才看得见的千万重色彩的霓虹，对他们而言，在每个橱柜长长的一生中的所见所闻都是太多太多说不完的故事。

　　　　在灰色的海滨，在灰色的海上，
　　　　一旁就坐落着这座城；

雾霭沉重地压着屋顶，

大海的浪声冲破沉寂，

单调地围绕着这座城。

没有林木发出萧萧的声响，

五月里，看不见连续不停飞翔的鸟；

只有秋夜飞过的鸿雁发出了凄凉的唳声，

海滩上清风吹动着草茎。

当地人的气质也类同于他们所活动的地域的人群的气质。乍看之下，他们之间仿佛没有什么区别。强壮、素朴、金发、步履稳健地一路走来，这是男人；沉醉在梦想里、更安静、头发更金黄，这是姑娘和女人。似乎儿童幻想里静谧的太阳光华会均等地照耀在每个人的头上；好像同样小小的快乐和同样浅浅的疼痛都会引来无声的、单调的民歌旋律，这民歌旋律陪伴着所有生长于斯的生命；仿佛所有的人都会遇到同样的命运；仿佛人和命运都正迈着同样的步伐互相走近，在相遇之前及在相遇的那一刻都是同样的素朴、稳健、气定神闲，相遇之后，人必须表现出同样的断念和同样的力量以便安详地走下去，并且牺牲自己、绝望地盘算（zur resignierten Abrechnung），哪怕经历了百般挫砺仍保持正道、毫不气馁。在施笃姆的世界的灰色空气里，人物和命运构态的刚硬线条灰暗地融为一体。往往有这样的表象：似乎他在所有的小说和诗歌中都在重复叙说同样的事情——命运突降，异常坚强的人挺过了命运，稍弱一点的人走向毁灭。然而，在所有这些情形中，最强的力量和灵魂最美的财富无不发源于受到命运打击的伤口。所有的命运似乎都是一样的，因为那些人拙于言辞，他们各自的生活姿态都非常深刻地类似。然而他们必须往后稍退几步（跟观赏油画时往后退几步的原因不一样，甚至完全相反），于是这种生活的单调之声马上就可以终止。于是我们看到，每个人和每件事都只是一曲交响乐的一个组成部分，该交响乐或许是不为人知（gewiß aber unausgesprochen）的，也许不是出自故意地伴随着人物与事件的整体合奏发出了和谐之音；似乎一切单曲都只能成为民谣或者民谣的片段，再或者是为一部鸿篇史诗——市民阶级的鸿篇史诗——提供的素材的一个元素。

这样的史诗一旦诞生，就会传达出一种宁静而稳健的力量。史诗里面没有事件，或者至少可以说事件在史诗里面不是举足轻重的：这种史诗唯一地会提到的是人们会怎样看待降临到他们身上的这种少数事件是降临到他们头上的事件，而不是他们做出来的事件。在这个世界上行动所起的作用微乎其微；人们总是只愿意去做他们获准做的事，他们坚实稳健的步伐肯定会把他们带向他们所要到达的目的地。决定生活过程的东西，所有引起折磨人的问题和所有引起生活中深切的痛苦的一切东西都是来自外部，降临到了他们的头上；他们自己绝不会主动去招惹这些东西，万一这样的事情发生了，他们就只好徒劳地抗争。在人与人之间制造出差异的价值，在他们对于无法逃避的事情的回应中显现出来了。命运来自外部，内在的力量在它面前根本就不堪一击。正因为如此，命运必须在灵魂所安住的寓所的门槛前停下，永远不能入内；命运只是能够将这些人消灭，但永远无法将他们碾碎（zerbrechen）。

　　人们习惯于把施笃姆的诗学本质称为放弃，以上所述就是放弃的最现实的内容。施笃姆非常强烈地反对悲剧性必然含有罪责的观点；不仅他的外在主题（äußere Motive），而且他的生活观念的本质都包含了许多能让人联想起命运悲剧的东西。比方说这样一个观点：任何一个细节，任何一个无法预计的环节都可能在生命中起到举足轻重的作用。然而，施笃姆就在这个可能性面前止步了，他没有把生活看作不可预料的诸多偶然事件组成的混乱球赛（Ballspiel），对他来说只有一个可能性，即人的生活可以采用这样的形式，没有任何东西，没有内在或外在的选择能决定谁的生活、什么时候、到何种程度可以采用这样的形式：只有偶然，偶然状况下的偶然组合才能决定这一切。因此没有解决之道，人们必须安于现状，避免一切冲突，把痛苦的堆积视为内在生命的丰富。

　　在这个世界上，命运有一种机械运作的力量，不容忍任何外在抵抗的力量（Kraft）。然而，命运又不是神秘的、超自然的强力，不是更高层次的强力对日常生活的干预。施笃姆的世界是日常的世界，他的诗学——如库所说——是神圣的日常的诗学。所以这种命运无外乎是普通人际关系的强力，是人的思想的强力、人与人之间约定的强力、偏见的强力、习惯和伦理诫令的强力。在施笃姆的世界里，一个人的灵魂里充满矛盾的各种强力之间并不存在内在的争斗。有待履行的义务已经在一种排斥了一切争端的确定性的基础上被先行规范了，并永久地固定了下来，怀疑至多只能在该义务的执行上做点文章。只有命运、独立于人的力量（Menschenkraft）之外的外部情境的构态（Gestaltung der äußeren Umstände）才能把人放置到岔路边上，然而到这时就再也没有真正的罪孽了。这些人是无力作恶的。并不是这个世界上的每个人都对作恶的可能性天然免疫，而是这里的伦理对于他们每个人都是一种如同呼吸一般的自然的生命功能，因此非伦理的行为从一开始就是不可能的。只有当生活情境里的无以抵挡的暴力强迫人们去做一件事，而且是一件被他们确定无疑的道德感觉强烈诅咒的事情，这时候生活里最不幸的事才会发生。然而，从中并没有产生悲剧，至少不是外在意义上的悲剧。因为伦理对于行动的判决虽然是严苛的、不可撤销的，但是那种感觉的力量却也是相当强大的，它可以保护人们的本质使之不管发生什么事都不受影响。某件事发生在一个人的身上，此人怀着男子汉的勇气离开了幸福之道，并以无畏的镇定为了他无力改变的事情而忍受痛苦，他没有一刻想过要把他的"行为"的后果从身上摆脱掉。同时他感到：他什么事也没有干，在他身上发生了一切，而他内心的一切安然无恙；在他内心里留存着某样东西，外部的力量丝毫不能对之产生触动。

这就是把履行义务的意识视为生活形式、视为世界观的力量，即便有人相信履行一个人的义务对事情产生不了什么影响，即便这种幼稚的信仰和信念消失，该力量也一直保持着古老的、以绝对命令的权威生发着的普遍有效性。世界在以某种方式运转，有某样东西在推动其运转，有谁知道那东西是什么、为什么、目的何在？为什么要在没有问题的时候提问？为什么在那一扇扇永远紧锁着的门前面焦躁不安？何必使用旧时代的形形色色的、安慰人心的谎言来欺骗灵魂？履行我们的义务：这是唯一的可靠的生活方式。施笃姆一首诗中的人物是一个濒临死亡的垂垂老者，他的情绪或许最好地表达了这种生命感觉。他站在房间里，房间摆满了对美好而丰富的生活的纪念品，成千上万个细小的迹象告诉他：大限之日到来了，他听见了远方的钟声，他知道对很多人来说这钟声意味着全部的希望。

> "他们在做梦，"——他说——声音轻轻地，
> "这些五颜六色的影像是他们的幸福。
> 然而我知道，
> 对死亡的恐惧在人的脑子里孵化出这些幻象。"
> 他伸出双手以示拒意。
> "不论我错失了什么，只有一件是没错的：
> 我从未向理性屈膝投降，
> 哪怕面对着最炫目的诱惑；
> 面对余生，我居易以俟命。"

在这里真正重要的是姿态，而不是内容；施笃姆的非宗教性恰恰是极深刻的宗教性。此时面对着死亡，没有争斗，人们带着安静的力量直视着命运，这种安静的力量是能够清清楚楚地被我们辨识的，而在生命的其余时刻，客观地看，假如斗争的结果并没有从一开始就很清楚地显露的时候，也许我们的弱点暴露得更明显。正如在人和命运的关系中，很难区分内与外一样，要区分软弱和力量同样困难。指向内部的力量通常在外部显现为软弱，因为跃动于这些人之中的在世之感高度一致，也因为支撑他们生命的道德律令强大得无以撼动，他们对于来自外部残酷事件的影响只抱着直接的伦理态度，仿佛这一切都只是他们内部引起的，所以他们就可以在自己内部把这些事情化解掉。他们力量的本质在于他们化解的能力，他

们的弱点是，在多数情况下，甚至他们强烈的生命表现都必须要等候某个东西从外部介入，他们只在极少的情况下才会主动探寻，也只有在极少的情况下他们才能够在战斗中获胜。

不用说这只是这些人的世界的最宽广的界限。但也正是由于这些界限是完全不可触犯的，它们在事实上就无须被划定，越界之后也从来没有带来被施以残忍惩罚的后果。在施笃姆的价值评判里，特别是他对于他的某些人物的价值评判，有很多与他的同胞黑贝尔的世界观共同的地方，比如黑贝尔的木匠师傅安东（Meister Anton）所表现出来的那样。但是施笃姆的目光并不是非常敏锐和严厉，他对于这个世界的没落并不很在意，同时因为对于坚持个别立场和价值观的重视程度远不如坚持整个生活，他不像安东师傅那样无遮无拦的教条式的忍让，在他的作品里也找不到比他自己所知的生活强大得多的另一种世界。有时候他会描写一种过着非常不一样生活的人，即便如此也不能说明这样的人与他的典型人物构成鲜明的对照。最大的差异表现在这些人物的行动中：一种人举止正派，另一种人不正派；一种人极度可靠，另一种人绝对轻佻、完全缺乏责任心；对于一种人来说，秩序是生活的褒奖，是做好一项工作的明确的自我意识，对于另一种人来说，生活的褒奖无非是不惜一切代价得来的表面欢乐的片刻享受。这种对比可以无限地延伸下去。然而在一个领域——伦理价值评判的领域里面，两种极端可以非常和谐地共存。伦理统治着施笃姆的世界，凭着伦理的强力，即使那些不按伦理行动的人，也会有伦理的感知；这样的人只是意志疲弱，他没有力量去按照他的最内在感觉所规定的方式去生活。假如我们碰到一个感到自己脱离了这个世界的人，那一定是件非常离奇的、几近于病态的、足够有趣却是不可思议的怪事。

永恒的瞬时性（Ewigvergänglichen）的情绪，衰败的合规律（Gesetzmäßigkeit des Welkens）的情绪，一种温和的、宽容的爱包围着每一步的衰退。天性把力量，也把虚弱赋予了人。强大、有荣誉感和忠于责任不是勋劳使然，而是慈悲使然，反过来说也是如此。此处里里外外都笼罩着命运的情绪。做一个好人并非是勋劳，也许是幸运，只是也许，因为对于生活本身来说这样做是不会有什么结果的。不管怎样，这是一种高尚之事：它营造了一种贵族的风范，建立了人与人之间的距离。它营造的贵族风范是最从容的，它从容得既不知骄傲，也不知粗豪，只会温和地宽容并理解那些与自己不一样的人，身份低下的人。

　　一人问道：如果我做了这事，后果如何？

　　另一人只道：这么做对吗？

　　这就是区别，

　　自由者和奴隶的区别。

在生硬（Herbheit）与善感（Sentimentalität）的融合中，产生了施笃姆世界的气氛（Atmosphäre）。事件尽可能地简单而平常，经受了这些事件的人既无异于日常之处，又乏味无趣。他们都是德国小镇上的普通市民，从小市民阶级——有的还是工人阶级——到部分（当然也是少数）老派的显贵家庭。日常的生活到处安静地流淌，直到有一天灾难突然降临，即便如此，之前的生活依然照常进行，只不过早先年轻的脸上刻下了几道皱纹；只不过与命运的碰撞把某个人甩出了他的生活轨道，他在另一个地方所过的生活照样依循着同样的节奏。只有少数一些人——都是次一等资质的男男女女——无可挽救地完全沉沦了下去。

然而，善感——施笃姆发展的指向——不仅在事件的进程中毫无作用，它甚至不能磨平其坚硬的棱角；善感只体现在回首往事的时候，他们以及其他人身上所发生的事情还徘徊在这些人的心灵里。善感只是对命运关联的认识触动了他们。它的艺术意义在于，它用旋律绵软的连续音（Legati）来给事件里刺耳的非连续音（Staccati）伴奏，把悲剧改成了安魂曲的情绪。它的人文意义在于，它促使伦理意义评判的不可动摇的确定性免受短视判断（kurzsichtiger Schärfe）的影响。

施笃姆田园生活的情绪与他的悲剧情绪很相似，它们的美同出一源。同样的效果还体现在最简单、最小的室内描绘（Intérieur）中，体现在那些表达了摆满老式家具的老式房间里的亲密而精致情绪的小型绘画中，在这些作品中，讲述被遗忘已久的故事是这些变形种类的几乎不可听闻的主题，在这里全部的意义无非是把简单的房间里的气氛变得感性化、可感化。无论在哪里，基本的情绪都是一样的：有机生长的感觉、事物之间的自然交错（Verzahnung）的感觉、对运动（产生于交互作用的运动）必然性的满足之感、依据事物的重要性或次重要性对它们进行划分的认识的非可能性。历史感变成了生命感。这些老式房间引发的情绪让人想起老套的荷兰室内绘画，可是这里的一切却更有气氛（atmosphärischer）、更富于抒发诗意、更加善感。前者那里有对素朴的幸福生命力的确定的自我意识，在后者这里则变成了正在褪色的美的有意识的充分享受（Auskosten）。在这些房间的情绪里伴随着些许的迂腐气，还飘散着这样的意识：它们已经消失一半了，不久之后就会化为乌有。历史感并不只是把美赠予花一样的一切生长物，而且在这赠予物中还包含了悲而不伤的对不可避免的衰亡合规律性的省思。由于历史感使得人们意识到了事物的这一自然进程，该进程变得既近又远，对于这些事件进程的关系变得更诗意、更主观，同时用纯艺术享受的冰冷情绪笼罩了它。

然而，这种室内绘画只不过是施笃姆大多数中篇小说的背景，该背景只会偶尔地从其余部分分离出去，变成它自己的目的，变成封锁在它自己内部的画像。如此室内绘画的情绪——单以形式的原因而论——显然是田园风格的。除此之外，施笃姆还有一些小说就其内容来看是田园式的；在这些作品里生命情绪都被传播出来了，传播者不仅仅有那盘桓在旧式家具上的温情的目光，也不仅仅有这样的一种情态——整幅画只由这么一瞥之见而构成的情态，还有那被描述过的事件的过程和内容。风暴远去后的情绪、云开日出就是这些小说的基调。这就是这些作品与他的悲剧故事之间内在亲缘性的根系所在。暴风携来的乌云翻滚在书中人物的头顶上空，两类作品里的人物都怀着同样的感情在等候雷声；只不过在一种情况下伴随有闪电，另一种情况下没有闪电。幸福与不幸都来自外部；它从某个地方而来，闯入灵魂的安住地，在众多的灵魂相伴下，它发现了美好的家园。但是它因高兴由着自己到处敲打，它在那些值得它与之相伴的一众灵魂那里任意地选择了一个安歇了下来。所以在这些田园诗中和在悲剧中一样，都有命运所向往的感觉。有时根本没有什么东西能够干扰田园式幸福的旋律，只有在被动的放弃中——被描写的人物以这种被动的放弃任由自己在幸福的波浪上摇晃——

悲剧情形下的命运情绪才会唱响。

悲剧和田园诗，施笃姆世界里的一切活剧就在这两个极端之间上演，两者融合的方式营造出了他作品的独特氛围。生活在其一切外部的绝对不安全感和在只关涉灵魂之处的不可动摇的稳固性，就是这样的作品中的深度的市民本质特征。产生不安全感是市民阶级的生命情绪所致；在如此的生命情绪下，正在消失中的老旧而庞大的市民性在其最后的、内在的、未被压垮的诗人作品里变得具有了历史性和深刻的诗性。这种生命情绪渗透进了他的一切作品，包括那些出于对旧式艺术风格的喜爱而诉诸更为古旧时代的作品，出于这种原因，在这些作品里面我们有时能感受到某种纯粹的艺术性的淡定的建构。

施笃姆的诗歌世界更加确定，生命感觉的世界更加纯净。人物，或者我们在这些诗章背后所投射下的这些人物的剪影，是更为精致的；推动他们的动因是更深刻的，他们所经历的悲剧也是更纯粹的。这当然都是形式带来的结果。在施笃姆的世界里，人的本质的展现方式是这样的：通过命运引发的生命显现（Lebensäußerung）和他们的情绪来进行最恰切的表达。行动、事态和事件，一切外在的东西都完全是多余的，——正如他在给库的一封信中所言——因为有的素材所需要的外部动因，其宽度甚至超过了纯粹诗歌所允许的范围，如此，这些素材才能发挥作用。正因为如此，他在某些不需要这种基础的诗歌中，达到了灵魂构态的一种复杂性和灵魂赋形的纯粹性，而这种灵魂构态对于他的小说的表达形式来说一直是望尘莫及的，因为，只有诗才能对他所通常描写的人们的安静而简单的内在性（也许我们可以说是他自己的内在）作出完全充分的表达。

因为这些人和他们的创造者太安静了，他们绝不会头向前冲地扎进奔腾喧哗的事件的激流中，对他们灵魂的分析假如只是用肢解灵魂的办法来揭开他们隐匿最深的东西，使他们最隐秘的东西暴露于光天化日之下，而以求展示出他们心灵的神奇美妙的、世人见所未见的、令人倾倒的风景，那就太失之简单了。这个世界及其居民的真实的美是对一种静谧、温暖、简单的生活情绪的抒情诗一般的铺陈，而这种美的纯真的、真正完美的形式却只能是一种极其宁静的、极其简单的抒情诗。这种抒情诗——正因为其简单——以一种纯粹的力量包含了全部的精致，该力量较之于中篇小说显得纯粹得多，虽然中篇小说乍看之下更适合此目的，但是它的形式要求投射进外部事实或通过分析而得出解答。施笃姆的抒情诗的世界立足于这两者之间，将这两者之中的可用的东西结合了起来。

> 你咬破了柔软的唇，
>
> 血随之流了出来；
>
> 我很清楚你要这样做，
>
> 因为我的唇曾将它们封锁。
>
> 你让你的金发在日晒雨淋中，
>
> 秀色褪去；
>
> 我很清楚你要这样做，
>
> 因为我的手在那上面爱抚过。
>
> 你站在烟熏火燎的炉灶前，

任你纤巧的手变得粗糙开裂；

我很清楚你要这样做，

因为我的目光曾在上面注视过。

3

施笃姆的作品形式是抒情诗和叙事作品，或者更恰切地说，是抒情诗和中篇小说。因为施笃姆从来不会去尝试别的文学形式。他的发展使得他的洞察能力得到持续的增长，而这一增长的结果使得他的中篇小说无意间越来越像长篇小说。凯勒一直不肯承认长篇小说和中篇小说之间有原则上的区别，经常劝说施笃姆不要过于简化他的素材，不要省略过多，不要让人产生太多的距离感，如此就可以把他的素材自然地扩展为长篇小说。在这个问题上施笃姆没有听从朋友的劝告，始终坚持他的中篇小说形式。当然他的中篇小说概念在很多方面都非常近似于早先的长篇小说概念，在很大程度上也正好与过去的纯中篇小说截然相反。在一篇被查禁了的前言当中他以论战的方式反对过去对中篇小说的定义，按照那时的定义，中篇小说只是对一种事件的简要描述，而且这种事件是因其不同凡响的特点，并且在其中出现了出人意料的转折，从而吸引人们的注意。他认为，现代的中篇小说是散文创作的最严格、最工整的形式，是戏剧的姊妹艺术，两者能够表现最为深邃的问题。由于戏剧被排挤出了现代舞台，中篇小说甚至注定要取而代之。

施笃姆在这里预告了现代印象主义的发展，中篇小说完全内心化了，在旧框架下单单填入了灵魂的新内容；他预见了一种转型，作为最后的结果，该转型把每一种强大的结构和每一种形式都化解于心理变化上的轻柔的、精致的、摇摆颤动的先后次序。现代中篇小说——作为最具典型性的个案我首先要举云格尔·雅克布森（Jünger Jacobsen）的作品为例——以其内容超越了中篇小说的可能性。按说一旦在中篇小说的形式中找到了自己的位置，小说的主题就理应处理得更为精巧、深邃、广博而宏阔（wuchtiger），——初看之下这似乎有悖情理——这种中篇小说不如过去简单的中篇小说深刻、精美。因为后者的精美和深刻单纯地立足于粗劣的、未经加工的素材，立足于人物和他们的命运的样态，立足于这些人与现代人生命感觉相近似的事实。简言之，中篇小说形式的本质是这样的：一个人的生活可以表达为某个命运时刻的无尽的感性力量。中篇小说和长篇小说在篇幅上的区别只是象征了一种真实的、深刻的、决定艺术类属的分别。也就是说，长篇小说以其内容为我们赋予了生活的总体性，其做法是把人和他的命运置放进了整个世界的丰足财富之中，中篇小说只是用形式进行了同样的操作，其做法是以极度感性的方式给人物生活的一个插曲赋予了形式，于是此人生活里的其他部分的林林总总便显得多余。内容上的深入化和精致化一方面使中篇小说的决定性情景失去了新鲜而有力的感性，另一方面极其丰富地（并透过如此丰富的关系）展示了人物，于是便没有一起个别的事件足以完整地表现他们。这样就形成了一种新的艺术门类，一种反感性的门类，——像所有脱胎于现代发展而来的艺术门类一样——它的形式就是没有形式。这种途径充其量能做到的，只不过是表现一个人一生之中的几段插曲；这些插曲却不再是象征性的（就如同在中篇小说里一样），整体上也没有强大到足以构成一个特别完整的、万物俱备的宇宙（如同长篇小说）。因此这种中篇小说可以让人联想起科学专著，更容易让人想起专著的手稿。它们在本质上是敌视艺术的，尽管它们的手段确实是艺术的，因为整体从来不能引发一种独立于具体内容之外的、通过形式发生作用的感觉——因此，如果我们改变了对内容的看法，这种感觉就不能改变；这类作品的影响就像那些科学论文一样，是唯一地、整个地立足在其内容的基础上的，以及本质上为科学的兴趣上的，在科学论文里集中出现的新观察才能够唤起这种兴趣。假如他们的观察过时了，甚至只要是它们成为众所周知的常识从而不再具有新奇的吸引人的力量，这些作品（只是测试，而不是对我的看法的证明）就失去了意义。艺术作品和科学作品之间最关键的区别或许是：一个是有限的，另一个是无限的；一个是封闭的，另一个是开放的；一个是目的，另一个是手段；一个是不可比拟的（我们现在从结果来作评价），是开头也是结尾；另一个则会因为任何一个更好的建树而变得多余。简而言之，一个有形式而另一个没有。

施笃姆一定多少感受到了这种危险，因此他满心怀着不安的忧惧远离了长篇小说。他似乎已经感到他要成为一名真正卓越的长篇小说家还缺点什么，为什么他的主题必然是中篇小说的主题，这样的主题既不可能也不应该扩展成长篇小说。有一次埃米尔·库称他的中篇小说为经典之作，他对这样的评价表示不能接受。"经典（Klassizität）是这样的，"他在信中写道，"一个作家的作品必须以精湛的艺术形式反映他那个时代的精神内容的精华……至于我，我能在正厅侧面占据一个厢座就很知足了。"这句话只触及风格问题，虽然只是间接地触及。施笃姆观照世界的方式不能囊括无比丰富的大千世界——那是长篇小说的形式所要求的，他只看得到个别的事件，只看得到中篇小说的可能性。然而他那种观照世界的方式又是非常精致、非常内在化的，于是老套的、篇幅高度浓缩的中篇小说形式是无从表现的；在老套的形式里面只有事实，只有外部事件，正如弗里德里希·施莱格尔在谈到薄伽丘的时候所说的那样：最深刻的、最主观的情绪只是间接地通过诸多的感性形象来表现的。在施笃姆最早创作的中篇小说里，他那种纯抒情诗的内在性、只关心灵魂颤动的内在性直截了当地溢于言表，并且在事实上消解了形式："时不时地……人们可能会期待某种个人化的规定性。"默里克小心翼翼又不无恭敬地如是评论他的早期中篇小说。后期的作品努力表现尽可能丰富的内在生活，表现一个或多个人的全部灵魂内容；但总是以这样一种方式进行的：所有内容有机地进入叙事形式，扩大并丰富了形式，粗杂地、直接表现出来的东西一点都没有留下，没有什么东西仅剩下内容的意义。

于是，形式又回到了外部与内部关系的互相影响的问题上。从艺术的角度看，施笃姆对灵魂的全部偏好使得这种结合变得容易了。一方面，他的内在性还不像如今的作家那样强烈到了病态的程度。在他身上还没有如此强大的愿望和强制性逼迫他去紧跟每一种情绪直到最深之处的灵魂之根；正像库所说的，他还一直站在倒数第二扇门前。另一方面，他的眼睛不是凭借残酷的坚忍或者强有力的感性来打量外部的事件的。这两种因素彼此的距离并没有遥远到无法使它们结合成为一个有机整体的程度。

施笃姆通过传诵的统一实现了声调的统一，通过动用直接的叙事——即叙事文学最深刻、最原始的形式，这种叙事任务决定了它存在的诸多条件——创造了叙事形式。在施笃姆的中篇小说里几乎没有什么是不能安放进一个框架里的，这就是说，不是他本人，而是另一个为此目的特意杜撰出来的叙事者进行回忆综述，或者对手记和年谱记录作编纂整理。一旦轮到他自己讲述的时候，他的表现就像从自己的回忆里翻取所有的细节，或者是向某个人讲述他自己生平里的一场罕见经历。如此他就复苏了讲故事的旧传统（凯勒和迈耶尔也这么做过），人为地重建了中篇小说的原初本性。对施笃姆而言，这不只是一个有趣的框架；在他的创作中，口头传诵这一真实的叙事文化的仅存硕果所具有的意义怎么估计都不会过分。对他而言，口头传诵是一块试金石，从中可以判断他所要营造的气氛在其作品里是否得到了真正的表现。然而这种传诵增强的只是把故事安放进某一框架（Rahmeneinfassung）里产生的效果，它的真正意义远大于叙事声音的和谐的直接性。简要言之，其实质大致如此：施笃姆要创制一种距离，该距离使得内与外的分野，事实与灵魂的分野不再清晰可见。最重要的是：回忆——此乃框架叙事的典型形式——并不肢解事物，它很少能意识到自己的真正动因，从不会把事件表现为一种轻微的、几乎不可察觉的灵魂变化颤动的先后次序。其结果是，事件都以鲜明的视觉呈现的图像形式或者包含一切的对话片段的形式叙述出来。回忆和对回忆内容的自然叙事技艺产生了另一种同样是稳定的、有力的叙事诗形式：民谣。但凡这些在真正属于中篇小说的特征方面缺失的地方，民谣里的要素都为之弥合了。它排除了中篇小说里的所有的拆分的可能，保留了感性的冲击力和象征的意义，进而阻止了作品扩张成为长篇小说（这种扩张是不能承受在这里所把握的世界的贫乏的）。另一方面，这种增大距离的做法抵消了事件的破碎性和它们在与人物的灵魂生命之间关系过于刚硬的现象。这些在世人眼里显得生动逼真的图画彼此配合得高度和谐。因为在叙事者那里，只有在诸事件被连结为一个整体的那部分才是灵动活跃的；也只有叙事者觉得重要的经历才是灵动活跃的，也正是这些构成了全体结构的中心。还有一点：描写人物的技巧也因此变得更为感性化；因为有关于人物的本质的记忆只留下了可见可闻的部分，在这些感性的基础上慢慢形成了典型的、普遍的特征。施笃姆描写人物的方法与现代中篇小说作家正好截然相反：后者总是一开始先定下灰暗的基调，以及人物最普遍、最常见的诸多特征，然后以对中心主题过于细微的精巧处理把该人物与其背景分离开。如果说施笃姆没有达到他们的灵魂描写的内容广度，那么他的心理已经整个地化作了形式，而现代更丰富的世界还是一片处女地。

然而，以上所述也表明：施笃姆是这股发展风潮的终结者。在他之后的下一代人有可能觉得他的心理学太过肤浅，他的世界观背离了血肉丰满的生活。这代人之中不会有人还记得起他的故事背景所构成的简单的、印象深刻的感性情景。如果有哪位作者的观想水平达到了与施笃姆同样的高度，他的作品读起来很可能会像一本家庭生活流水账（Familienblattton）。同时，任何更细致的分析的尝试，以及引入更深问题的尝试都可能威胁甚至推翻施笃姆叙事作品摇摆在锋刃上的平衡。因为施笃姆风格上的独创不是直接产生于他对素材的本己的解决方法，而是脱胎于他的最个人化的可能性的和谐，这种和谐能以高度的精密和无限的细致使得引向千万个方向的潮流保持平衡。尽管形式上非常完满，施笃姆的叙事艺术仍不属于"粗壮艺术（art robuste）"（比如莫泊桑的叙事艺术）。他确实是现代中篇小说的一位静默的金匠和银丝细工饰品技工，这种提法同时对他向下和向上的价值作出了界定。他是一道分水岭，是大德意志市民阶级文学的最后一位卓越人物。在他身上和他所描绘的世界里，不见一点波澜壮阔的旧时代叙事文学的不朽气势（这种气势在耶利米亚斯·哥特赫尔夫那里尚且可见），环绕着他那个世界的衰退的气氛没有强烈和自觉到足以恢宏不朽，就像托马斯·曼的《布登勃洛克的一家》那样。

他的殿军身份在他的抒情诗那里表现得尤其显眼。他代表了德国市民阶级抒情诗发展的顶峰和终点，这种抒情诗从民歌的土壤中生长而起，其发展始自君特①，过程贯穿了青年歌德、浪漫派，浪漫派的全部成果主要被海涅和默里克这对处于两极对反的诗人吸收，最后由施笃姆集其大成。在他的中篇小说里，他极其小心地探索着向暗地里意识到的新生事物的过渡，而在他的抒情诗里，他却最冷峻地严守旧形式，他不仅拒绝任何的尝试，也毅然决然地拒绝任何一种不在最严格意义上产生抒情效果的诗。尽管如此，生命感觉在他的诗里面比在中篇小说里都表现得不仅更纯粹、更有力，而且更复杂、更有神（nervöseren）、振动的频度更强烈、更现代。不过我相信，这两者实际上并不矛盾；因为在这两种情况下，理论上的论证只不过是形式和感觉之间相互关系的伴随现象。他在抒情诗

---

① 君特（Johann Christian Günther，1695—1723）是中世纪至歌德早年这一时期的最重要的德国抒情诗人之一。

领域里的拒不妥协的独断态度只是他坚强的确定感的反映，正如他在对于中篇小说的尝试里表现出来的调和的立场，他超越了旧中篇小说领域的对中篇小说形式的解释无非是作为一名中篇小说家内在不安全感的征象而已。这里的原因——诗人灵魂里的原因和存在于素材里的原因——是很好理解的；本文已经把绝大部分原因解说得很清楚了：在决定了人的命运的外部世界里的一切不和谐音，以及施笃姆理解和评判这个世界的方式所产生的不和谐音，在抒情诗里无一例外都是缺失的。感受命运的抒情诗力量能够完全纯粹地、直接地通过语词表现出来，对于施笃姆——哪怕是在他的中篇小说里面——对事件的抒情式反思都是具有决定意义的经历。

　　施笃姆的抒情诗形式的本质是对过去时代的每一种伟大价值的充分利用：表达上的绝对精练；把形象和比喻以完全的印象主义的方式还原为最必然的东西，还原为如同一则简短的暗示那样的东西；通过精细限定的语词遴选的可能性使语词突然地发生感性的力量。最主要的是不可言说的精致的、深刻的、无可动摇的确定的音乐声响。它是这样的一种音乐声响，与伟大音乐始终并行的抒情诗歌的长久发展把它提炼到了每一种变调都是最富有意识效果的程度；这种音乐声响，也许就是因为这个原因它必须永远最严格地被限制在纯歌曲的范围之内。如果说这种抒情诗的风格是由对歌唱的考虑所决定的，恐怕是有点夸张了。歌唱式传诵的可能性一直存在，而且也应当存在，它决定了只是用听觉效果所允许并且应该来表达灵魂的声音力量的界限；当然这里说的只是一种歌唱式传诵的可能性，不是说真的歌唱是一种要求，或者是一种风格原则。

作为抒情诗人的施笃姆在任何一种意义上都是这种发展的最后代表人物。不仅是简单的主题早就被用完了，而且默里克已经把语言的形象性发展到了精细修饰的程度，海涅由于把智性价值混合进了纯粹的情绪中，导致形式受到了破坏。施笃姆连接起了两者的新价值，然而他把它们带回了完全简单而严格的形式上。这种简单性在他那里是一种有意识的风格化，是对一种大发展最后的修饰性总结；在刻意的原始的单纯的另一面，他的诗歌是把过去所有已经变得迟钝的可能性作了最后一轮磨砺的处理，在下一次尝试的时候，这个磨砺出来的尖端必然会折断，在他看来只剩下空洞的、游戏般的造作（Manier）。在他那里——在那些确实是好诗的作品里——发出最深沉的音调的、气氛轻柔的、笔法里充满北部德国的冷峻风格的抒情诗脱离了任何的造作。下面这首诗兼具冷峻和善感，如同海涅诗中兼具反讽和善感一样，但在这首诗里两者水乳交融，而不是严重地互相对立，从而破坏了诗的效果，海涅的作品往往就是这样。

我的脚步声响彻在荒野之上；
大地在我的脚下发出沉闷的回音。

秋天来了，春天还远。
有没有过幸福的光阴？

沉思的迷雾像精魂一样地来回飘荡；
草色黝黑，天宇如此寂寥。

我恨我五月那时不该到此！

生命和爱情，——俱已远逝！

一种勇敢的、绝望的、坚忍的生活情绪：这就是市民阶级的最后一位抒情诗人的抒情诗作，旧体诗里的杰作。

1909 年

新的孤独及其抒情诗

——论施蒂芬·格奥尔格

1

不动声色（Impassibilité）的传说！任何人，只要他无意关心寻常人低度的快乐和微不足道的忧伤；只要他不喜好跑到任何一个小镇的集市广场上，满身心地投入当地令人亢奋的疑难问题中去帮助做决断：那么他就不可避免地要被贴上"不动声色的传说"的标签。像所有这些类型的人，他们的灵魂生命并不是无休止地围绕着庸常事物在运转，他们从来不会将自己的所思所想溢于言表。此外，还有特别的这样一种人，对他们而言艺术还是一项严肃的工作，他们是一心想要创作自足的诗歌的诗人，而这样的诗自身就是自己的生命，它与外界完全隔绝，它从不依靠共同的心声作为前提来让自己立足，它对读者只有一个要求，他们能读它就行了，一句话，所有这类人都会成为"传说"的主人公。所以，歌德的塔索和俄瑞斯忒斯①都被狂暴的情感撕扯着，但依然还能保持着大理石雕像般的冷峻。而即使是波德莱尔的啜泣也只让听者充耳不闻，因为他很懂得用恰当的（teffende）形容词来封锁他的苦痛。而现在，继格里尔帕策②和黑贝尔之后，继济慈和斯温伯恩之后，继福楼拜和马拉美（Stéphane Mallarmé）之后，轮到施蒂芬·格奥尔格登场了。今天，他是一个"冷峻的"诗人，他不食人间烟火，没有自己的"经历（Erlebnisse）"，他的诗歌如同磨制得美轮美奂的水晶高脚杯，他的同行们崇敬他，不计其数的人心甘情愿地瞻仰他，可是只有极少数的人才真正明白他是一个了不起的人物。

关于这种冷峻和不动声色人们经常谈论，谈论得很多，这种冷峻和不动声色到底意味着什么？当然，一种经常反复出现的感觉必定有其深厚的灵魂基础；可是同样可以肯定的是（成千上万的资料可以证实），昨天客观上显得冷峭而且有伤害性的某种东西，到了今天就开始显露出它所隐藏的抒情性，到了明天人们或许会觉得它太绵软，表白的意涵太丰富、太主观、太诗性。这些概念的波动恰如古典主义和浪漫主义的概念，对此司汤达曾讲过，一切都曾经是浪漫主义的，一切都将变成古典主义。古典主义是昨天的浪漫主义，浪漫主义是明天的古典主义。同样地，也不妨说，在不动声色

---

① 俄瑞斯忒斯（Orestes）是希腊神话人物，阿伽门农（Agamemnon）之子，其母克莱德姆内斯特拉（Clytemnestra）与埃癸斯托斯（Aegisthus）私通并杀害丈夫，其为父报仇杀死母亲及奸夫。俄瑞斯忒斯亦为歌德《伊菲革涅亚在陶里斯岛》中的人物。

② 格里尔帕策（Franz Grillparzer，1791—1872）是奥地利剧作家，其作品总是回顾、模仿古典主义和浪漫主义的成就，并表现了从幻灭的唯心主义到与现实妥协的痛苦转变。

与主观性之间，在冷峻和火热之间只存在着时间上的差异。换言之，它们只是历史或演进的范畴，而不是审美的范畴。真是这样的吗？我认为，读者把他自己对生活的感受与诗人对其自创世界（以他的判断！）的感受进行比较，将热情与冷峻的差别——这样的差别只有在尝试着进行温差鉴定的时候才会出现——投射到诗人的内心中去了。所以每个诗人都必然显得冷峻，比如他会将某个人或某个事物生命的终结视为必然的、有益的、不值得为之一洒同情热泪的，因为他把这看作因果关系的一部分，而他的读者还不能自发地感受这一点。如果在读者的灵魂深处产生了这样的反应：作品一开始在孤独的状态下就使读者唤醒了令人震惊的偶然性或命运打击的冲击力，哪怕是出自一种受到普遍认可和一再被感觉到的自然的必然性，他都必须马上停止这种冷峻的感觉。每一次情感波折的时候都会发生这样的事。这当然不是艺术的立足点。艺术就是以形式为辅助手段的暗示。作者和读者之间不一定要存在这种默契；缺乏默契也一点都不会影响以真正的暗示方式写出的事情的效果，或者毋宁说这并不总能阻碍其效果；但是它能修正，并且总是在修正其效果。所以问题并不触及作品的价值，而是触及艺术的社会定位。艺术是这样一条道路的历史：书面的作品走过了从浪漫主义到古典主义，从稀奇怪诞到崇高的单纯，从自然主义到风格化，从冷峻到热情，从排他性到通俗性，从不动感情到吐露心曲（或者相反）的道路。大致可以拿太阳作比，太阳在早晨"冉冉上升"，中午"到达最高顶点"，晚上"日落西山"。有朝一日我们也许能看到《包法利夫人》在上等人家的女儿手里传阅，在一个不太遥远的未来易卜生可能会把席勒排挤出高中成人教育的文学课堂，谁能知道？或许有一天连施蒂芬·格奥尔格的诗作都会变成民歌。

因此，格奥尔格的冷峻带来的结果必然是：今天的读者不知怎样去读，这样的状况还关联着一系列多方面的多愁善感的态度，这些多愁善感的态度很大程度上被证明是多余的。他冷峻，因为他发出的声响十分精美雅致，不是每个人都能分辨清楚；他冷峻，因为他的悲剧十分独特，今天的普通读者都感觉不到里面有什么悲剧气氛，还误以为他的每一首诗只是为了精致的韵律而创作出来的；他冷峻，因为寻常的抒情诗所能表达的感觉在他的生活里根本不值一提。

虽说如此，有朝一日他的诗作还是可能会变为民歌广为传诵。

也许会这样。排斥大众（odi profanum）的那种封闭性并不只是一位诗人的历史命运，或者说是由偶然性决定的诗人的历史命运。这样的状况最经常地是由于诗人的个体性与他所处时代的条件之间的紧密而深刻的互相作用造成的，那些最内在的、最终的、一切具有决定意义的形式问题都是脱胎于它的。时间的——或情感的——流转或变幻都再不能改变这种类型的排他性。

有一类作家，他们与他们的时代只是在内容上有隔膜，如有一类美学家。或者更恰切地说，有一种社会学和一种心理学类型的为艺术而艺术。当然我只用这个概念指称过两个极点，而这两个极点有着千万条过道。谁是美学家？歌德感觉到了这个问题——他或许是这方面的第一人——他在致席勒的一封信中说："不幸的是，我们这些新人有的生来就是诗人，我们在整个艺术门类里不胜忧烦地劳动，却并不知道我们是在干什么。因为，如果我没弄错的话，特殊的规定性应该来自外部，机遇决定天分。"也许可以再补充一句多余的话：美学家就是诞生于如此时代的一个人，在这个时代理性的形式感觉已经灭绝，在这个时代形式被视为历史的完成物，因此它取决于个人的情绪，可以是近便之物，也可能是乏味之物。美学家无法融入如此环境，他既不情愿不加改变地接受用来表达非本己的心灵状态的形式，又不愿意毫不讲究地复述自己的感受，这种做法在任何一个非艺术的时代都是深受欢迎的；相反，他为他自己创立"特殊的规定性"，从他自身出发创造出决定了他的天分的各种条件。

格奥尔格就是符合此定义的一位美学家。他是美学家，这意味着今天没有人需要诗歌（或者换种更好的说法：需要诗歌的人少之又少，而且就是这些少数人，对诗歌的需要也是完全不明确、犹疑不定的）；于是他就必须在他自己内心中寻找一切对于陌生的、理想的读者（或许根本就不存在）肯定能产生作用的诗歌的可能性：今天的诗的形式。如果这一切——这种可能性是真实存在的——不能从他的真实存在中言说出真正具有决定性意义的东西，那么或许就可以把那些空洞的语句，即人们读到的关于该诗人的语句从即将要踏上的征途上清除出去。我担心我可能也是在为这样的读者写作，这些人到目前为止对于他的了解都只是道听途说，而从他的作品里面了解到的同样也是人云亦云的内容。

<h1 style="text-align:center">2</h1>

施蒂芬·格奥尔格所作的诗歌都是漫游之歌，这些诗歌是看似

没有尽头的漫游长路上的一个个站点，这条路有一个明确的终点，或许通向谁也不知道的地方。这所有的站点合在一起形成了一个大圆形（Zyklus），一部大小说，它们互为补充、互相解释、互相强化、互相抑制、互相突出、互相强调、互相净化，这些活动没有一次是有意而为的。它们像威廉·麦斯特不知方向的长途漂泊，或许还有点像《情感教育》，但它们完全是纯抒情性地从内部建构起来的，没有经历过任何的历险或事件。它们所展示的全部事件只是灵魂的投射；只是对灵魂的丰富，而不是富矿的源头；只有迷失，而不知道道路可能通向何处；只有分离的折磨，而不提供携手并进的意义；只有伟大的际会发生时暴风雨般的幸福感，而无从知道会面能否促成一个有机的结合；只有思想提供的甜蜜的苦闷和充满智思迷狂的悲苦喜悦——这些情感只有在人们密切注视稍纵即逝的事物时才会产生。还有孤独，太多太多的孤独和独行。这所有的漫游之路从孤独通向孤独，途经人的结伴区域，从短暂的大爱回到他的孤独中，然后再一次地沿着一条新路，达到更加痛苦而纯净、更加高远、更加彻底的孤独。

> 你们还未来得及把手中的铲子放下
> 就满意地看着你们成就的东西：
> 一切作品对于你们都是下一个作品的门槛，
> 而你们一块砖石都没有凿好。
>
> 你们分得了一份花种，
> 你们编织成了花环在泥沼上跳舞。

> 当你们望向前面的山脊之时，
>
> 你们便选择了对面的命运。

下面一首诗也许写得更好：

> 只要那彩色的雾还环绕着山，
>
> 我就不难找到自己的路。
>
> 有些声音我辨认出是林地里的，
>
> 此刻在那灰色的傍晚的路上一切寂然。
>
> 没有人漫步，哪怕只走一小段路，
>
> 同样的路在我心中唤起希望。
>
> 怀着微小的安慰和欲念，
>
> 在这样的黑暗中没有别的漫游者缓步。

　　施蒂芬·格奥尔格的悲剧是什么类型的呢？诗歌描画了诗人想象中的肖像，它们给出的回答也只是象征性的；它们给出了柏拉图式的悲剧理念，摆脱了一切经验的现实。格奥尔格的抒情诗是高度纯粹的作品，诗中只反映出他最普通的、具有象征意义的经历，读者无从辨识出任何私人的生活细节。当然诗人总是谈他自己——否则诗歌如何创作？他讲述关于自己的一切，最深处和最隐蔽的事情。他的每句坦白都使他在我们心中的形象显得十分神秘，同时他在孤独中把自己包裹得越来越紧。他以这样的方式将自己诗句中的光束投射到了他的生活之中，只有光与影的游戏让我们赏心悦目，在火一般的明亮黑暗（Helldunkel）中没有一条轮廓线清晰可见。每一首诗都是具体的意象与象征的融合，在过去——人们只需想一想海涅、拜伦和青年歌德——体验都是具体的，诗就是将这种体验类型化并提升为象征，在我们的眼前，偶然性增加了，那种"一次性的发生"——其过程是很容易构建的——成了普遍的意义，成了一种每个人都有点认同的价值。那时的体验是伸手可及的（handgreiflich），对体验的表现是典型的，事件是个别的，修饰语和比喻则是普遍性的。对某些特定风景的抽象描写，以及著名人物的风格化冒险就是这些诗的内容。格奥尔格在作诗的问题产生之前就把体验类型化了，他在一部诗集的引言中写道："通过艺术，这种形式的转化（Umformung）已经发生了，对于创作者本人来说算不了什么，可是对于其他想要'知道为什么'的人来说，他们的迷惑多于启迪。"但是为了表达这种完全类型化的、总是与诗人本人分裂的、经过千万次锤炼的体验，他就具有了神妙瞬间的语词，倏忽而过，转瞬即逝，精巧无比，比沙沙作响的树叶还要轻灵。他的风景并不现成地存在于任何地方，但是每一棵植物、每一朵花都具体地存在于那些风景之中，它们的天宇以某个特定时辰的唯一的、永不重现的色彩发着亮。我们不知道谁穿越了这片风景，但却在一个片刻间目睹了在他最内在的本质里所发生的千万次细微的震动，可是眨眼之间我们就看不见他了，而且永远无缘得见；我们不知道他爱的人是谁，不知道他因何烦恼，因何突然之间欢欣鼓舞。我们在这样的时刻对他的了解远胜于我们知道了他全部经历时对他的了解。格奥尔格的策略是：类型的印象主义。他的诗是完完全全的象征主义的快照。

> 当我们穿行在绚烂的朱红色叶丛
> 和那黑色云杉绿色金属般的树干中间之时，

> 我们观赏着这株或那株树；
>
> 无言的访客在充满慈爱的纷争中分开走远。
>
> 每个存在者都在聆听枝叶秘密的声音，
>
> 因为那梦之歌还未唱响……

在这些诗作中，有一个声音并非出自本意地从紧闭的口唇里喊了出来，那是一个人在幽暗的房间里将头别转过去，低声发出的最后的告白。这些诗作是极其私密的，使得诗人距离我们无限遥远。这些诗写出来以后，使得每一个读者都仿佛和诗人一起经历了刚才所发生的事情的所有细节，并和他一起预感到下一步将会有什么事发生。仿佛他在向他最亲密的朋友述说，有这样一个人，他知道诗人生活的全部实情，他能够领会最轻微的暗示，如果你把事情讲给他听就很可能冒犯了他，然而也正是由于这个原因，最微不足道的细节——具体的东西（die Konkreta）——最能够吸引他。（格奥尔格的早期诗歌都是写给非常普通的读者的，而不是给知情的读者阅读的。）因此这首抒情诗所描述的是最个人的东西，只有最深刻的东西才会每分钟都在变幻；因此格奥尔格的诗才能最终脱离——也许在他之前没人能够做到——那种"她爱我，或者她不爱我"的那种气氛，如此才达到表现最精致、最富有智性的悲剧的目的。

> 我的忠诚驱使我看护着你，
>
> 你那忍受痛苦的美态令我流连，
>
> 我的神圣追求是我的伤情，
>
> 这样便能更真实地分有你的悲伤。

格奥尔格的诗歌确实表达了同样的情感，满足了同样的需求，就像私密的戏剧和抒情的中篇小说一样。在一种很严格的意义上说，它们——在很大范围内——或许不再是诗，而是某种新事物，某种正在诞生过程中的另类事物。我相信以此种方式写作的诗人——格奥尔格和某些法国、比利时与荷兰的抒情诗人——最接近新的诗艺，今天的各路诗人都在朝着这种新的诗艺努力，为此他们放弃了诗艺之中一切更保险的、曾被尝试过的和检验过的效果，摧毁了一切他们较之他人更深切地感受为神圣的诗的形式。发生了什么事呢？其实我们已经说过了：我们没有给那些大声喧哗的悲剧，给那些在范畴的比较中彼此对立的，就其自身来说是完整的情感赋予对于我们的生活具有决定性的重要意义。仿佛它们之中的绝大部分对于我们的接受官能来说太难以承当了，似乎我们的感官比起我们的先辈要柔嫩得多。今天我们的生活的构成形态是这样的：无人注意的目光，人们说出却未被理解、继续飞行①的话语变成了这种形式。灵魂就在这样的形式中互相往来。它们之间的往来过程似乎变得更轻柔、更迅捷；接触面变得更广大、更粗劣，接触面上分布着更多更满的裂隙。今天几乎所有的戏剧和中篇小说的庞大而复杂的机制只服务于如此的偶遇或擦肩而过的片刻：人们互相之间早就在以多余的、不重要的、剥夺人耐心的方式言说了，直到最后忽然响起了一阵音乐，我们听到的是灵魂愿望最深处的簌簌声（这里产生的只是抒情诗），只是为了再次紧张而躁动地等待这样的时刻的再度降临。人们之间相互仇恨，置对方于绝境，彼此杀戮，最后在

———————

① 《荷马史诗》中经常出现一个表达"有翼飞翔的话语（winged words）"，意思是从说者口中传达出，飞进千千万万的听者耳中。

受到严重破坏的各各他（Golgotha）①，从深不可测的底部传来了永远相属和永远分离的钟声语词……新的诗歌只赋予我们以这样的时刻，而所有令人厌倦的初级阶段的机械论全被拒之门外。因此它们比起今天以常规方式生产出来的东西在技术上更统一，在效果上更少受干扰。私密性和感性化，这对立的两极应该已经综合了私密的戏剧和抒情性的中篇小说；如今诞生的抒情诗能够把它们真正而完整地结合起来，并使它们不再发出任何的不谐和音。

这种新的抒情诗的本质是什么？有关于此我们已经说过很多了，现在我们试着用几句话来表达清楚。就像在音乐中一样，以技巧而言，伴奏的绝对优势压倒了独声部。这说明什么呢？过去的抒情诗是即兴诗（歌德是这么说的），也许正因为如此，它在形式上是最典型的、最简单的，也是最直接地面向大众的：这就是风格化了的民歌形式。为了佯谬地补充这种佯谬的发展，新民歌必要的补充物——诗歌音乐就产生了。这是必要的，因为这种形式是通过一种想象中的传唱来决定的，因此它也只能通过实际的演唱来最终完成。于是在事实上，对于这种被谱曲的抒情诗，脱离了音乐我们是无法想象它们的。对于我们的感觉而言，不论海涅或者默里克的诗中缺少什么样的东西，舒伯特和舒曼、勃拉姆斯和沃尔夫②都已经用谱曲补上了。所添加的东西都是在形而上的层次上具有伟大的体验的普遍性意义，都是对于该体验具有典型意义同时又超出了纯个人经验的东西。新的有言诗（Wortdichtung）的本质是：让伴奏音

---

① 耶稣受难地。

② 沃尔夫（Hugo Wolf，1860—1903）是奥地利作曲家，把 19 世纪的德国艺术歌曲提高到最高峰。

乐成为多余，让元音和辅音的组合发出乐音，这样我们就能听到很长时间以来没有被表达出来的东西（或许永远没办法表达），听到用言辞无以述说、只能够用每个读者灵魂里的语词声响从沉睡中唤醒的东西。新的抒情诗自己创造自己的音乐，它同时既是文本又是声响，既是主旋律也是伴奏乐；它自身完整，无需任何补充。

> 在这增长的年月中，
>
> 花园里的芳香轻轻地为你而笑。
>
> 常春藤和婆婆纳花编织进了你飘动的头发里。
>
> 起伏翻滚的谷物仍像黄金，
>
> 也许不再高大不再丰硕；
>
> 玫瑰花仍妩媚地向你问候，
>
> 哪怕它们的光彩变得些许苍白。
>
> 我们别去讲谈我们不会拥有的东西。
>
> 让我们立下幸福的誓言，
>
> 纵然幸福不被赐予我们，
>
> 也不必两人结伴巡游。

这一定会发生。早期的民歌只有被演唱出来才能算是最终完成——今天谁给我们谱写这些音乐？那些诗歌的普遍特点在于，他们能一下子就打动音乐大厅里的成百上千的听众；今天我们不再和其他任何人在同一时刻发生共鸣，即便有一样事物一下子触动了我们之中的许多人，它也只不过是触动了为数众多的孤独存在，从这些气氛中是发展不出共感的。这些诗歌，从理想的意义上来说只是写给一个人的，并且也只有一个人在遗世独立、与世隔绝的状态下才能读它们。如果把海涅的诗歌放在音乐会上演唱都不能打动一个人的话，那么像这样的新诗人们只能从非常熟悉非常亲密的人那里听到了。

这儿所说的都不是偶然的事件。英国伟大而奇妙的音乐性抒情诗从来不配乐而且也肯定不堪承受音乐，它们直到现在才在欧洲大陆受到关注，这绝不是偶然的；英国诗和法国诗一起彻底摧毁了已经再无生命延续力的德国民歌传统，这绝不是偶然；歌德在他的晚年所创作的抒情诗预见到了我们今天的全部发展，这些诗歌从没有像今天这样受欢迎，人们发现这些抒情诗人，并且开始喜爱他们，而后者在他们自己的时代并不被世人看作懂音乐并且会创作抒情诗的诗人：布伦塔诺（Brentano）、黑贝尔以及孔拉德·费尔迪南德·迈耶尔，这一切也不是偶然的。同样不是偶然的是，在法国，日耳曼的"诗歌"打破了帕纳塞斯（parnassischen）① 韵律上宗教式的庄严，以此来促成一种崭新的，更私密化的诗，这种诗与古老的英国抒情诗，以及新近的德国诗风都有亲缘关系。

亲密性以及感性化：这个对照是有关远近的灵魂问题的技巧性运用。我们看到了，格奥尔格的诗句在技术意义上是如何成形的。说到这里已经很清楚了，为什么会有这种对立两极的放置，原因在于孤身读者的读诗技巧。至于它为何必须如此赋形倒是很容易理解的，这已经超越了一个技术问题。孤独读者的阅读方式已经帮助我

① 希腊的一个献给阿波罗和缪斯的山。"帕纳塞斯"诗人，亦作"高蹈派诗人"（19世纪法国某派诗人的成员），他们作品的显著特点是对格律形式的超脱。

们确定，今天人们的孤独直接要求把这些因素混合进这种关系之中去。近和远，这两者之间的关系意味着什么？从人的关系的立场出发这意味着节奏，一种在叙说和沉默的交替中发生的节奏。今天我们什么都拿来叙说，向任何一个人叙说，向所有的人叙说，然而我们从来没有真正地说出过什么。其他人离我们如此之近，以至于他们的近距离（seine Nähe）改造了我们取自于我们并赠予他们的东西，同时他们距离我们又是如此之遥远，以至于我们在把东西传递给他们的过程之中，所有那些东西都失落了。我们理解一切，我们最高层次的理解是一种凝神肃穆的惊异，一种上升到虔敬状态（Religiosität）的无知。我们怀着狂野的激情渴望从折磨我们的孤独中解脱出来，对我们而言最亲密的却是永恒独处（Alleinsein）的精湛享受。我们从心理学上认识到人的虚无主义：我们看了数以千计的关系，但尚未把握到一种真正实在的相互联系。我们灵魂的风景无处存在，但每棵树和每朵花都非常具体地存在于那些风景中。

3

那么施蒂芬·格奥尔格的悲剧是什么风格的呢？一言以蔽之，那些都是鲁贝克教授（Professor Rubek）① 的悲剧，是未经言说的。广而言之，鲁贝克教授命运的意义——远离生活，就是今天每

---

① 易卜生最后的作品《我们死人再生时》（*When We Dead Awaken*）里的人物。

个人的命运，就是今天每分钟千百次抛掷在活着的人们面前的、艺术和生活的悲剧性两难抉择的命运。在结束语中永远的告别以及它的永不分离，却是更纯粹、更深邃和更真实的，没有那种唯一的被爱者的蒙尘（verstaubte）传奇；每株树、每轮月、每回短暂的安慰（Sympathie）都要从头到尾地经历，总是以一种别样的方式，然而终究都是一样的离别：永远地向往着归属某个地方，但又有足够的真诚去面对没有任何归属的古老悲伤。

格奥尔格诗歌中的那个人（如果你愿意，也可以说成是诗人，或者更确切地说是从这些诗作的总体之中走到我们面前的侧影；我们更可以这样说：一个似乎将自己的内容在这些诗歌中表达出来的人）是一个孤独的人，脱离了所有社会牵连的人。人们必须理解又从不能理解的是：两个人绝对不可能真正地成为一个人，这是他每首诗的内容，也是他的诗作的整体的内容。另一个问题是：艰巨的探索，在千百条路上、在孤独中、在艺术中，搜索和我们自己一样的人，为的是与更简单、更质朴和未曾败坏的人聚合在一起。

> 舞动的心是我的所爱和所觅，
>
> 我非常乐于降低身份，免得惊扰你们的舞会。
>
> 你们轻灵地打动我、充实我，
>
> 我崇仰你们，你们自己亦挂着讶异的微笑：
>
> 你们把我卷进了你们联欢的轮舞中，
>
> 你们永远不会知道只是伪装后的我才像你们。

> 游乐的心，你们待我如同故交，
>
> 你们离我跳动的心何其遥远！

多少有点奇怪，自然本身也远离格奥尔格诗歌中的虚幻的人——我们假定有这样一个人。自然不再是她儿子们的好母亲，不再能够同享他们的快乐和痛苦；自然甚至不再是他们感觉的浪漫背景。虽然千真万确的是，假如没有秋天灌木丛中那黄褐色的树叶就没有灵魂之间的际会，当然我们也知道，一轮明月和绿色的光芒会决定一整个的生命：这样的人在自然中却是孤独的，处于无以挽回的致命的孤独中。只有在手跟手无声地相持相握的短短一瞬才可能存在交流（Gemeinschaften）；人与人之间的共在状态实现了之前人们心里产生过的夙愿：那就是向着对方走近一步，在一起的时间再增加一个片刻，然后这做着休戚与共之梦的愚妄之想便休止了。

然而，这样的抒情诗正是人类关系的抒情诗，这种关系是"内心的交际（innere Geselligkeit）"，写这些诗是应了运用格奥尔格的漂亮词汇之需。它们是友情的抒情诗，是心灵际会的抒情诗，是智思交往的抒情诗。共鸣、友谊、幻想和爱情在这里相互融合，每一份友爱都伴有很强烈的情欲意味，而每一份爱情也都带有深邃的智思。在道别的时候，人们只知道，事情已经改变了，不再是它上次停止时候的那个样子了。格奥尔格的高度谨慎在这里几乎是一种症候性质的东西：是我们今天这个时代感觉里互相融合渗透的象征。也许他对技巧的运用有问题，使我们没有看清发生了什么，也没有看到是在谁身上发生的；也许他使用该技巧的意图正是为了隐瞒这一切；因为即便我们看到，我们也未必真正地察知它们。

在这里，人们不再借助简单化和通俗化的手段来创作现代智思的抒情诗，即用对特定具体的生活感受和情绪的表现，来表达它的"普遍人性"的方面。它确实不是智性的抒情诗，在肤浅的意义上也不现代；新生活的外部要件（Requisiten）在诗里的作用无足轻重（戴默尔①的作品里就常常发生这样的情况），不同的世界观之间并没有发生一场精神角逐比赛。格奥尔格的诗歌描述的是，在新的灵魂所有最微妙的表达中，以及所有决定生命的情感表达中，它是如何体现自身的。在这里，格奥尔格不是颠覆者，也不是实验者；在内容上他没有把迄今为止所占有的抒情诗的领域扩大一步，但是他能够在旧的意义上给生活现象——也许从前的诗句中从未能够表现过的生活现象——作出纯抒情性的反思。

同时他发展的方向越来越确定，也越来越单向度地通向此处。他在早期的作品里追寻过幻想般美妙的童话风景以及热烈的空中花园，此后的诗风变得越来越单一，越来越质朴，使用的技巧也越来越少了。这些抒情诗的发展中暗含着一种拉斐尔前派（Präraffaelismus）② 的形式，当然不是英国的拉斐尔前派，而是那种真正原始的、道地的佛罗伦萨式的。它不是用酷烈的苦行去生成刺激性的拉斐尔前派，而是把这残酷的苦行本身当作它的风格化的基础；它从艺术伦理方面解释尚古主义（Primitivität），以至于它甚至无法看到可能干扰布

---

① 戴默尔（Richard Dehmel，1863—1920）是德国印象派诗人，反对经典的浪漫主义传统形式，因其在形式和内容上的革新，对当时的青年作家产生过重大影响。
② 19世纪中期英国一个青年画家团体的名称，这些画家强烈反对当时皇家美术学院缺乏想象力而又取材平庸的绘画，通过表达真诚的思想和直接描绘自然，寻求在作品中建立新的标准。

局的美；它用空气般轻盈的线条以及脆弱的刚硬来实现精神生活与它自身的融合（Durchgeistigung）；它（甚至可能是有意识地、有策略地）愿意单纯借助清教徒式的方式把生活包纳进自身，情愿放弃生活，也要坚守它那白雪一般的有时也许有点刻板的纯净。

这样看来施蒂芬·格奥尔格的抒情诗中有一些深邃的贵族的因素，那是某种难以觉察的一眼景象，某种只存在于意念中，但并没有付诸实施的手头动作，一切喧闹的平庸、所有浅薄的叹息和所有廉价的情绪活动就被挡在了外面。格奥尔格的诗中几乎没有哀叹：它们平静地，或许是绝望地，然而又总是很勇敢地高昂着头颅把生活尽收眼底。从他的诗句中，我们听到了我们这个时代最好的也是最后的和音：萧伯纳的凯撒打量生活的目光，豪普特曼的盖尔（Geyer）和克拉梅尔（Kramer）、他的万恩（Wann）和他的查理大帝用以结束该剧的手势；最特别的是沃尔茂（Allmer）和吕达（Rita）① 的握手，这两个人独自留在了挪威峡湾的海滩上，在那里星辰已经升上了天空，他们从未拥有的艾友夫消失在无尽的远方。一次华丽的、有力的、勇敢的道别，以高贵者的方式进行，没有哀怨和长吁短叹，只有破碎的心和稳固的步伐，"从容的"，正如那神妙的、一切尽在言说中的、真正的歌德式言语所传达的那样。

> 你的手指何其羞赧地编织着疲惫的花茎！
>
> 这一年不会赠予我们更多的花朵。
>
> 请不要把她们呼唤至此，

---

① 此处指易卜生戏剧《小艾友夫》中的人物，沃尔茂与吕达为夫妻，艾友夫是其坠海而亡的儿子。

也许有一天会带给我们别的芬芳。

松开我的臂膀，保持坚强。
和我一起离开花园吧，在离别之光到来之前，
在迷雾从山岭那里蔓延至此之前；
让我们分离，在冬天驱散我们之前。

1908 年

眷望与形式

——论夏尔-路易·菲利普

可是，既然拒绝我为她所喜悦，

我主爱神，蒙他怜恤，

已将我全部的幸福安置在不会令我不安的地方。

《新生》第 18 节

1

眷望（Sehnsucht）与形式。人们总是说：德国是眷望者的家乡，德意志式的眷望如此之强烈，乃至一切形式都可能被它撕碎，它的力量强大到惊人的地步，以致人们只能结结巴巴地讲论它。尽管人们一直在讲论它，可是因为它是没有形式的，因此总是被改装（umgedichtet）成一种新的、"更高级"的形式——这是对其本质（Wesen）唯一可能的表述。然而有一个问题是否成立一直没有得到辨明——尼采对这个问题看得非常清楚——，那就是：眷望的无形式果真指向了它的强劲有力而不是指向了一种内在柔弱、一种逆来顺受，或者是一种永无尽头？

我相信，一种典型的德国风景和一种典型的托斯卡纳①风景之间的迥异能够最清楚地展现出这种关系。是的，很多德国森林都蕴含了某种眷望式的东西，某种悲伤和哀婉的东西，然而它们又是亲切的、诱人的。它们如空气般的轻快，疏离模糊的轮廓线围绕着它们；它们耐心地忍受着它们内部发生的一切以及它们自己经受的一切遭遇；人们可以像在家一样舒适地在此处落座，甚而可以从口袋里拿出一本笔记本，在树叶充满眷望的沙沙响声中创作以眷望为题的诗篇。而南方的景致却是坚忍的、冷漠的、拒人千里之外的。一位画家曾说过："她本来就是自在自为地已经成型了。"你没有办法进入一个成型之物中去，你也无法与她达成和解，你发出了为伊消得人憔悴的声音，她却不会给你一句回答。我们与一部艺术作品的关系，与某个已生成形式的东西的关系，是非常清楚、毫不含糊的，哪怕它充满了谜团，难以解释。它是对一种真知灼见若即若离的感觉：两个个体永远的分离状态和相互外在状态的最为深刻的合而为一。它是眷望的状态。

在这样的风土中，罗马人之卓越不凡的眷望诗人诞生了，他们成长于斯，其风骨与此风土颇为相似：坚忍、威猛、克制、创制形式。一切卓越的赋形者和眷望的形式皆来自南方：柏拉图的厄洛斯（Eros）、但丁的大爱、堂吉诃德和福楼拜笔下遭受嘲笑的人物。

卓越的眷望总是无声的，并总是把自己隐藏在各种各样的面具

---

① 意大利北部地区，以风景秀美著称，历来为该国游览胜地。

之后。也许这么说并不矛盾，因为面具是眷望的形式。这面具也是生活的伟大而双重的抗争：为了争取被认识的抗争，为了不被暴露的抗争。福楼拜的"冷漠"很快就被揭去了面具，但贝雅特丽齐（Beatrice）难道没有成为纯粹的象征，难道苏格拉底的眷望没有成为一种眷望的哲学？

在《会饮篇》中，最清楚不过地提出了以下问题：谁是施爱者，谁是被爱者？人为何有眷望之情，眷望的对象是谁？当苏格拉底用明晰的、道尽了一切的言语说明白了至为关键的大区别时，他的朋友没有一位能理解他的意思。他们认为：爱是重新找回自我，"厄洛斯带走了我们感到陌生的东西，把属于我们的东西返还给了我们"。对此，阿里斯托芬找到了最美的意象：从前，生物都是今天它们所是的双倍，宙斯把它们分为两半，于是它们变成了人。眷望和爱都是对自己丢失的那一半的追寻。那种可满足的眷望是小的眷望。归属于这一神话支脉的人将在每一株树、每一朵花那里找到自己的另一半，生命的每一次邂逅都能演变为一场婚礼。如果谁能洞见生命的这种两分状态，他就一直是和他的另一半在一起，而且出于同样的原因他始终是孤独的；没有哪种告白，没有哪种怨诉，没有哪种倾情，也没有哪份爱能把这分离的两者合而为一。苏格拉底是明白这一点的，他说："厄洛斯既低贱又丑，只有在眷望中才占有美——他者的美。"

厄洛斯在中间的位置：一个人从不会渴求陌生的东西，也不会渴求已然归属于自己的东西。厄洛斯是一位救世主，但是只有对于未获救者而言，救赎才是一个生命的问题。其仅仅对于无望获救的人才是一个实在的问题。厄洛斯在中间的位置：眷望把不同的人联结到一起，同时也把所有合而为一的希望碾得粉碎；合而为一是重新回家，而真实的眷望是永远不会有家的。眷望从最后一次被放逐的强劲的梦想中塑造了它遗落的家园，它生命的全部内容就是寻访重回家园的路径。真正的眷望总是诉求于内心，而它所有的路径全都是在外部世界，但它只诉求于内心，在内心世界里它永不得宁静。因为它只需经由梦幻就能创制这样一个内心世界，和它最本己的、最深湛的自我；在它自己梦幻的无限远方，它去追寻这个作为某种陌生、失落之物的内在的自我。眷望能自我创造，但却不能占有它自身。眷望者对于自己也是陌生的，因为他不美，他对于美是个陌生者，那种美是由于眷望的美。厄洛斯在中间的位置：他确实是富有和贫穷之子。"L'amour，"夏尔-路易·菲利普的玛丽·多纳丢（Marie Donadieu）说，"c'est tout ce que l'on n'a pas."①。

这就是苏格拉底的告白，比起他在献鸡给阿斯克勒庇俄斯（Asklepios）② 时所说的最后话语更坦诚、更明了。当然这样的剖白也是一种新的掩盖方式。苏格拉底无法沉默，他是个粗豪的人：一个善感的辩论能手（Dialektiker）。于是，他"用名字和说辞把自己包裹起来，像披着皮毛的淫逸放纵的萨梯（Satyr）③ 一样"。他的话语从未止歇过，而且什么也遮挡不住他话语里的透明清晰。苏格拉底从来不自言自语。他从一组谈话的人群走到另一组人群，

---

① 法文：爱情就是人们所不曾拥有的那些东西。
② 希腊的医药神，是阿波罗和仙女克罗尼丝（Koronis）的儿子。
③ 希腊神话里一个被描绘成具有人形却有山羊尖耳、腿和短角的森林之神，性喜无节制地寻欢作乐。

他总是在言说或者倾听对方的话语，他全部的生活内容似乎都毫无保留捐献给了他思想的对话形式。当他生命中第一次暗哑的时候——那时他饮下了一杯毒药，他的双脚开始麻木——他用他的衣袍遮盖了自己。谁也没见过苏格拉底变化了的面容：苏格拉底是形影相吊的一个人，没戴面具。

他的话语后面隐藏了什么内容？难道是他洞见到了一切眷望都是最后的无望？有很多证据能支撑这一观点——但是苏格拉底在这时候什么都没有说。没有一句话，没有一个动作能够透露，他的眷望哲学是来自他的人性中的什么地方。他曾是一位教师，曾是宣布眷望的先知，他用机智的话语把眷望的本质分解开来，用他话语中含有反讽之意的诱人的激情四处唤醒人们的眷望，却又时时处处避免让这眷望得到满足。他爱过雅典城邦里所有的美少年，在他们每个人的心头都唤起了爱意，但他也骗过了他们所有的人，因为他的言辞诱使他们堕入爱河，他却把他们引向了德行、美和生活。他们这些人无望地思念着他，而他自己无望的眷望也在为了他们在熊熊燃烧。

爱总是能超出本身去爱。"爱，"苏格拉底说，"是生成于美之中，并孕育美的东西。"他迫使自己的生命朝向这个高度攀升，他也鼓励并引导这些少年们向这个高度努力。他们由于他而从被爱的对象变成了施爱者，施爱者比被爱者更具神性，因为他的爱不求回报，因为他的爱是通往自我完善之途。席勒是如此评述眷望的对象的："他们是我们过去之所是，他们也应是我们未来之所将是。"然而，过去之事——也是我们永久失去的东西——成了一种价值，因为在我们从未曾有过的存在中创造了我们的失落，创造了一条道路和一个目标。这样一来，眷望就超越了它自己设定的对象，它也不再受制于它自己的目标。

眷望高高地超越了自己，大爱总带着某种禁欲的成分。苏格拉底把他的眷望转化成一种哲学，该哲学的至高点永远无法企及，人类一切眷望的最高目标是：理智直观（intellektuelle Anschauung）。他的眷望一往无前地挺进，直到最后触及无以和解的冲突，由此他的眷望对于生活而言便不再具有冲突的性质：爱——典型的眷望的显现形式——成了体系的一部分，成了他对这个世界的一个解释的对象，成了世界关联的一个象征。厄洛斯从爱神变成了一条宇宙原则，而苏格拉底这个人则从他的哲学背后消失了。

然而，不管是常人还是诗人都不可能飞得这么高远。他们眷望的对象有其自身的重量，也有他们自己要过的生活。他们的高飞总是一场悲剧，英雄和命运必须在这里生成形式。但是非英雄和命运不能如此，他们也必须坚持形式。

2

在生活中眷望必须是爱，它既是爱的幸福，也是爱的悲剧。大爱总是禁欲的，至于它是否能将自己的对象提升到最大的高度，能否由此使它疏离它自己，也疏离它的爱人，或者能否只是把它用作一块跳板，这都是无关紧要的了。小爱只会让爱贬值，造成断章取义，或者成为另一种禁欲。大爱是自明的、真实的、符合惯常的爱。可是在活着的人当中那另一种爱才是自明的爱：休眠的、沉默着的爱，不会也不能够引起任何后果的爱。玛丽·多纳丢说："L'amour c'est lorsque l'on s'assied le dimanche soir et tout cela vous suffit."①。那是天国的爱与尘世的爱之间的争斗。生活中的眷望已经变成了爱，现在爱正竭力要从它的主人和制造者那里挣脱出来赢得独立。

女人和男人之间的为爱之争只是这一抗争的反映。一种不够清晰的、模糊的反映。然而真理就在这模糊之中。假如爱能够清楚、纯净地从人身上显现出来，那么爱的死期就到了。大爱可能没有对象，成为纯粹的眷望而不需要对象，对小爱而言不管什么因由都是一样的，对它都只是一片休息的场域。女人的爱更接近自然，与爱的本质结合得更深：崇高的或卑微的爱，神圣的或世俗的爱不可分割地共存于自然中。施爱的女人总是充满眷望，但是她的眷望总是很实际的。只有男人偶尔才会拥有一种纯粹的眷望，只有在男人那里眷望才会常常彻底地被爱所支配。

争斗中的爱比眷望更为强烈，唤醒眷望的东西往往是一种虚弱。但是人们往往意识不到虚弱产生的根源，因而只是简单地把它感觉为一种虚弱就了事了。它似乎什么也把持不住，它也很少能意识到它并不想这样做。依苏格拉底之见，厄洛斯是一位智术师（Sophist），是一位哲学家，菲利普曾有一次说了一句很简单但很精彩的话："ceux qui souffrent, ont besoin d'avoir raison."②。

在菲利普的小说中当出现两个男人争夺同一个女人的时候，就

---

① 法文：爱情就是每个星期天晚上伴坐在一起，这对你们来说就足够了。
② 法文：受煎熬的人们需要拥有理智。

有两种爱针锋相对。（在女人那里这两种爱已经合而为一，所以在她的身上不会发生这种争斗）一位皮条客和一位来自外省的年轻的大学生在此展开了第一场争斗——他们为了一个妓女而争斗。如此情状的外部矛盾披着华丽的感性外衣被表现到了极致：这两个男人情归于谁纯属偶然，然而他们都被自己的眷恋对象束缚住了，那女子天性灵敏，能在两份感情之间从容辗转且游刃有余。在争斗爆发之前酝酿了很长一段时间，但是争斗只是一瞬间的事。那场争斗只是一个纯粹的力量问题，一个占有欲的坚决程度的问题，所以结果是无可怀疑的。那位大学生对妓女慢条斯理地求爱，妓女心中慢慢滋长出了厌恶感，伴随着这厌恶感和疲劳感，她已经开始喜欢另一种生活，此时的皮条客只需向那妓女招手示意，她就会别无二话地跟过去。大学生深陷孤苦与绝望之中："Tu n'as pas assez de courage pour mériter le bonheur：pleure et crève!"①。力量的对比始终是一样的。在菲利普最后完成的小说中，这种比例变成了悲剧性的奇异插曲。一个寡言而风雅的男子爱上了一个安静而清纯的姑娘。在一片美丽的阁楼田园里慢慢孕育出了他们各自对对方的爱慕：纯真对纯真，没有牵手，没有拥抱，她不知道在自己的生活里除了工作还有什么别的东西存在；而他要把她慢慢地引导进爱情，引导进幸福。可是有一次另一个人出现了，此人的感情更强势，也更简单，他只用了一个小时的自由时间陪她在一起。从这另一种爱之中唤起的感性使她毫不抵抗地投入了那强有力者的怀抱。可是这里也没有争斗，胜负的结果在那简单而卑微的爱出现的那一

---

① 法文：你没有足够的勇气去获得幸福。去哭吧！去崩溃吧！

瞬就尘埃落定了。然而落败者的反应却是不一样的。他不再把他的失败感觉为个人的弱点；对他而言，她代表着生活里的一种卑鄙，卑污战胜纯洁是一定会有的结果。菲利普用高超的、几乎是希腊式的感性素朴表达了这种情感。当他的人物从那位勾引者——也是他的朋友——那里听说发生的事情之后，这位风雅而机敏的言谈者这时却一语不发。他离开了他们刚才在那里谈话的咖啡馆，走到大街上呕吐了一场。

在这两本书出版之间菲利普创作了《玛丽·多纳丢》，是一本关于爱情的书。同样性质的矛盾，但更丰富、更多姿多彩；矛盾是该书展现的内容。在矛盾双方的对峙中，决定谁能占有那名女子的紧要瞬间也许是表现得最富有力度的，然而这只是许多瞬间当中的一个而已。真正的主题是某个其他的东西：更高的爱的自我省思（Selbstbesinnung），它如何甩脱庸常的一切，如何转化为眷望。这本书里所涉及的一切要点都是最极端地尖锐化了。争夺同一个女人的两个男人也是一对朋友，而且还都是高贵体面的绅士，他们对爱的人性价值都怀有轻微的、说不出口的怀疑。即使在彼此相斗的时候，当着女人的面他们还觉得是团结一致的。"你难道相信，"拉斐尔（Raphaël），两人中较为单纯也更为强势的那个在跟他的朋友让·布塞（Jean Bousset）告别的时候说，"莫非你真的相信她很痛苦吗？她的痛苦不及我们。"

让懂得爱，可是拉斐尔懂得女人。早在让爱上玛丽之前很久，当他第一次拜访拉斐尔和玛丽的时候，他就从他们两人那里明白了什么是爱。"Je sais，"他想道，"que ce n'est pas toi, Raphaël qu'aime Marie, pas vous, Marie qui aimez Raphaël, mais vous aimez je ne sais quelle part de vous même, la meilleure et la plus profnonde, qui se mire dans l'autre et y multiple son image. Car l'amour est l'étendue et la multiplication." ①。他明白了他自己那份爱的本质。可是在玛丽进入他的生活并再度离开他之前，他仍不明白，而且也没有能力明白。他所了解的只是他的爱。目睹他们的恩爱，他想："你们幸福又富有，可是我形单影只，走投无路；世上有隐者之路，冒险者之路，恋爱者之路，我选择了哪一条路呢？我莫不是残废了，不能行路了呢？"他还不知道，他走的路是这三条道的综合。他对玛丽和拉斐尔并不了解。因为玛丽在场，他就对他们发布了一通机巧而又漂亮的独白，可是以他的聪敏竟然没有能够发现，他的这番言辞在她的生命里第一次使她豁然开朗，她有灵魂，她的灵魂至今未被人认识。他的言词短暂地征服了她，在不经意间这个瞬间溜走了；他对此没有觉察，假如他们不是被偶然牵引到一起，他们就不会相遇。拉斐尔安静、开朗，微笑着坐在他们旁边；他喜欢他的朋友，朋友的言谈让他感到十分有趣。对他而言一切都是简单的、明了的，因此他话语不多，甚而感觉说话是浪费时间。他觉得重要的不是诗人和眷望者所构想的东西，而是某种更简单、更真实的东西。让能够侃侃而谈，他的感觉里蕴含着大道理；但是拉斐尔的小道理也有一些分量，而让的道理却是无形非相的、稍纵即逝的。

这个分量对于作出一个决断是足够的了，但是仅此而已，再无

---

① 法文：我知道，玛丽爱的不是你，拉斐尔。玛丽，你爱的也不是拉斐尔，而是你自己的某个部分，最好的也是最深刻的部分，这部分在他人身上映照出来，并且变得形象万千，因为爱是扩展和添加。

他用；然而生命可不仅仅是一次决断，虽然它有时候弱于此决断。拉斐尔占有玛丽，玛丽全身心地属于他；只有当拉斐尔不在的时候，玛丽和让才擦出爱的火花。可是只要拉斐尔一现身，平静而简单地对她说一声："跟我来。"她就二话不说地跟他走了，让也二话不说地让拉斐尔带她走。他柔柔地对让说："你高谈阔论，你思前想后，你以为道理都在你那一边就足够了。可是女人们都是孩子。咱们不能生她们的气。"玛丽跟他走了，好像这是天底下最自然不过的事；多年以前她还是个小女孩，那时她也是这么自然地把自己献给了他，她生命中的第一个男人。

然而她总是欺骗拉斐尔，她对让的爱给予了她贞洁，并给她打开了她从不知晓的灵魂的天地。让在她的生命中出现之前，她是一只翩翩飞舞的金色小动物。她贪求刺激，什么都要尝试，什么都要享受，没有忠诚，没有真正的付出：拉斐尔只是她迷航后的港湾。让通过深思而弄明白的东西，她通过自己的经历认识到了：爱不是消遣而是认知。但她不会在消遣和认知之间作出区分，而他只能在认识中实现这两者的统一。两个人都达到了某种统一（Einheit），但这两种统一却不能归为一统。他要在最高的享受中做一名禁欲的苦行者，虽然同时他还是一名艺术行家和享乐者，禁欲派中的伊壁鸠鲁主义者；她的认知总是归于空无，她只是在无意识中获得某种认知，为的是她有朝一日不再需要认知。她以前或许就是他生命中的唯一的女人，也许今后仍将是他唯一的女人，然而就在他最热烈地拥抱她时，他对她也是不忠的。她在认识他之前就忠实于他，就像她在过去每认识一个新相好就要背叛拉斐尔一样。

他唤醒了她的灵魂。不，他给了她一具灵魂。她不再翩翩飞舞，她的灵魂打开了翅膀，平静而绚丽。他给了她贞洁和眷望，这眷望——是极富神妙意蕴的女人的实际眷望——飞动着寻找她曾经拥有此刻失落的东西。就像眷望驱使着印度的牧羊女边唱边舞地模仿着克利须那（Krischna）① 的言语和动作，如此，她们至少可以感受到与他是同体的，于是他思想里的律动就可以流经她那小小的、金黄的、傻傻的头脑。当她返回他身边时，唇齿间向他吐出了他的话语：她要用他自己的武器重新赢回他。

　　然而他拒绝了她的爱。她对他而言只不过是一所自我认识的学校；她已经履行了她的义务，现在可以走自己的路了。在爱情里只有男人能被了解：女人了解了他，他也了解了自己；而她永远是看不透的。分离了几个月之后，玛丽再次回到了让的身边。但是他告诉她：这一切为时已晚。她从他的生命中淡出以后，他被带进了新的孤独之中。这孤独较之从前更苦涩、更痛楚：这是共处之后的孤独，是被离弃的状态。他孤独，陪伴他的只剩下了他自己，以及这世界。他学会了体验他自己和这世界，这时候他知道什么被给予他了，什么没有。他简单明了地告诉了她这一场新的大经历，该经历把他们两人永久地分离了开来："ah, il y avait bien autre chose que toi dans le monde." ②。他在跟她说这番话的时候，她坐在他的膝盖上拥抱着他；她的整个灵魂和她的整具躯体都在为获得她最终弄明白的唯一的资产而抗争。在为难的处境下，她熟练而灵巧地褪去了自己的上衣，张开赤裸的双臂抱住了他的脖颈，他观察并抚

---

① 印度教毗湿奴（Vischnu）的第八个和主要的化身，经常被描绘成一个吹笛的英俊年轻人。

② 法文：世上除了你还有别的呢。

摸着她的乳房。可是他站起来走到窗前。太晚了。他已经生活在另一种生命里（他引用陀思妥耶夫斯基的话说，是一种活生生的生命），这对他来说是唯一真实的生命。他的爱变成了眷望，他再也不需要女人，也不再需要爱。

他没有说出很多话语，可是每一声声调却透露了这样的意思：她是他生命里唯一的女人。他是巴黎的一介小市民，不是行吟诗人（Troubadour）；也许他再也不会谈起她。可是他生命里的每一句话和每一个举动都是她献给他的无声的诗篇（Canzone）：她闯进他的生命然后又悄然远去，她带走了他的孤独然后又把孤独交还给他。他的新的幸福——他曾试着用冗长的、不连贯的话语向她解释清楚这样的幸福——与贝雅特丽齐拒绝但丁的问候之后后者所致获的不可动摇的幸福如出一辙："In quelle parole che lodano la mia donna."①。区别只是：他没有说出这样的话，他不能说，也永远不愿说。

眷望把他打造得坚定而刚强。他默默无声地把哭泣着的她推开，打发她远走，在痛苦中颤抖，被碾压得粉碎，但他此刻也获得了简单明了的断念的力量、变得严酷而无情的力量。因为他已摧毁了她的生活。

3

贫困是所有这些书中的背景。贫困确确实实——不只是象征性

① 意大利文：在那些赞美我的淑女的话语中。

的，像对厄洛斯的讨论那样——是眷望之母。夏尔-路易·菲利普是小市镇和小市民式的贫困的诗人。这样的贫困首先是一个事实，简单、无情、理所当然，毫无浪漫可言。但正是这种理所当然使得贫困显而易见、突兀惹眼。他笔下的人物渴望摆脱贫困，渴望拥有一点自由和阳光，渴望某种模糊的伟岸的东西，这个东西甚至在他们的梦境里都有了他们那个世界的可爱娇小的格式，只能用"生活"来对它作出界定，用他们语言中朴实的、直白的话来说，它意味着一点钱财和更好的职位。然而这个眷望是无法餍足的，因此它是真正的眷望。因为这些人的贫困并不是外在的贫困：他们贫困并不是因为他们生来就穷，或是已然变得赤贫，而是因为他们的灵魂预先注定了是贫困的。贫困是一种世界观，是一种用明确的语言表达出来的含混的眷望，是对异质东西的眷望，是对人们宁愿丢弃的东西的深沉得多的爱；是在单调的灰色生命中对色彩的眷望，同时也是在同样那个单调的环境下对丰富多样色彩的发现。一种永恒的复返。这是菲利普笔下人物的典型命运：他们一心要逃离这个世界，并且仿佛就要成功地做到了，就在此时突然出现了某个障碍，他们不得不回到原处。是外部原因所致吗？我不这么认为。我更倾向于认为，即便他们没有意识到他们的目标和原因何在，他们也会放弃的。他们心中的某个东西导致他们热爱贫困和受压迫的状态，正如施爱者让·布塞对他的孤独的热爱，外部的障碍内在地转化成了某种不可克服的东西。于是菲利普有一次是这么定义穷人的："celui qui ne sait pas se servir du bonheur."①。一次回返就是一次

———————————

① 法文：不知该如何享用快乐的人。

循环运动：他们重见的家园又变成了陌生的异乡。那种和家园一体的感觉已经失去了，他们衷心地、深沉地热爱着它，他们也被对方所爱。但是在最终的意义上，他们依然还是家乡的陌路人，他们的爱也是得不到回应的。他们生命里的某个东西从这一刻起永远地敞开了，并且处于一种永恒的运动状态：他们的社会处境已经变成了一种眷望的状态。

这种放弃看似是一种软弱，但它成了一种丰富的、能带来福祉的世界观，该世界观从它的成熟的最终形态中能开发出巨大的宝藏，当然它也清楚自己只是一个代用品。"Les maladies sont les voyages des pauvres,"① 菲利普说，这句话也许最清楚地表达了这种感觉的两面性：内在的富足和外在的虚弱。这是真正意义上的深刻的基督教：在此处基督教回到了它真正的开端，并成为穷人的生活艺术。当然它完全是世俗的，完全是肉身的，完全是肯定现世生活的。切斯特顿②提出过一个似非而是的观点，他说，"基督教只是一个框架，异教的娱乐在其中保留了下来"。这一观点在此变得更加似非而是，完全地不言自明而且简单。因为这里的基督教不仅是一个框架：它本身变成了异教，而放弃和同情则变成了生活的快乐。这些新的基督徒们并不寻求对灵魂的救治，而只寻求他们自己，或者他们的幸福，或者两者兼而有之。他们为此目的而选择的道路或手段与基督教在本质上有着深刻的一致性。就纯粹的史实而

---

① 法文：疾病是穷人的旅游（就是常事的意思）。
② 切斯特顿（G. K. Chesterton，1874—1936）是英国作家和批评家，信仰罗马天主教，政治观点保守。他的著作包括散文，一系列以布朗神父（Father Brown）为主角的侦探小说以及几卷评论及辩论文集。

论，后期的异教与早期的基督教是互相交织，你中有我，我中有你的；作为永恒的感觉形式它们从来不是互相排斥的。行动和爱都有了柔和及沉思的特点，但是善是有意识的，还在天真地寻找着享受的快乐。"En ce temps-là，"让•布塞是这样评论过去的时光的，"on était un guerrier. Aujourd'hui c'est le temps de la vie." ①。

于是在这些人所有的生命表现中出现了田园诗的元素。市镇小说《鹧鸪老爹》（*Le Père Perdrix*）是这方面最典型的作品。一位年迈的工人受身体状况所迫不得不过一种田园生活。他已失去工作能力，每天坐在他屋外的一张长椅上。他和孩子们一起做游戏，偶尔有人坐在他旁边和他攀谈片刻，来得最勤的是让•布塞（关于他的青年时代的书中亦有交代）。老人之前的整个人生只能听他自己工作时传出的噪声，此时他却被一种阔大深沉的静谧笼罩着。一开始他周围和他内心的静谧令他觉得枯燥乏味，不胜其烦，慢慢地他适应了这种新的生活，还感到丰富充实、美不胜收。这是一处小市镇的田园生活：它真正的主人公是静谧，静谧把各种不同的命运都串联并集中到一起。有一天老人的孩子们——他们都已成家，住在离他很远的地方——来看望他，在克服了小市民无产阶级那种怕破费的心理之后，他们举办了一场盛宴。一切都是纯粹的田园式的。一片——当然是在穷酸的小市民框架下——异教徒的欢乐和忘我的快乐。他们的饮和食，他们对于口腹之娱的全神贯注是以一种坚挺的、稳健的、壮硕的优美表现出来的，与忒奥克里托斯②对阿多尼

---

① 法文：那个时候，人人都是战士，现在则是享受生活的时刻了。
② 忒奥克里托斯（Theocritus，前310？—前250？）是古希腊诗人，始创田园诗，其诗作对罗马诗人维吉尔及后来的田园文学有很大的影响。

斯（Adonis）① 的赞美描写不乏相同之处。然而，正因为这场盛宴他丧失了从市镇上领取穷人救济金的资格。到处都是纯粹的田园诗。然而，那位还在做着天真的梦的让·布塞丢掉了他的工作，自毁前程，因为他太孩子气了，为了工人的利益发出无目的又绝望的呼喊声。小市镇的田园诗变成了一曲巴黎的田园诗。让·布塞在巴黎找到了一个卑微的职位，把那位丧偶老人一起带了过去。这时他们一起住在一间旅馆的阁楼上，老人和金发小伙子。平和、美丽、田园诗式的生活。然而老人感觉自己的生活没有了目标，只是他这位朋友的累赘，于是他悄悄地离开了他朋友的生活。

菲利普常常把这样的观念看作软弱，他给一位朋友写信说他要写一写"一种可憎的灰心（une résignation condamnable）"。他有意识的爱荟萃于强者，即那些自立者、永不言弃者。他总是让这些强者获胜——然而让·布塞，这位众人中的出类拔萃者却不愿争强好胜，而其他人从他们的失败中的获利或者从失败之途中所得之利比那些获胜者因胜利而取得的斩获更多。菲利普对强者的爱难道不也是一种眷望吗？

他在艺术中的丰富性和强大力量是在他对自己的善感的斗争中发育成长起来的。他要给纯粹的力量赋予正当性，哪怕这种力量表现为堕落和邪恶，最后的结局是他对一切生命的深切同情，以及对所有男人和女人所怀有的兄弟姐妹之情。他的英雄崇拜情结转化成了对所有人的佛教式的慈悲，是一种没有诅咒的基督教，完全世俗化的基督教：世界是地狱，是炼狱，又是天堂。每个人同时都在这三重

---

① 希腊神话里阿弗洛蒂特（Aphrodite）所爱恋的美少年。

王国中居住着。"Ce n'est rien, Seigneur. La faim des tigres ressemble à la faim des agneaux. Vous nous avez donné des nourritures. Je pense que ce tigre est bon puisqu'il aime sa femelle et ses enfants et puisqu'il aime à vivre. Mais pourquoi faut-il que la faim des tigres ait du sang, quand la faim des agneaux est si douce?" ①

同样的感情帮助他压制住了他自己所有的善感。生活的残酷对他而言是生活中再自然不过的事情。在他所描绘的田园诗歌式的场景中，乐天的、昂扬的情绪表现为"是的，尽管那么多……"，他的小说绝非底气不足的田园诗。每一首田园风格的诗作都有来自外部的险情作为背景威胁着他们，假如缺乏这样的背景，在白色光照下的诗中描写的事件的内在纯洁无瑕就会显得过于虚薄且单调。但是多数田园诗人的生命感觉太虚弱了，虚弱到不能看一眼真实的危险的景象；当他们描写他们安宁幸福的美丽世界时，其实是在逃离生命中的危险，不打算用神奇的魔幻手法把这种安宁幸福融合进残酷的现实中。所以，他们作品里的危险或者危险的临近总是某种纯粹外在的、非严肃的装点之物（我们只需想一想《达佛涅斯和克洛伊》②，或者想一想《忠诚的牧羊人》③）。即使在菲利普那里，危险也总是来自外部，他的田园诗特色的场景总是纯粹的、和谐

---

① 法文：无妨，主人，老虎的饥饿和羊羔的饥饿是一回事。您让我们有吃的。我想这是头好老虎，因为它爱它的伴侣和孩子，因为它热爱生命。羔羊们的饥饿如此温和，为什么老虎的饥饿却是鲜血淋漓？

② 《达佛涅斯和克洛伊》（*Daphnis und Chloe*）是古典希腊晚期的一部爱情小说，作者为龙格斯（Longos）。

③ 《忠诚的牧羊人》（*Pastor fido*）是安东尼奥·萨利耶利（Antonio Salieri）的四幕悲喜剧。

的、没有内部的不调和。然而，来自外部的残忍的严酷是它们常有的前提，是它们永远不变的背景，乃至是它们的源头。在他所有的书中，这些外部力量就是贫困。在关于妓女和皮条客的小说《蒙帕纳斯的蒲蒲》（*Bubu de Montparnasse*）中，外部力量即是梅毒，在大学生从小妓女那里染上梅毒之时，他们两人之间的真实关系就变得既美好又纯洁；此恶疾把他们联结到了一起。他觉得被驱逐到了父母家中健康欢乐的环境之外，难道他不应该把自己的爱施予留在他身边的唯一的那个人，也是导致他被家庭遗弃的那个人吗？

然而菲利普执意要告别这个绵软的同情的世界，他要追寻一个更刚劲、更严酷的世界。本来伦理和工作是可以把他引向那里的。他的伦理意识总是很强，甚至蒲蒲都是他用伦理塑造出来的。当蒲蒲听说自己的情人身染恶疾的时候，他想离开她。但是他的朋友——另一位皮条客会认为他这么做太不名誉了，他告诉他，"On ne lâche pas une femme parce qu'elle a la vérole." ①。菲利普像所有的强者一样，从抒情诗发展到了客观性。他的客观性就是工作。从他的作品里传出的声音越发嘹亮：唯有工作才能在生命中给人提供激励和拯救的力量，在他看来这是克服抒情诗和善感的道路。不过他并没有把抒情诗驱赶走，针对抒情诗的战斗越诚恳、越猛烈，它就会越狡猾地蹑足潜踪地悄悄折回。他的最后一部长篇小说《夏尔·布朗夏》（*Charles Blanchard*）表现了他这一新的转变：工作培训。这部作品本可以成为他的《威廉·麦斯特》。然而，奇特的是，没有任何一位天才的抒情诗人在这里实现过完美；在他们的被

---

① 法文：人们不会因为一个女人得了梅毒就抛弃她。

视为生命之作的小说完成之前，他们就都死了，他们的客观性在十字路口留下了一个问号。菲利普是一个奇特的例外，至少表面上看是如此。对他来说，目标从来都不像对其他所有人那样问题重重；在他那里，通向目标的道路并没有走完。这些未曾走完的道路在他未完成的残篇中还依稀可见，展现出他一如既往地还是一位深刻、高雅的抒情诗人。从抒情诗到客观性的过渡还需要一个跳跃才能完成，菲利普在有生之年没有能够完成这个跳跃。

4

眷望总是善感的，——有没有善感的形式呢？形式意味着对善感的克服；在形式中再也没有眷望，也没有独处：形式的创生就是最大可能性的完成。诗的形式是具有时间性的，因此实现它就必须有之前和之后，它不是存在，而是生成。生成就预设了不和谐为条件。如果它的实现是可以达成而且将要被达成的话，它就一定要达成。它不能在自明性变得稳定的地方存在。在绘画中不能有不和谐，那样的话会破坏绘画的形式，该形式涵括时间进程的所有范畴；在绘画中，不和谐必须事先（ante rem）予以消除，必须随着不和谐的消除由它建立起一个再也不能分离的统一体来。真正的不和谐如果确确实实被实现的话，它就会注定永远是不和谐的，没有救赎的希望。它会害得作品永远无法完成，还会将它推回粗俗的生活中去。没有不和谐就不会有诗，因为诗的本质是运动，诗能够从不和谐音到和谐音，也因此才能由此到彼。黑贝尔在论及不和谐之前的美的时候，说出了一半的真理：人们可以努力去达成这样的

美，但它是无法达成的。难道这里没有一种善感的形式吗？对诗的
形式把握不已经是眷望的象征了吗？

在这里纯粹的抒情诗和纯粹的田园诗是两个极点：眷望和实
现，纯粹，本身转化成形式，从自身提取出形式。抒情诗以其所有
的行动和事件将整个世界排除在外，于是那种没有明确可感的对象
的感情围绕着它反复运转，安居于自身内部；在田园诗中一切眷望
都必须沉默无声，它必须是彻底的、毫不含糊的、没有保留的自我
取消。因此，田园诗是诗歌中最大的悖谬，出于同样的原因，悲剧
性（das Tragische）也是绘画中最大的悖谬：眷望引领着人们趋向
行动和事件，但是没有一起行动或事件称得上是对眷望的满足。在
田园诗中，一桩事件会以其简单的经验存在将全部的眷望吸纳进自
身；眷望将在此事件中整个地烟消云散。然而，事件总是事件，充
满感性，就其本身而言是有价值的，而眷望不能失去它强大的力量
和无限性。在田园诗中，纯粹的生活外在都要变成抒情诗，变成音
乐。因为抒情诗是诗艺神妙而卓越的自明性的载体；与抒情诗相
比，其余一切形式都只不过是形而上学的折中。抒情诗是一切以行
动和事件为题的诗艺的目标，一切活跃着的眷望——该眷望对现实
世界能产生某种影响——的诗艺的目标。但是，它只有超越一切外
在的东西才能达到。在悲剧里的关键时刻，悲剧主人公的命运使他
远远地超越了他的行动。纯粹的、不凡的史诗里的英雄在他的生命
冒险中疾驰而过，像悲剧主人公一样，史诗英雄抛下了所有外在的
东西，只是方向有所不同：他的抛弃是横向的，而悲剧主人公的抛
弃是纵向的。在史诗中，英雄舍弃的尺度规模和多样性取代了悲剧
里主人公向上扬起的滔天巨浪的激烈程度。在田园诗里不存在克服

外在之物这样的问题。

以客观实际和明白易懂的笔法所描写的事件是对一种无限感觉的完全表达：这就是田园诗歌形式的本质。这是介于叙事诗和抒情诗之间的中间形式，同时又是它们两者的综合。古典美学在他们的体系下把田园诗和挽歌——此二者深入地分别属于对方并相互补充——安排成了叙事诗和抒情诗之间的连接成分。它们因此成为永恒的形式概念，而非偶然的、历史的概念。田园诗是两种形式之中更具有叙事性的形式，因为它必然地只能表现一个事件，或表现一个命运，否则它就是纯粹的叙事诗了，它在写作技巧上与中篇小说最为接近，而中篇小说的形式在终极意义上与田园诗在本质上的相差是最远的。我认为，我们对形式概念的把握可以更宽泛一点，大可不必局限于过去古典美学家对它的解释。从来都不乏这样的文学作品，它们不具备鸿篇史诗创造世界蓝图的意志，它们的行动有时都不及一部中篇小说应有的行动，但能超越出中篇小说对一个孤立的、个别事件的叙事，从一个灵魂的感应中，获得了另一种容纳一切的力量。在这样的作品中，主人公只是一个灵魂，行动只是该灵魂的眷望，尽管如此，他们依然成了主人公和行动。这样的作品在多数情况下被人叫作抒情小说；我更愿意沿用中世纪的一个叫法"说唱故事（chante-fable）"，但是这样的作品完完全全符合真实的、最广泛的、最深刻的田园诗概念，它们天然地倾向于挽歌。（我完全任意地枚举几部作品的名字作为例证：《爱神与精灵》①、

---

① 《爱神与精灵》（*Amor und Psyche*）的故事源自古代神话，罗马作家卢奇乌斯·阿普列乌斯（Lucius Apuleius）在公元 170 年将此故事记载于小说《金驴》（*Der goldene Esel*）中。

《奥卡桑与尼科莱特》①、《新生》、《马农·列斯考尔》②、《维特》、《许佩里翁》和济慈的《伊莎贝拉》。）这就是夏尔-路易·菲利普的形式。

没有人会把他的形式称作小形式。说该形式小，是指其格式、其外在轮廓小了一点，而其中的事件则是任意的，正如黑格尔所说，"只是主体对主体的偶然激情"。它是一种最严格的必然性形式，每一个必然性是一个圆形，它完整又包容了世界万物。小体量和任意性是该形式的条件，反映在偶然的小事里的现实如其所是地变得透明了：一切可以意味着一切。这是对生活悖谬式的提升和贬抑：一个细节决定灵魂，某个外部东西意味着内部的生命。之所以存在这些可能性是因为一切都可能是灵魂，因为对于灵魂的最后必然性来说，灵魂在外部的每次显现都是小体量的、任意的。田园诗叙述的事件是偶然的，中篇小说亦然，但两者的原因不同。在这里，我们所习惯称之为偶然的东西并没有突破外部事件的庸常、僵死的必然性的链条；相反，一切外部的东西，连同其所有的必然性都被灵魂贬低为偶然，在灵魂面前，它们都是同样的偶然。因此，抒情诗向叙事性的转化意味着内部对外部的征服，意味着生命中的超越变得直观化。形式的严格性体现于其保持的叙事性中，体现于这样的事实中：外部和内部被同样严格地聚合在一起或彼此分开。

---

① 《奥卡桑与尼科莱特》（*Aucassin et Nicolete*）是古代法语文学作品，据推测大约创作于 1225 年前后，作者不详。

② 《马农·列斯考尔》（*Manon Lescault*）是法国作家阿贝·普雷沃斯（Abbé Prévost）创作的小说，后来被多次搬上歌剧、戏剧舞台，1926 年和 1949 年被拍成电影。

真实的生活并没有随之瓦解或受到波及。因为把一切外在的东西消解于情绪之中是非常陈腐乏味的，随时可以办得到。然而，如果灵魂的内在，也就是纯粹的眷望——哪怕它是作为一个陌生的、不知名的朝圣者——徜徉于肉体世界和严酷冷漠的现实，那就是一个崇高的真理和奇迹。

也许出于同样的感觉，拥有更为清晰的形式概念的中世纪把这种文学作品里的叙事诗和抒情诗严格地区分了开来。但是这也造成了它的形式只是建筑学意义上严格遵循的诸要素的并置，这些要素不可能在相互交织的状态下保持神秘的独立性。只有在我们这个时代，因为发现了气氛，这一可能性才存在。由此那隐藏在事物后面的东西，无须为了被看见而必须公然地从事物里面迸发出来，不管它是在事物里面、在事物之间、在事物表面的闪烁中，或是在事物轮廓的颤动中都可以显现：不可言说的东西可以一直保留不被言说的状态。《维特》的形式较之《新生》的形式更神秘。

然而，我们这个时代放纵无度的感情泛神论在这样一个可能性之前止步了，该可能性被过度地夸大了，并且将每一种形式都化解为一种不明晰的、无形式的眷望抒情诗。诗人们变得慵懒疲沓，他们既不给感情也不给事件赋予形式，他们以桀骜不驯的散文方式来书写那些纷扰杂沓地流向无限的诗歌。气氛把一切都化解成了情绪和结语。于是，那一切隐匿的东西再次遁形了：它们的沉默无声变成了喧哗的、令人生厌的喋喋不休，它们的深邃变成了琐碎，它们华彩纷呈的总体性和细致入微的瞬间变成了灰色的、沉闷的单调乏味。

它们在这纯粹的可能性前面止步了；因为气氛把事物从它们僵

化的轮廓图下解脱出来，并非是为了让它们融入变化无常的情绪的非实质中去，也不是为了让它们融入无轮廓的非形体状态中去，而是为了给它们赋予某种新的东西，一种闪着光的坚韧，一种漂浮着的沉重。气氛是一种塑型（Modellieren）的原则。经过了印象画派的迷醉，塞尚和他的子弟们认识到了这一点，似乎法兰西在诗艺中的使命就是：从这些新的表现手段中创造出旧的形式。福楼拜还在运用客观的现实主义，那种精确的、干净利落的描摹还是一种面具和讽刺；在新近的法国，这些方法已成为新的叙事抒情诗的表现手段。夏尔-路易·菲利普就是最早尝试这样做的人之一，或许还是最杰出和最有深度的一位。他的小书里包含构造严谨、不动声色地客观叙述的故事，书里的抒情诗一点不剩地被吸收进了那些明丽的图画之中，它们的声音被那些面目模糊的眷望小说的沉默所掩盖。他被多数人视为现实主义的殿军，穷苦大众的诗人，像他们当中的许多人一样。这个看法没错：它证明了菲利普的眷望确确实实把自己消解成了形式。

1910 年

瞬间与形式

——论理查德-贝尔·霍夫曼

1

　　某个人死了，发生什么事了？也许什么事也没有，也许是一切。也许是持续几小时的痛苦，也许是几天，也许是几个月，之后一切重新归于平静，原来的生活照旧。或许，某个在过去从外观上看起来是共属一体的东西此时碎裂成了千万张残片，也许一个生命忽然间一下子失去了他全部魂牵梦绕的内容，或者从贫瘠的眷望中绽放出了新的力量。也许某个东西崩溃了，或许又有别的什么东西构建起来，也许这两件事根本没有发生，也许都发生了。谁知道？谁能知道？

　　某个人死了。死者是谁？其实是无所谓的。谁知道这个人对另一个人意味着什么，对某个人，对离他最近的人，对一个完全陌生的人意味着什么？他跟这些人近距离打过交道吗？他在他们的生命中存在过吗？他在某个人的生命中存在过吗？在某个他人的真实的生命中？或者他只是他浪荡玩耍的梦幻里任性地、四处投掷出去的球？只是把一个人不知弹向何方的一块跳板，只是一面孤独的墙，一株永远陌生的植物沿着它向上生长？如果他对某个人的确意义重大的话，那么他对后者的意义何在？重要到何种程度？此重要意义因何获得？是出于他独特的个性、他自己的分量和本质，或者这发生的一切竟是因幻想而成，拜无意识说出的言语或偶然的一个手势所赐？一个人对于他者能是什么形象？

　　某个人死了。永远的距离、人与人之间无以沟通的空白有如引人痛苦、永远无果的疑问呆呆凝视着独自留在世上的生者。人们能把捉的东西不复存在，因为关于对他人理解的幻想只有通过新的奇迹和持久共在的意料中的惊喜才能得以滋养，只有它们才能把类似于现实一样的东西输送给毫无方向、有如空气的幻想。共同的归属感只有通过连续性才能保持鲜活，如果连续性断裂了，就连过去也会消失；人们对另一位他者所了解的一切只是期待、只是可能性、只是愿望或担忧，只是一场梦，这场梦只有通过后来发生的事件才能获得其现实性，而这一现实性又很快幻化为可能性。每一次断裂，——如果它不是一次有意识的结束——每一次切断，都把过去所有的线索从鲜活的生命中扯断又连接起来，为的是给它们赋予结束了的和完整的形式，已经成为艺术作品的凝固的形式——每一次断裂所撕碎的不仅仅是朝向一切永久性的未来，它也埋没了全部过去。两个人，两个好朋友在分别了一年后第一次交谈。他们说的差不多是无关紧要的事情；他们知道，一个偶然的语词或者黄昏空旷的大街上的黑暗，要到很久以后才会挣脱他们的唇舌，直到此时他们才会说点别的。可是再也没有"以后"了，也再没有共在了，因为其中的一个在夜里死去了。这突如其来的严酷的灾难一下子在明亮的光照中指明，这个朋友对他意味着什么，能够意味着什么，他爱着他的这个朋友，他总觉得自己离他很近，他认为自己很了解他，他也相信对方很了解自己。

这里聚集了一大堆的问题，疑问流传下来了，被释放出来的可能性像跳着疯狂的女巫舞蹈一样飞旋着。一切都在旋转；一切都是可能的，一切都是不确定的；一切都在流淌进别的东西里面：梦和生活、愿望和现实、恐惧和真理、对痛苦的矢口否认和在悲伤前勇敢的挺立。还剩下什么？在这样的生活中什么才是稳固的？有没有这样的地方，不管它多么贫瘠荒芜，跟美和富庶毫不沾边，但人们能够在那里扎下坚实的根，如果有，这个地方在哪里？哪里有那种不像手指缝间的细沙会转瞬消失的东西，如果有人愿意把这个东西从无形式的生活的团块中提取出来并牢牢把握住，哪怕只是瞬间的工夫？梦与现实、自我和世界、深沉的内容和稍纵即逝的印象，它们之间的分界线在哪里？

某个人死了，众多的疑问以狂风暴雨之势把独存者拖进了其永远的漩涡中。死亡或许只是孤独状态的象征，是他所有疑问必然重生的象征，这些问题被他隐隐地感觉到，但美丽时光里的漂亮言辞总是让这些问题又再次沉沉睡去。在死亡中——在他人的死亡中——也许能够以一种梦的力量亦无法阻挡的强度最清晰地展示生活在一起的人们的大问题：一个人对于其他人的生活意味着什么的问题。死亡的非理性或许只是无数个偶然瞬间中最大的事件；造成死亡的断裂，人们在死者面前感觉到的强烈陌生感，也许与在朋友之间任何对话中产生的千万重沟壑和深渊之感是一样的，而且更可知觉，更可把握。死亡的真相和最终有效性因此较之所有其他之物更加耀眼明亮，因为死亡本身与真相的盲目力量一起把孤独从亲密的可能性的怀抱里——这双臂膀总是向着一个新的拥抱敞开着——抢夺了过来。

某个人死了。他给生者留下了什么？从他那里形成的遗留之物，就是贝尔-霍夫曼少量中篇小说的主题。那是维也纳审美者的世界：享受一切的世界和无所保留的世界，现实与梦想彼此交织，强加给生活的那些梦想狂暴地消失了；施尼茨勒和霍夫曼斯塔尔的王国。贝尔-霍夫曼小说中的人物穿行于这样的世界之中，他们那些狂喜和悲剧的富矿提供了内容；那些与他们拥有深切并真实的亲缘关系的心灵，说话间发出的声音听起来和他们的语言非常接近。但这并不完全是他们的世界；贝尔-霍夫曼并不属于"他们"，即使我们愿意并且能够给这一语词赋予最广的含义，他也不属于"他们"。他的作品生长于和他们一样的土地之上，但不一样的太阳和不一样的雨露给他的花朵馈赠了完全不同的色彩和完全不同的形式。他是他们的兄弟，可是在骨子里他们对他一点都不了解，正像面貌相似的兄弟姐妹彼此陌生一样。其余的人（不仅仅是他们）都在写审美者的悲剧，在对仅仅生活在内心，生活在精神深处的生活作大规模的结算，这种生活仅仅是由投向外部的梦幻构成的，它的唯我主义被提升到了天真质朴的完美程度，它对其他人的冷酷无情不再是冷酷无情，它的善不再是善，爱也不再是爱；其他的每个人都离这样一种生活是如此遥远，只有唯一真正生活（内心生活，梦幻的生活）的原料切近这生活，审美者们根本不能不公正地或友善地对待其他人。不管他对另一个人做什么，此人又能对他做什么，他的梦幻都能按照他们的愿望改造它、重铸它，直到它完全吻合他那些瞬间的每一种情绪。每一桩事件——只是因千万个可能的原因中的一个偶然地化为现实，从这些可能的原因中人们无法找出确切的那个——总是以其美妙而和谐的样态严丝合缝地适存于其中。"……在所有人之中他只寻觅了他自己，他也只能在所有人之中找到自己。只有他的命运真正地实现了，其他发生的事件都被他远远地推开了，就像在舞台上的表演，虽然他们在说别人的故事，可是这故事就像只跟他一人有关似的；它能给他的有价值的东西只有：颤抖、震动和一个短暂的微笑。"

那么结算呢？我已经说了：强加给生活的那些梦想狂暴地消失了。当命运用它刚硬的拳头击碎了梦幻那精心编就的和谐之时，就没有艺术能够用衰朽的纱线重新编就一幅美丽的色彩鲜艳的织毯。如果心灵在不断刷新、不断重复的游戏中精疲力竭，还在渴望着真理，渴望把握得住的、无以揉捏的真理，并开始把它们自我的那种将这一切融于己身的、适应于一切的方式理解为牢狱；如果在梦幻的舞台上一切可以想象得出的喜剧已经落幕了，舞蹈的节奏变得既慢又轻；如果四海为家的人永远无家可归，最终又想找一个地方落脚安居；如果万事皆通的人开始渴望在一种强烈的排他限制的感觉中栖身安息，那么这就是结算。霍夫曼斯塔尔的克劳蒂奥（Claudio）的哀叹，一种心灰意冷伴随着这样的哀叹，在施尼茨勒的作品里，年迈的阿纳托尔（Anatol）踏上了通往自创的孤独的道路。悲剧的讽刺的重逢，此时优雅嘴唇上一直挂着的讽刺的笑变成了苦涩，继续进行的游戏只是为了遮掩破碎的内在心灵的窒息的抽泣——难道这或许就是重逢之前的意图吗？在这样的对峙中，生活施行了报复，那是一场粗野的、残忍的、无情的报复，要用半个小时被压抑的痛苦和屈辱来偿还整个生命里轻薄傲慢的态度。

贝尔-霍夫曼的作品生长于这样一片土地上，然而他所有的琴弦比其他人都绷得更紧，他拨动琴弦弹奏出来的乐音却更加低缓、柔和。要是在别的作者那里，琴弦早就绷断了。在他的审美者那里根本就没有"文学"，创造了存在于审美者内心的那个世界的并不是他们自己的艺术或者别人的艺术的孤独狂喜，而是广阔生活的狂暴的富矿，和构成生活的千万个瞬间里的黄金重荷；也不是他们内心里的断念或弃绝。事实上，他们的生活过于精致，但是那里也有很多清新的素朴、很多的能量和对事物本质的深刻向往，虽然这一切往往和毫无结果的游戏及自我折磨的怀疑混杂在一起。在这样的游戏中，他们希望拥抱生活，征服整个神韵葱茏的生活（seine ganze Fülle）；他们的游戏——虽然他们自己也许还不知道——是朝着真相远远撒出的一张网，因而人们能够了解关于生活和人的这些真相。因此他们的唯美主义只是一种状态，不管他们如何感觉，哪怕它想要完整地填充他们的本质，哪怕他们将它作为他们整个的存在形式经历了一番，并且相信这是他们生活的唯一形式，能够感觉它是他们生活的唯一内容。贝尔-霍夫曼的审美者们或许是他们之中最极端的一类人，尽管如此，他们并没有悲剧性——至少不是悲剧性的审美者。因为迫使他们在孤独道路上静止不动的不是他们的后退，也不是他们的弱点，并且，为了从他们内心深处引起颤抖，他们的整个生命无须崩溃。真正的动因是某个人死了，那永远隔断真实认知的可能性的意料之外的血光之灾给他们的一切游戏——都不是为了他们而存在，并从此失去了意义的游戏——画上了句号。使得傀儡戏的木偶得以起舞的机械弹簧断裂了，即使那舞蹈再多延续一会儿，演出也很快就要结束；即使遐想不再受到任何东西的挟制，而能够再多延续一会儿地将灵魂狂放而漫无目的地从一个极点抛到另一个极点，最终还是会疲惫地停下来，因为现实施与他们的只是极限，而这极限便是他们存在的唯一理由。那样一来，他们的生命就终结了。

贝尔-霍夫曼作品里审美者的悲剧与克莱斯特的《洪堡亲王》（*Prinz Friedrich von Homburg*）里的悲剧颇为类似，对于后者黑贝尔曾写道，在这出戏里，死亡的阴影，以及对死亡的恐惧所引发的净化，在别的所有地方只有死亡才能达到此效果。某个人死了，围绕着这个人所构筑的梦想失去了其全部内容，从里面崩塌了，紧随于此的是其他一切梦想构造物（Traumgebilde）的崩塌。在这个被剥夺了一切生活内容的生者的身上，生命的意志仍然穿透了一切促成了一个新的生命的萌发：不如原来的生命优美，但却更强壮；不如原先的和谐、内在完满，却更好地勾连上了他者，更好地勾连上了世界，也更好地勾连上了真实的生活；不如原先的敏感、精致，却更深沉、更有悲剧意义。也许更轻盈的梦幻给这位独行者披上了更密实的雾纱，也许就是这个原因，这些雾纱在太晚之前撕裂了。贝尔-霍夫曼的审美者是非常敏感的，只要一个细节、一个偶然事件就足以颠覆他们心中的一切，他们强大得能够阻止他们因生活内容的破产而引起的实际生活的破裂。他们比其他人更大胆地、更精巧地、更轻灵地，也更复杂地把剩余的一切都勾连了起来（他们的瞬间的情绪是他们的世界里唯一固定的中心点），当他们的广阔经历扯碎了这些虚构的关联时，内容也随之毁灭了，剩下的只有形式。经历使形式与内容发生了分离，解除了他的人物心中的感觉——那种认为一切都始发于他们的感觉，将现实赋予了外部世界的存在者，终止了那种愚妄错觉——以为他们的自我是某种坚固的东西，以及以为他们处于世界的中心；他们被经历所缠绕，被投进了生活，投进了一切彼此之间的关联之中。

这就是他在那个傍晚时分所了解到的：他的生命并不像一个孤单的音符消失在空旷中，而是逐渐减弱。他的生命从太初开始就沉浸在从容不迫、盛大而庄严的圆圈之中，这生命浸透了永恒的律法，这些律法无所不在地发出乐音。没有什么不公能降临在他头上，对于他而言，痛苦意味着不被放逐，死亡不能将他和一切隔断。每一个行动都与一切联姻，对于一切它都是必要的、不可缺失的，行动或许就是效劳，痛苦或许就是尊严，死亡或许就是使命。

意识到这一点的人就能够堂堂正正地穿越生命；他的目光没有审视自己，而是投向了远方……他不知什么是恐惧，不管他碰触到什么，哪怕是比岩石还坚硬的东西，正义（Recht）就从他的内心喷涌而出，仿佛水自泉眼倾泻而出，公义（Gerechtigkeit）就像永不干涸的河流。

这就是那个新世界，唯美主义引导出来的那条道路：一种深刻的宗教意识，认为万物彼此之间互有关联。又是一种感觉，感觉到我若是不能到处唤起千万重共鸣（大部分的共鸣我并不熟悉，甚至也没有能力去熟悉），我便什么也不能做，感觉到我的每一个行动都是千万重波浪在我的内心汇集，然后又奔向他人的结果（不管我知道与否）。感觉到一切都在我内心世界里真实地发生，感觉到在我内心世界有整个宇宙在运动；感觉到未知的力量是我的命运；感觉到我飞逝的瞬间同样可能是我无从知晓的不明命运。偶然之物变成必然之事；通过这样的力量，偶然发生的事、刹那间的事、永不复返的事上升为世界律法，它们便不再是偶然的、转瞬即逝的。这是印象主义的形而上学。从波浪所及之对象的立场来看，一切皆是偶然：哪片波浪在何时何地与其相遇；所有这一切可能都与他的内在、真实生命历程丝毫无涉。每一片波浪都是偶然的游戏：单单在波浪里面就蕴含了深刻的合规律性，即一切生命是偶然波浪的游戏。如果一切都是偶然，那么就不存在偶然的事物，因为只有当偶然与合规律性同时存在，只是在具体的情形下取消规律性的时候，偶然才是有意义的。

在这样的世界里，一个人在另一个人的生命中能有怎样的意义？无限多和无限少。一个人之于另一个人可能是命运、变流器、掌舵人、再造者和毁灭者，然而一切都是徒劳的，因为他永远不能实在地达及那另一个人。这不是不被理解的悲剧；不是粗放的不能理解的悲剧，也不是一切都以自己为蓝本进行创造的精细的自我主义者的悲剧。在这里，理解本身——最深邃的、最美好的、最温存的、只爱着那一个人的那种理解——被命运的巨轮碾压得粉碎。贝尔-霍夫曼再一次把对立的极点分了开来，并使之保持距离。这些极点里的悲剧体现为，人与人之间没有理解，也无法理解，对他而言悲剧体现为：理解是可以存在的，理解存在于可触及的范围之内，但任何一种理解都没有什么力量。是的，人类能够领会、看穿，并以深深的爱和亲密来洞悉一切他人身上发生的事，以及此事发生的原因，只是这种理解与真正发生的事之间并不存在关联，也不能够存在关联。从理解的世界出发你只能遥望生活的世界，通向后者的大门永远紧闭着，心灵不具备将此门强行冲破的力量。事情发生了，我们不知道是何缘故；即使我们知道其原因，我们还是什么都不知道；然而我们所能知道的全部——最多——只能是：我们知道，当命运降临时，我们的内心起了什么变化，在另一个对我们的命运施加过影响的人身上发生了什么，以及那个我们成为他的命运的那个人身上发生了什么。这一切我们都能知道，因为这个原因我们能够喜爱对方，即使我们彼此会面之后，我们的生活归于覆灭。我们可以真实而深入地存在于每一位他者的生活之中，然而每一位怀有自己最内在命运的人都是孤独的。甚至在独自面对自己的时候他都是孤单的。

贝尔-霍夫曼的诗歌就脱胎于如此的幻想。在此幻想包罗一切的讶异前，我们一切的范畴的言语都失去了意义：信念和怀疑、爱和断念、理解和疏远，以及我们其他一切的言语。因为这样的生活真正地把一切融入了自身：它包含了一切，同时也否定了一切。它是一场大合唱，我们所运用的每个言辞只能标明每节歌词的情绪，从每节歌词中又产生出一段对唱乐节，正如在音乐中一样，他们只能共同存在，只有不分开才有意义、重要性和现实性。

2

每一部书面作品，哪怕它只是华丽辞藻连缀而成的合唱，也能够把我们带到一扇雄伟的大门前，——没有一条过道穿过这扇大门。每一部书面作品都通向了伟大的瞬间，在这样的时刻我们能够突然瞥见黑暗的深渊，有朝一日我们会掉进这无底的深渊，跌进深渊的愿望就是我们生活中隐藏的内容。我们的意识允许我们尽可能地避开这些瞬间，然而当一片广袤的远景从山顶出人意料地在我们面前展开，给我们带来眩晕的冲击，或者在傍晚的雾霭下，在我们周围散发芳香的玫瑰突然谢落时，它们便出现在我们的脚下。每一部书面作品都是围绕一个问题写就的，其展开方式是这样的：它能够突然地、出人意料地在一个深渊的边缘以强制的力量停下。哪怕它走过了大片开满鲜花的棕榈树丛，走过了花团锦簇的百合花原野，它都会把我们带到大深渊的边缘，在它到达这深渊的边缘之前，绝不会在任何别的地方停下脚步。形式的最深刻意义表现为：通向一个伟大的静默瞬间，给生活打造出无目的、陡急险峻的多重色彩，仿佛它如此操切为的就是这样的瞬间。书面作品之所以如此的各不相同，只是因为有太多的山道通向深渊，我们的问题总是产生于一场新的讶异。形式之所以是自然的必然性是因为从一个地方只有一条山道通往顶峰。全部的生活围绕着一个问题：静默，静默的前后左右都伴随着的沙沙声响、喧哗躁动、音乐和遍地的歌唱：这就是形式。

当然只是在今天，人性和形式成了一切艺术的中心问题。确实，只有如此艺术才能生存。如果我们获准能够在存在了几千年的事物（经历了几千年风风雨雨，它们的成长很可能变成了它们的根源所完全陌生的东西）中追根问底，唯有如此写作艺术才会获得一种意义，因为它能给予我们这种伟大的瞬间。只有为了这个原因，艺术对于我们才变成了一种生活价值，如同森林、高山、人类和我们自己的灵魂一样的生活价值，当然艺术的生活价值较之于前者更复杂、更深邃、更切近，也更辽远。面对我们的生活它显示出更为冰冷的客观性，然而却更融洽地与它永恒的旋律相配合。艺术之所以如此，只是因为它是人性的，刚好达到了人性的标准。那么形式呢？曾经有过这样的时候我们面对这样的问题不得不回应：为何如此，除了形式就没有别的东西了吗？我们之中有人可以如此回答：有过这样的时候——我们相信有过这样的时候——，我们今天所称之为形式的东西，我们所为之痴迷寻觅的东西，我们试图从生活的不停变化中，从艺术创作的冰冷激情中夺取的唯一留存的东西，有过这样的时候，形式只是启示的自然语言，是无以阻挡的、喷薄而出的呼啸，是震颤运动的直接的能量。这个时候没有人问这些形式是什么，没有人把形式和质料，以及形式和生活分开，没有人知道形式是完全不同的东西，不同于物质和生活，因为它们无非是沟通两个同类灵魂——诗人灵魂和公众灵魂的最简单的方式和最近的道路。在今天就连这都成了问题。

　　这一冲突不能从理论上把握。如果我们要思考形式，给这个词语赋予意义的话，意义只能是：形式是实现最强大、具有最永恒意义的表达的最简单的方式。并且——我们感到这样的类比对我们能起一点强化作用——我们想着机械学的黄金原理，想着国民经济的真理，想着一切都对着它趋之若鹜的那个方向，即以最小的力量投入获得最大的结果。于是就产生了一场冲突。我们知道这样的冲突存在着。我们知道，有这样的艺术家，他们以为形式就是直接的现实，他们的作品让人觉得生活仿佛是从那些作品中滑落下来的。这些艺术家只给了我们目标，但我们仍不餍足，因为一个目标只有当它标明了目的地，标明了期待已久的漫长而艰难道路的终点时，它才拥有光彩夺目的美。（从另一个视角我似乎可以说这些艺术家给我们的只是道路而非终点，然而……）还有这样的艺术家，他们泛滥四溢的富足灵魂把一切形式均视为枷锁。他们没有器皿可以盛放金酒，他们让金酒蒸发成了缥缈的薄雾；他们垂头丧气地放弃了尽善尽美；他们不能完成的作品，永远无法成熟的作品从他们疲惫的、放弃的手中落下。驾驭形式的杰出能手黑贝尔曾说："我的戏剧里内脏成分太多，别的戏剧作家的作品那里皮肤太多。"

这个问题可以表现为丰富性与形式之间的冲突。也就是说：为了形式的需要，什么可以放弃，什么必须要放弃？果真有某种东西必须要放弃吗？为什么？也许是因为形式没有脱胎于我们的生活，因为我们今天的生活太不艺术，在支配着生活的无序状态下变得茫然而虚弱，完全不能为了自己的需要去转变任何能够随着时间而改变的形式的方面，以便产生出一种活生生的艺术。于是，今天或者只有一种抽象的形式，是对艺术思考的结果，是对过去鸿篇作品及其秘密研究的满腔热情的考察的结果；该形式不能包罗我们生活中的特殊性，以及今天生活中真实的美和丰富性；或者没有什么形式，一切起作用的东西都是通过共同经历的力量发生作用的，因此一旦这种共同性消失，它很快就变得无法理解。也许这就是冲突的原因，可以肯定地说这里有一场冲突，同样可以肯定的是在现实的伟大时代里不曾有过冲突；在希腊悲剧里最个人化的抒情诗都可以直接地表现于外在，尽管有最驳杂多样的色彩和最巨量的财富，15世纪的宏大的作品建构都没有被突破，遑论更早时候的作品。

要言之：这样的作品的极弱的艺术效果源于它们的形式，尽管如此，还有一类作品仍然产生了极强的艺术效果。对于多数作品来说，问题在于（应该说所有作品都存在这个问题）：有没有可能达到一种和谐？换句话说：今天有没有，或者说能不能有一种风格？有没有可能从形式的抽象中把握出本质的东西，而且必须是如此程度的把握，不至于使今天的生活全部从中流失？有没有可能把我们眼前的色彩、芳香、花粉——它们极可能明天不复存在——永久地固定下来，并且把握住我们生活的最内在本质，哪怕我们自己都无法辨识？

3

贝尔-霍夫曼和形式。我们要说的是两种形式，这两种都是最严格的、约束力最强的文学形式，即中篇小说和悲剧。中篇小说和悲剧都喜欢作抽象加工，都喜欢把人物之间及人物与环境的关系高度抽象化，只要他们的能力（唤醒人的幻想和生活幻想的能力）达到抽象所允许的最低限度。小说是对大理性的抽象，所谓大理性是对彼此贯通的诸必然性的展现，是对每一种可能性的完整、毫无保留的解体；不仅仅是小说中一切设计好的可能性，而且包括了从抽象的主题中推演出的一切思想的可能性。悲剧是对非秩序世界的抽象，这个非秩序的世界被意外的、令人惊喜的、碾压一切的瞬间所笼罩着，是一个用分析的手段无以把握的无序的世界，是一个非因果要素的世界。两者对人性都作了利用，（以一种效果和手段互为排斥的方式，以一种从一开始就排斥其他所有艺术形式的方式）利用了人性之中允许它接合进抽象的图式中的那些部分。

这里存在着贝尔-霍夫曼的一个很大的风格问题（和所有真正的人的问题一样，它不仅是他的问题，也是最鲜明、表现得最尖锐的问题）：偶然和必然不再严格地区分开来，其中一方脱胎于另一方，然后又回归另一方，两者水乳交融，夺去了对方的专有之意，及对方于己方的对立性，并使之不再适合形式所规定的抽象的风格化。简而言之：贝尔-霍夫曼的中篇小说主题是非理性、偶然性。但是他使得偶然性成为必然，他风格的全部妙处因此悖逆于期待中的效果，越是如此，那些妙处就越是真实而强有力。贝尔-霍夫曼的戏剧把大的必然性糅合在一起，但是他的必然性是将偶然性向着必然性的提升，他从交织在一起、彼此互补的偶然性中建造起来的结构越是精致，越是安稳，建筑本身就越不牢固，它底座强烈的摇晃就越是容易觉察到。对于中篇小说和戏剧来说，风格问题意味着什么呢？对于两者它都意味着巨量内容闯入的瞬间破坏了它们的比例。因为，即使我们撇开作者世界的丰富性，在两者那里，其风格化的基础（principium stilisationis）已经极其繁复，包含了许多东西，高度灵活，多重线索，以至于不可能借助这种风格化的基础（当然也没有其他的手段）对人物和情景作简化处理，并使他们和我们保持合适的距离，使他们彼此之间及他们和背景之间处于适当的关系中；将背景作足够的简化是件困难的事，将它只是作为背景显现出来也是困难的，一种没有限度的心理制约是不可避免的。

在中篇小说中这意味着，一种被设置为不可解决的情形被消除了，他的中篇小说在内容上给人带来惊喜（正是由于小说在形式中让惊喜消失了）。这种消失当然只能从内部通过广泛的、完整的、充满诗意的灵魂分析得以发生。中篇小说的内容是关于一个人在碰到偶然灾难后的发展；但这还是同样的问题：一个人的发展能不能是另一种艺术形式的主题，比如一部长篇小说的主题？（在此意义上，长篇小说不是严格的形式）为什么这个问题如此重要？因为灵魂的一次发展从来不是暗示性的（灵魂越是纯粹，它的暗示性就越弱）。为什么？也许因为一切的心理——我们这里只说艺术，当然在艺术的范围之外也是如此——必然地只会产生任意的作用。因为灵魂的发展本身是不能通过艺术的方法，也不能依靠感性作用的力量来进行塑造的，唯一的可能是：用此种能量使得开端和结束这两个截然不同的发展阶段，或者局部的发展显得感性化，要使第二阶段尽可能令人信服（依经验来看这是非常少见的），以至于我们在到达地回头观望的时候，也能够把这条道路当作可能的道路接受下来；当然这绝不是唯一的可能性，因为在两个要点之间我们可以想象出无数条心理的结合。很自然地，外部事物的影响越小，发展就越只是局限于灵魂，形式就越只是局限于心理，赋形就不太能令人信服；两点之间相距越是遥远，连接它们的可能性就越多，越丰富多彩。中篇小说和长篇小说各自世界的广度最醒目地把两者区分了开来。中篇小说把一个孤立的事件当作主题，长篇小说把整个生活当作主题。中篇小说从世界上严格地挑选出了一些人和少量的外部情形，只要够它的创造意图之用就行了；长篇小说来者不拒地让每一个想象出来的要素都进入其结构，因为对于它的目的来说没有什么是多余的。贝尔-霍夫曼——为了简要地概括一下风格问题——使他的中篇小说图式接近了长篇小说的效果，他为中篇小说保留了其本有的出发点和它们的简化手法；这样一来他就失去了很多集中的力量，而且没有从其他地方得到补偿。他的中篇小说发生了分裂：从开头的视角来看，结局只是一种稀释；从结局的观点来看，中篇小说的基础太过于任意了，通往结局的发展道路太过于任意了。于是，在这些小说中所蕴含的妙处，都只能是纯抒情诗的特征。应该注意，这种不协和音越是鲜明地表现在我们面前，贝尔-霍夫曼的抒情诗就越是深邃、饱满而又动人。从形式上看，他的单薄的中篇小说是更好的小说。

在戏剧中情形更复杂一些，但也许更简单；贝尔-霍夫曼大大地深化了这个问题，于是对立的两极不再相互拒斥。（也许中篇小说这一风格冲突的本质就在于：贝尔-霍夫曼希望它们能达成更好的效果，比用这些形式所能达成的效果更好，因此他必须打破这些形式的界限。）这里有对立的两极，在这里被真实展现的东西必须走向风格化道路，使得它成为适合戏剧表现的材料。这意味着什么？在戏剧中总是笼罩着一种世界的必然性，一种顽强的、总是自我实现的、包罗一切的宇宙合规律性。（它们的内容是什么是无关紧要的，即是说，在无限多的可能的内容中，总有一些内容同样程度地适合成为戏剧风格化的基石。）从这个立场出发，我们对于《夏洛莱伯爵》（*Graf von Charolais*）的基点提不出任何异议。能够摧毁其他任何戏剧的东西——完全偶然的一切灾难和命运转折的特征——在此处变得更深入，在个别情况下有更强的戏剧性。因为偶然在这里已经从属于戏剧的优先性，蕴含在整个的氛围之中；偶然在这里创造的是整体，一切都立足于偶然，一切都生发于偶然，正是因为如此，偶然才有可能具有一种戏剧的效果，一种悲剧的效果。某个时刻是否具有戏剧性，它的决定性标准到最后都只取决于它象征力量的程度：它在多大程度上把握住了行动着的人们的全部本质和命运，作为他们生命的象征，它的力度有多深。除此以外，一切他者都是外部的事物，如果这一特征缺少的话，一切都无济于事，不管是优雅还是热烈，也不管是激情还是图画般的引人入胜。在个别的关键性情况下，非理性是没有经过加工的。因为在我们迄今为止的表达话语中，那种排除掉偶然事件的偶然性质的过程只能是心理意义上的滞后，只能绕一条弯路由那些经历过此事件的人的灵魂来表达。这样一来想要直接进行感性化以及在感性力量的情形下实现象征——真正的戏剧效果——就变得异乎寻常地困难，几乎成为不可能的任务。或者更恰切地说：这种戏剧效果存在与否并不必然地、有机地与这种感性化和象征化结合在一起；问题在于，我们关心的是对于这样一个世界观是否能找到戏剧的表现，而不是这种滞后的反思手段。

在贝尔-霍夫曼迄今创作的唯一一部戏剧中，有这么一个问题尚未得到解决。这出戏包含了三次命运大转折，这三次命运大转折构成了这部戏剧的核心，其中的一次发生在戏剧故事之前，出现在过去，它具有强大的震撼力，也完全是暗示性的。其解决方案（也出现在《俄狄浦斯王》之中）当然被易卜生用过，也被黑贝尔为克服非理性主义而运用过。尽管它是确实有效的，但却不能到处运用，——从另一个视角看保尔·恩斯特就是一个例子——因为它必然导向作者及其艺术的贫乏化，因为它给作者留下了太少的变化空间（在一部戏剧里）和太受限制的自由空间。这出戏里的另两件大事没有照此方式处理，因此在发生过程中不那么令人信服，尽管我们会被这两起事件的一切结果牢牢吸引住。但是我们即使是从抽象戏剧的立场出发，也不能冷冰冰地断然一口咬定这出戏是失败之作。和任何时候都一样，贝尔-霍夫曼选择的道路是一条最危险的道路，但也许正因为如此，这条路预示了未来的某样东西。没有一场戏是纯心理的：第二场比起其他几场戏显得更为大胆，也更远离心理主义。一连串奇怪地串接起来的偶然事件完成了这样的故事：一个坚定不移地爱着她丈夫和孩子的女人，一个贞洁而骄傲的女人，直到临死都在内心感情里对丈夫忠贞不贰，却被另一个男人勾引了，她也许从内心里一直鄙视这个男人，无论如何她对他一直是无动于衷的。几桩奇怪的偶然事件加在一起就让他们奇怪地邂逅了，他们被带进了一间黑屋子里，年轻男人带着哀伤呼喊出来的骄傲的悲切话语对她完全不起作用，就在她幻想着自己最笃定地深爱着丈夫的那一刻，残酷的偶然事件发生了，一块燃烧着的木柴从壁炉里掉落下来，伤着了那位被对方不动声色地拒绝了的男人。此前一直被忽视的话语突然引发了人性的怜悯，虽然她在内心里还是对这些话语无动于衷。这种没有意识到的怜悯使她跨出了第一步（即便如此仍可能什么事都不会发生），满足他的一个奇怪的要求，陪他在花园里走一段路。

> 我愿这夜看见我俩走在这花园里，
>
> 夜啊，遍在的夜！
>
> 我要这夜做我的红粉知己！
>
> 无论我在哪里，我都可以向她讲述你的故事！
>
> 她看见我俩人了！她知道我也知道你！

"夜，"我对她说，"你看见她了——难道她不是美若天仙？"

然后向她抱怨："夜啊，她不爱我，可我却这么钟情于她！"

再接下来，花园和曲曲弯弯的小路，月夜里飞舞的雪花，他奇怪的话语持续回响在她的耳边，这些使得她跨出了第二步，到这时所发生的一切都不是她所愿意的，也许她本不知道会发生什么事。后来，在非常悲切的对峙中，深深的悲哀盖过了起初那些瞬间的狂暴和震怒，丈夫怀着深深的忧郁问她：

你说，你这么一个骄傲的人

是什么鬼把你带进了——那样的——一间屋子？

她满腹悲伤地摇头回答"我不知道"，然后搜索词句，"他说……"依我的感觉，在这个地方，生活臣服于那种可怕而奇妙的偶然事件，罕见瞬间的恐怖奇迹完全视觉化了，并且可以从具体情形的音乐中清楚地感觉出来。它们获得了一种生命力，使得它们能够直接被感觉到，正如我们能够直接感觉到它们对生活的无情统治。这里的偶然事件和瞬间是象征性的，象征着它们各自的权威力量。于是，通达真实戏剧表达的第一步就完成了——仅仅是第一步。因为即使在这里它们的暗示作用在很大程度上仍然是滞后的，事件成了后来的感情的基础，起帮助理解的作用：它们像模糊的不祥预感一样，不是经直接经历的奴役力量将这种感觉给予我们。但是存在着这样的瞬间，这样能感觉到的瞬间。

在这样的瞬间里，在他们标示的道路上，以一种罕见的能量向我们显示了现代戏剧风格最初的痕迹。形成现代戏剧风格（例如自然主义）的不是今天生活的肤浅而乏善可陈的诸多特点——这些特点也不会吸引任何人——，而是我们今天特别的感受、评价、思考等方式，此方式的频率、次序和旋律想要有机地结合进诸形式之中，最终成长为形式。贝尔-霍夫曼的戏剧里满满地都是这种意想不到的妙处。单单他的提问方式——回答这样的问题的日子还未到来——就给他带来神奇的、新的答案的美妙。自歌德和席勒时代以来，诗歌就必然要让戏剧人物保持大悲剧所要求的距离；然而他们都放弃了他们的人物里的人性（Menschentum）。席勒写信给歌德说（骄傲或无奈地），没有哪个人物是适合于戏剧的，希腊悲剧里的"理念面具"比起莎士比亚或歌德戏剧里的人物更适合于戏剧。或许自克莱斯特以来，贝尔-霍夫曼是第一位成功地使用自己的诗歌使得整个戏剧世界保持合调的人，以至于没有哪个人物从他的个性化的过分现实性中彰显出来，但也没有因此而丧失戏剧的灵活性、易碎折的诸多精致和瞬间性。

贝尔-霍夫曼描写人物的技巧——与戏剧结构的本质最深地关联在一起——是伟大瞬间的技巧。（《比芭之歌》①的勃朗宁和青年霍夫曼斯塔尔的抒情场景便是对这一发展的铺垫）他的每个人物都会在戏剧里的某个节骨眼上（或者视此人的重要程度可能在多个地方）突然鲜活起来，与此同时剧中人物不再是他人命运的如画般的背景，人物的个人命运和性格进入了全剧线索发展的轴心。在这种瞬间里人性张力所积聚起来的力量，也只有这样的力量，通过照在过去和未来的光亮才给他的人物赋予了个性（Charakteristikum）。因

---

① 《比芭之歌》（*Pippa Passes*）是罗伯特·勃朗宁的一部诗剧。1841 年作为他的《钟声和石榴》（*Bells and Pomegranates*）的第一册出版。

此，充满了细节，深入到最内部的细微差异的人物就被塑造出来了，然而这一切都表现于这些瞬间中，其他所有的运动都是释放于这些瞬间里的潜能的结果，所以会被压缩到最低限度，不管它有多么紧张强烈，也不能将任何结构解体。简言之，今天的作家（比如霍夫曼斯塔尔）简化他的人物，把他们的个性压缩到最低程度，贝尔-霍夫曼只是将他们的外在形式作了风格化的处理。

同样的技巧被他有效地运用于人物的心理和建构性的彼此关联中，以及对人际关系的表现中。那种严格的遴选表现在了时间上，只有那些最紧张的瞬间、对全剧最具意义的瞬间才被选中。贝尔-霍夫曼的人物没有其他的接触点，他在这里不做发展实验。在这样的瞬间里人物之间进行所谓的表面接触，他们完全入了戏，因为他们整个的本质特征都是戏剧性的，而不是少数的几个个别特征具有戏剧性，所以作者的抒情诗不管其流淌的广度有多大，不管它融合了多少不同的声音，它都不能是非戏剧性的。在看似解决了的要点上，风格化基础的广度——一定会遇到并战而胜之的风格化大灾害（Stilkalamität）——转变成了大美的源泉：因为在戏剧的严格而复杂的总体（Komplex）之外没有什么能够囊括进人物之间的关系。如此的建构并没有受到现代心理戏剧的大危险的威胁——这个危险是，人物塑造过于宽广，过于精微细致，远远超过了他们的戏剧命运的绝对要求，于是他们彼此接触的纯粹而深邃的抒情诗便只是抒情诗，变得静止呆板，因而毫无生趣、枯燥乏味。可是贝尔-霍夫曼已经避开了今天的造型者所面临的主要危险：把一个编织得高度复杂的心灵生活强行推进几根粗大的线条里，一个在天性上原本可能是被构思得很普通的人物形象会因为这种描画的片面性而轻易地陷入病态。今天霍夫曼斯塔尔的雅菲尔（Jaffier）[1] 或许就是最典型的例子。

像所有的现代戏剧一样，贝尔-霍夫曼的人物浸泡在强烈的孤独中，但这样的孤独并没有使他们之间的互相关系变得毫无风趣（luftlos），尽管勾勒他们外形的分离线条拉扯得太过粗糙。（这样做的目的是使他们在戏剧的视角下的可视性能更好一些。）贝尔-霍夫曼的人物从来不会僵硬而尖锐地各说各话，他们的言语总是深入对方，就像伸开的四臂抱在一起，他们彼此交织，他们寻觅自己，也找到了自己。正是在这些邂逅之后，那永远的孤独以其连续不断的力量，越发震撼的力量怔怔地凝视着我们。把将他的人物彼此分开的悬崖上栽满玫瑰花；他的人物向所有方向焕发出道道光华，可是玫瑰花不能够在深渊上架起桥梁，只有光华能够从镜子上折返回来。

贝尔-霍夫曼是这样的一种人，他从一开始就拒绝任何妥协的暗示，拒绝那种轻佻的英雄主义，也拒绝片面地一条道走到黑，但他并没有从中制订出一个计划来。

对于他最深刻的内容来说，老旧的抽象太过于狭隘了，他要创造出新的抽象，以便使他所有的抒情诗都化解为形式。这一点使他和保尔·恩斯特的严格风格化的、纯艺术建筑区分了开来，也使他和盖尔哈特·豪普特曼的美得令人震撼的托尔西（Torsi）区分了开来（这些名字只是意味着方向）。在今天所有的作家当中，他是为了形式而在打最英勇的战争。仿佛有一种深层的机制迫使他把他

---

① 霍夫曼斯塔尔的剧作《获救的威尼斯》（*Das gerettete Venedig*）里的人物。

泛滥四溢的丰富瞬间约束在严格的界限之内。今天的形式对他来说也是障碍，为了突破这障碍他必须进行艰难而痛苦的搏杀，不是为了他要言说的东西而搏杀，而是为了避免沉默、避免放弃而搏杀。在他的每一部作品里他所建造起来的华丽大厦都会在某几个地方破裂，通向另一处胜景的风光会在我们面前陡然打开，也许是通往生命的景色，也许是通往他心灵的景色？谁知道呢？如果日趋冷漠的后世子孙只知道构成的形式的存在，而完全忽视一切直接迸发出来的乐音，如果后世子孙带着毫不理解、但心安理得的冷漠从它们的旁边擦肩而过，我们倒忍不住要喜爱这样的瞬间，在这样的瞬间中，作为伟大艺术家的贝尔-霍夫曼倒不如作为一个真实而深刻的人的贝尔-霍夫曼那么可爱。

1908 年

生活的富矿、混沌和形式

——关于劳伦斯·斯特恩的一场对话

场景是在一间陈设简单的、市民家庭的闺房，房间里新旧家什奇怪地、杂乱地混合在一起。墙上贴满了色彩斑斓、质地普通的墙纸；家具是白色的，尺寸很小，不是赏心悦目的那种，是中产阶级家庭的闺房里非常普通的家具；只有书桌看上去还算端庄、大气、美观，在房间的角落里，一扇屏风后面摆放了一张黄铜大床。墙壁上同样是杂乱的混合：家人照片和日本木雕，现代绘画的复制品，以及时下颇为流行的旧画复制品——惠斯勒①、委拉斯开兹②、弗美尔③。书桌的上方挂着乔托④创作的一幅水彩画（Fresco）。

书桌边坐着一位美艳惊人的少女。她的膝盖上放一本书——

① 惠斯勒（James Abbott McNeill Whistler，1834—1903）是美国画家，其精细微妙的色彩及色调的和谐受音乐美学和日本艺术的影响。

② 委拉斯开兹（Diego Velasquez，1599—1660）是西班牙画家，西班牙国王菲利浦四世（Philip IV）的宫廷画师，画风写实。

③ 弗美尔（Jan Vermeer，1632—1675）是荷兰风俗画家，亦作肖像及风景画，以善用色彩表现空间感及光的效果著称。

④ 乔托（Giotto di Bondone，1267—1337）是意大利文艺复兴前期佛罗伦萨画家、建筑师和雕塑家，突破了中世纪艺术传统。

《歌德箴言录》。她翻动着书页似乎在读，她在等一个人。外面响起了敲门声。少女读得太入迷了，以至于第二遍敲门声响起她才听见，她站起身来迎接来访者。来者是一位大学生，与她年纪相当，可能还略微年轻一些。他二十一二岁，身材高大、体型匀称，一头金发偏向一侧，戴着一副夹鼻眼镜，穿一件色彩鲜艳的马甲。小伙子读的是现代语文学专业，正热恋着这位姑娘。他把胳膊下夹着的几卷翻破了的皮装书——19 世纪初的英国作家的作品——放在了书桌上。他们握握手，坐了下来。

她：您在讨论课上的报告定在哪一天？

他：还没定下来。还要再查些资料，我准备把这几年的《观察者》① 和《塔特勒》② 过刊拿出来再翻翻。

她：什么事让您这么费心劳神？——为了这些人吗？您做得已经够好的了，今天没有多少人比得了——有人发觉什么地方不对劲吗？

他：可能吧。比方说约阿希姆……

她（打断了他）：啊，是的，因为您什么都和他商量。

他（微笑）：也许不光是因为这个。就算是那样又怎么样呢？我这么做也是心甘情愿的。这种劳动很能给我带来乐趣，我喜欢。研究这些细枝末节真是令人愉快啊。它们让我认识到了许多东西，如果我太懒肯定会错过的。当然我也没有细想过，也不会去深究。

①《观察者》（*Spectator*）是 1828 年创刊于伦敦的一家政治文化刊物，也是现存办刊时间最长的英语刊物，该刊是保守派知识分子的桥头堡，以其切中时弊的时评和尖刻泼辣的讽刺著名。

②《塔特勒》（*Tatler*）是英国的一家著名的文学杂志，也是《周刊》的前身。

我生活得很好——这样的日子我把它叫作"我的科学良知",我也很乐意别人管我叫"严谨的学者"。

她（听到这话很高兴）：您就别那么多顾虑啦，文岑茨，我非常了解您把整理完善您的这些材料看得多么重要，您对这事的态度有多严肃。

文岑茨（一副不以为然的样子，但还是很满意于这番奉承说辞，停顿了片刻）：或许您是对的。当然。（又停顿了片刻）我把斯特恩的书带来了。您看，这事我没忘。

她（接过书，抚摸着封皮）：很漂亮的版本啊。

文岑茨：是啊，这是 1808 年的版本。精致极了。您看过雷诺兹作的卷首插画吗？很出色，难道不是吗？

她：还有其他几幅雕版图，确实是漂亮。您看哪！（她盯着雕版画看了良久）您从这里面读出了什么东西要对我讲？

文岑茨：要不我就从《感伤旅行》（*Sentimental Journey*）开始吧。然后您可以自己读一读《项狄传》（*Tristram Shandy*），如果您有兴致的话。同意吗？（他的英语语调听起来很悦耳，但显然有些夸张。）您听着！（他开始朗读那篇游记的开头，朗读化缘的托钵僧侣的第一段情感插曲，朗读书中对旅行者的幽默分类，朗读购买轻便马车的经过，朗读和一位陌生女子的柏拉图式的情感历险。他的朗读既急迫又紧张，语音清亮纯粹，不夹带任何一点伤感，在伤感的段落他便流露出一丝讽刺的语调，尽管这语调轻微得不易察觉。他朗读的每句话都使人觉得文本中的叙事于他并非十分要紧，要紧的是那些向他迎面呈现、使他满心欢喜的美丽事物，这些事物让他感到愉悦的方式是那种浓烈的情绪的方式，是对他自己情绪的深爱方式。就在他们两人沉浸在阅读中的时候，外面再次响起了敲门声，那声音有力而果断，随之进来的是约阿希姆，他和文岑茨是大学同学，跟那位少女是差不多的年纪，或许他还略微年长一些。他的身材比文岑茨高大，穿一身显得有点寒酸破旧的黑衣服。他的面容尽显刚毅之色，几乎可以说是铁面无私。他就读的专业也是现代语文学，同样爱着这位姑娘。他觉察到了这两人之间有一种安静默契的气氛，这让他颇为不快。他走向这两人，向他们问候。然后他把文岑茨手中的书拿过来）：两位在读什么？

文岑茨（略微局促，一半的原因是约阿希姆的出现搅扰了他们，另一半的原因是他从这问话里觉察到了隐藏的敌意）：斯特恩。

约阿希姆（听见了这话，微笑着）：打搅两位了吗？

文岑茨（也微笑着）：哦，是啊。斯特恩不太合适您读。他的作品很美、很谐趣、很丰富。一点也不循规蹈矩。

她（因为他从中打断有点不高兴）：您两位是不是又想来论战了？

约阿希姆：不是，至少我不想这么干。绝不，至少今天不。（对文岑茨讲）只有一件事您说得不对，别害怕，我不是来论战的，您说斯特恩不合适我读，虽然我并不喜欢他，这点让您说着了。和斯特恩不相配的是这位（他指了一下还一直搁在姑娘腿上的那本歌德的书）您在读斯特恩之前已经读过歌德了？

她（有点感激地，因为终于有人注意到她在读歌德，她因此对约阿希姆变得热情了一点，暗含着对文岑茨的芒刺）：是啊，我读过歌德了，您为什么问这个？

约阿希姆：因为，在您读斯特恩的时候，一定会问歌德对此会说什么？他不会不满于这些一锅乱炖的零碎吗？他读了您刚才读的那些篇什，不会因为它们凌乱、粗糙而蔑视它们吗？您的这位作者把感情依原样写进书里，完全是粗糙的、未经加工的原材料，而根本没有努力地把它们统一起来并赋予它们以形式，哪怕是非常廉价的形式！这样的人不会被他叫作文学门外汉吗？您大概读到过。他对于文学门外汉是怎么说的？您记得吗？"文学门外汉的错误是：妄图把想象力和技巧直接混为一谈。"这句话难道不能被用作对斯特恩的批评文章的标题吗？读者脑子里但凡还保存着对这样的词句的新鲜记忆的话，难道还能够整个身心沉潜到这种无形式的风格中去吗？

她（有点狐疑地，但又想用强装出来的坚定的声音作掩饰）：您说得有点道理，当然，可是歌德并不全是……

文岑茨：我想我知道您要说什么，而且，请允许我帮您说完：歌德从来不是一个独断论者。"让我们悦纳多方面的才艺吧！"他这样说过，您是想引用这句话，对不对？

（她点头表示感激而热烈的赞同，就像在刚才的插曲之前，她的沉默再次表现了她和文岑茨之间的默契，两个男人都觉察到了。）

文岑茨（继续说）："勃兰登堡的小萝卜味道很好，如果它和板栗混合在一起味道就再好没有，可是这两种高贵的果实的生长地相距非常遥远。"类似这样的话我可以引用几百几千句。不！我决不能以歌德的名义来反对这样的享受。不是反对享受！不是反对欢愉！不是反对丰富我们的东西，不是反对给我们的生活添加了新生事物的东西！

约阿希姆（略带嘲讽地）：您这话说的！

文岑茨（在这番挑衅的刺激下，怒意愈发地溢于言表）：好像我什么都不懂一样！您也一样不可能不知道斯特恩对歌德意味着什么！他在谈起他的时候是怀着怎样一种感激的敬爱！就好像是他一生中最重要的经历之一！您不记得了吗？您想不起来他讲过即使是19世纪都应该知道我们还在承受他的恩惠，知道我们能够从他那里借鉴什么？[①] 您不记得吗？他说过"约里克·恩斯特是正在施加着影响的最出色的精神，不管是谁读了他的著作都会立即有美好和自由的感受"，您不记得吗？

约阿希姆（显得非常平静而高傲）：旁征博引不能说明任何问题。这个您和我一样清楚。我知道您可以沿着这个方向继续滔滔不绝地背诵半个小时的引文，同样，您一定也知道，我也可以长时间地引用歌德来支持我的观点。我们俩都可以任意摆布歌德的名言让它们来为我们各自的观点服务，这样我们谁都说服不了谁，因为错误的判断深深地植根于每个人的生命之中，现在我们能做的只有不断地重复真理。我们每个人都可以利用这些同样听命于我们摆布的至理名言来攻击对方，说我们的对手只是简单地一遍一遍地申述他们的观点，而毫不理会我们的观点，便认为他们已经驳倒了我们。不是的！引文可以支持一切观点，到头来什么也不能支持！即使世界文学的所有引文都反对我，在这个问题上我知道歌德还是站在我这一边的。即便不是这样（很多我们做不到的事情，歌德都能做到），我的第一感还是正确的：先读歌德再读斯特恩是方式上的错

---

① 这个意思出自《箴言和感想》，原话是："即使在今天这样的时候，每一个有教养的人都应该把斯特恩的作品拿过来读读，如此，整个 19 世纪就会明白，这些作品嘉惠了我们，也会认识到，这些作品还会继续嘉惠我们。"

误。现在我甚至比刚开始那会儿感觉更正确：同时喜欢歌德和斯特恩是不可能的。那些对斯特恩作品喜欢得要命的读者是不可能喜欢真实的歌德的，也是不可能正确地理解他对歌德的喜爱的。

文岑茨：我想误解歌德的是您，不是我（他看着那姑娘），不是我们。您喜欢歌德的某些东西，只是这点东西在他自己看来完全是次要的。不过有一点您是说对了：我们不要用他的名义来说事。他不可能证明我们两人都对，他只能给我们提供论辩的弹药。无论如何我都觉得，我们俩到底谁正确对他都是无关紧要的。我们俩谁对谁错真的是无所谓。

正确！错误！多么微不足道、多么没有价值的问题！它与真正的要害相去何止千里！生命！充实！比方说，我承认——当然我不会这样做——您是对的：我们都有点自相矛盾。我们刚才所坚持的主题是不太协调一致的——那又怎么样呢？只要我们的体验略微丰富一点点，体验的强度就可以击破所有从外部强行而来的理论。如果要说在强劲的体验之间可以想象一个强有力的、入木三分的矛盾的话，那是根本不可能的。之所以不可能是因为本质的东西正如我刚才重点强调的——在于体验的力量。两件事情可以同时成为我们生活里的一次深刻体验，这种可能性排除了矛盾的可能性。矛盾远在别的地方，在那两者之外，在我们对它们的所知范围之外，在虚空中，在理论中。

约阿希姆（略带讥讽地）：一切总在一切之中，如此说来……

文岑茨（急切地打断他）：为什么不呢？共同点在哪里？矛盾处在哪里？这些都不是作品或艺术家的个性，而是我们自己可能性的界限。在可能性面前是没有假定的。如果可能性不再是可能性，如果它们化为了现实，我们就没法再去批评可能性。统一性的意思是某物保持共处的状态，这种共处的状态就是真理的唯一标准。没有比它更高的裁判了。

约阿希姆：您难道没有看出来，如您刚才说的发展到最后难道不会导致最彻底的无政府状态？

文岑茨：不！因为这里说的不是思考到最后的问题，而是生活的问题。不是体系的问题，而是新的、从不会重复自己的现实问题，这种现实具有这样的特性：每一个后来的现实都不是对前一个现实的继续，而是某个全新的东西，无法被预见，无法用众多理论，无法用"合乎逻辑地想到最后"的套路来捕捉。我们内心的界限和矛盾，就如同我们内心统一的可能性一样。如果我们在什么地方感觉到了这种不可化解的矛盾，我们就达到了自我的边缘；如果我们确定了这种矛盾，我们就是在说我们自身，而不是在说外界的事物。

约阿希姆：这话当然是正确的。但我们不能忘了，我们内心的界限不是由我们自己的虚弱、怯懦或感性能力的缺失，以及我们接受印象的能力而划定的，真正的划定者是生活本身——我们的生活。如果在我们的内心有一个声音警告我们不要越过那界限，那么这就是来自生活的声音，而不是被生活的丰饶吓退的声音。我们感到：我们的生活只是在这些界限以内，界限以外的都是病态和消亡。无序状态是死亡。因此我反感无序，以生活的名义与无序抗争，以生活的富矿的名义与之抗争。

文岑茨（嘲讽地）：以生活的名义！以生活的富矿的名义！听起来真美妙，只要您不准备把你的理论应用于实际。一旦您从永恒抽象的孤独王国里提炼理论，它就成了对现实施暴的理论。您别忘记我们是在谈斯特恩，您提出了反对他的意见，而且是用生活和生活的富矿的名义？

约阿希姆：是的。

文岑茨：可是您没注意到，这正是斯特恩不可触犯的地方？即使我们不承认斯特恩在这个世界上的一切，但是这几样东西却是从他那里夺不去的：丰沛、充实（Fülle）、生活。我不想谈论他作品里的不够大气的风格上的华丽修饰（Bijoux）何其丰赡，也不想谈他作品里最小的生命启示里沸腾酣畅的繁盛景象。您只要想一想《项狄传》里几个人物的元气淋漓的生活（das strotzende Leben），您再想一想这些人物彼此之间千万重色泽光照下的关系！海涅尊他为莎士比亚的兄弟，卡莱尔对他的爱不啻对塞万提斯的爱。赫特纳①把项狄兄弟的关系比附为堂吉诃德与桑丘·潘萨的关系。他还看到，在斯特恩那里这层关系更深化了。您难道不觉得，经过这样的深化，生活变得何等的丰沛繁盛？西班牙骑士和他那位矮胖的侍从肩并肩地站在一块儿，好比演员和舞台布景，每一方对于另一方都只是单纯的背景。他们两者相得益彰。当然，只是对我们而言。一个神秘的命运已经把他们紧挨着置放到了一起，带领着他们肩并肩地穿过了整个人生。一个人的每一次人生体验相应于另一个人的全部生命时刻就是一面夸张的哈哈镜（Zerrspiegel），而这持续不断的扭曲镜像就是生命本身的象征——人们互相之间永远

---

① 赫尔曼·尤里斯·泰奥多·赫特纳（Hermann Julis Theodor Hettner，1821—1882）是德国文学历史研究者，艺术史学家，同时身任博物馆馆长。

无解的不充分关系的扭曲形象。很好，但是您记着：尽管如此，堂吉诃德与桑丘·潘萨彼此之间没有任何关系，至少作为人的存在他们之间是没有关系的。他们之间没有交互影响，只有通常存在于一幅画里的人际的影响：一种线性的、色彩的影响，而非人的影响。杜米埃[1]能够用纯粹的线条来表现他们的全部关系和他们全部的性格。这样一种说法听起来未免太悖谬了：塞万提斯所描写的一切，他让他的人物所经历的所有冒险，一切的一切都只是对这些图画的释读性文本，只是一种理念的发散，对先验生活的一种发散，这种先验的生活在活力和生命力两方面都胜过了真实的生活，这是可以通过线性的关系来进行表现的。您也知道，如此表现这两种命运关系说明了什么？这说明，这里的意义在于其纪念碑式的不朽性质，也在于塞万提斯所构思的强度界限。在他的人物中有某种脸谱化的东西：一个高大，另一个渺小，一个修长，另一个矮胖，他塑造的每一个类型的存在都是绝对的，是从一开始就排斥与他对立的人的。这就是说，相对性、他们关系的波动只能在生活里、在冒险里被发现，同时这两个人物并没有分离。他们对于生活的态度是统一的，他们的性格是脸谱化的，在他们之间不存在融洽协作的成分，也不存在接触的可能性。

斯特恩把这种相对性带进了他对人物的观察中。项狄兄弟既是堂吉诃德，又是桑丘·潘萨。每一个片刻他们的关系都在不断地刷新、翻转，然后变回自身。他们都参加了风车大战，每一个人又都

---

[1] 奥诺雷·杜米埃（Honoré Daumier，1808—1879）是法国画家、雕刻家、版画家和漫画家。

是旁观者，迷惑不解而又清醒地旁观另一人徒劳的、无目的的战斗。把这样的关系还原为哪个公式是不可能做到的。项狄兄弟没有戴上一种持久不变的世界感觉的典型面具。他们的所作所为，他们所自认为高贵骑士的子孙的行为方式，都在高贵而奇异的非充分关系之下成了次要的东西。如果说瓦尔特·项狄在处理事务方面极端低能就是理论家在面对现实时永远的虚弱无力，这么说并不有失公允。我知道有人说过这样的话，但也许还没有人用足够的精度和深度表达过这一关系的强大的象征意义。这本书里真正深刻的是人与人之间的关系，不是具体的个人；真正深刻的是包容一切的多元性，和他们所构造的圈子的丰富性，虽然这个圈子甚至只有两到三个人组成。两兄弟之间的关系何其丰富！别的不说，就说他们是怎么意识到彼此互相归属，他们所共有的那种内心一致的感觉（该感觉深藏于思想不能通达之深处），就是这样的感觉要把他们永久无望地分开，于是剧烈的痛苦在他们的内心震颤着，这一切难道不够惊心动魄吗？他们不时地努力去分享对方的堂吉诃德式的思想和性格，但在别的时候他们又想纠正对方的荒诞——这正是他生命里的内容，这些又是多么动人心魄！但是让他们的关系不显露为一种奇异的滑稽情形是不可能的；通常要使用这种力量：从大笑声中让人听出笑的原因，灵魂不能深刻地相互归属只是这大笑的微弱陪衬。我不知道，这样的文字游戏如何化转为《项狄传》世界里的生活象征，这是不是能打动了您？这是一种仅仅是暗示性的、传播性的语词特性的象征，是只有当倾听者体验过同样的事情，语词才能传播此体验的象征。

项狄兄弟跟对方讲话，但并不是对着对方讲话，每个人都只专注于自己的想法，听到的也只是对方嘴里说出的话语，而不是对方所表达的思想和感受。每个远远地触动他思想的语词即便使这些思想运动起来，这些思想也马上就停止下来，而对方则是捡起了线头，沿着自己的思路继续思考下去。这里的文字游戏只是在交叉道路上，互相寻觅对方、又不能认出对方的两个满怀痛苦的人彼此擦肩而已。瓦尔特·项狄跟他妻子的关系也是类似的，满载着同样奇异、悲伤的痛苦和忧郁的欢乐。他对妻子满怀着哲学家式的痛苦，她从来都听不懂他说的是什么，甚至意识不到自己根本不能理解他，从来没有对他发问，也从来没有为他而发怒或激动。最复杂的思想官能都不能把她从安静的惰性里触动起来，这种惰性使得她安然接受那位哲学家（她的丈夫）所说的一切，接下来事情就如她所愿地发生了。哲学家写了一本应当怎样抚育他的儿子成长，并且要摆脱母亲的影响的书。在他写书期间，理所当然地是由母亲来抚育儿子。几段既悲伤又令人高兴的满意情景：比如妻子想偷听"托比大叔（uncle Toby）"和"瓦德曼夫人（Mrs. Wadman）"的偷欢场面，她跟丈夫说她很好奇，是否可以偷听，心情不错的哲学家回答她："要名正言顺，亲爱的，只要你愿意，就从钥匙孔里偷看去吧。"另一个重大的缺陷在于"托比大叔"粗朴的大善心，可是他的善心对生活和世人毫无所知，面对着一切现实，"托比大叔"彻底的无助在那些最简单、最普通不过的人群之中引起了最痛苦的迷惘和最大的误解。然而就在彼此不能理解的黑夜，却闪耀着共同交流的微光："托比大叔"和他的仆人"特里姆下士（Corporal Trim）"，后者曾和他一起在军队里服役，两人的理解力都同样有限，但是他那种与生俱来的被动、服侍人的善良天性使他不假思索地听从他原来的上尉的一切胡言乱语。在整个世界上只有这两个痴人是互相理解的，而且他们之所以能互相理解恰恰是因为机缘巧合，他们都有同样的妄想（Zwangsidee）！

斯特恩看到了这个世界，看到了这个世界里产生的富足，以及这个世界里令人深深地悲伤的东西和可笑的东西，后两者又是密不可分的。他看到了富足，看到了这个被全面性（实际上只有两面）绞缠起来的圈子把这样的富足化为己有：哭变作了笑，笑里面产生了哭；由于这样的全面性生活成了真实的生活，我真的都没一点办法去平和地对待这样的生活，因为我不能一下子同时占据生活外围的所有要点，并从这些要点上来观看这个圈子的中心。（停顿）

少女（突然地）：真美啊！中心……（文岑茨望着她，等着他期待中的欢呼鼓掌；然而少女脸红了，因为她发觉自己失言了；一阵强烈的惶惑）是的，中心的理论……浪漫主义的中心理论……

约阿希姆（同样很窘，他觉得，考虑到他所有的信念，特别是眼下的情形，他必须从抽象形式的原则出发来回击文岑茨，而他还不知道怎么样去回击，这是他发窘的原因。千万种想法涌上了心头，可是他知道，面对少女美妙而真诚的兴奋，任何反驳都是微不足道的。他还担心，他会从根子上败坏少女的兴致，尽管她认为他的反驳不值一提；但另一方面他明白，恰恰是出于同样的原因他必须挺身反对，而且不能容许文岑茨所召唤出来的情绪落地生根。于是他轻轻地低语，有点不那么自信，时不时地稍作停顿）：很美，是的……很美……如果这部小说……如果它是这样……如果它真是这样……或许将是一部非常棒的小说。

文岑茨（实际上也很窘。他在空气中都感觉到了言之有理的反驳——因为他了解约阿希姆——他还预感到，攻击大致会从哪个方向袭来。当然他还不能确定攻击是什么样子，更不知道应该怎样捍卫自己的观点。他模模糊糊地觉得自己把话扯远了，然而他也感到为了这个姑娘不能放弃他的激情。所以他忐忑地、断断续续地说出了一番支离破碎的言语，这番话的形式已经表明他是随口说出来的）：或许将是！可笑！（他努力让谈话尽可能地远离形式问题。）您其实非常清楚，我从这无限的富矿中只是展示了少量的细节。或许将是！可笑！

约阿希姆（同样地不确定，小心翼翼地）：是的，您没有说出这些作品里全部的东西，当然您一定省略了能够强化您的激情的大量内容。（那位少女刚才一直满怀兴奋地注意倾听文岑茨的发言，此刻却明白了，他们的讲话内容恐怕是有疑问的，她一时之间不愿表态，头部晃动了一下，显出一丝不快之意，原因就是，刚才她对文岑茨兴奋地表示了赞同，约阿希姆就把她和文岑茨看成同一伙人了。约阿希姆把这个举动理解成了对自己的支持，于是更畅快地说了下去——同时他觉得少女之所以不高兴，问题是出在了他自己身上，是他把她置于了这个令人不快的情景中。）请您别忘了，很多其他事情您同样是提都没提！有些东西您搁置不提，我认为，对您的观点是非常有利的！

文岑茨（和约阿希姆一样误会了姑娘的举动。他的话说得更激烈了，为的是重新夺回眼看要离他而去的气氛上的优势。）：我想我明白您这话的所指，可是，对不住，我认为您的指责是过于小题大做了。

约阿希姆（打断他）：我的话还没说完……

文岑茨（径直说下去）：您大概是这样认为的，《项狄传》将会成为多么出色的小说，假如斯特恩写了的话。您还认为凡是有损其完美的东西我都故意忽略不提，完完全全歪曲了斯特恩……

约阿希姆：可我——

文岑茨：对不起，请您稍等一会儿。您一定是想到了斯特恩枝节性的东西，想到他与主题看似无关的插曲片段，想到他硬生生插进来的荒诞不经的哲学片段，还想到了其他许许多多——我知道。可是如果您第一眼看到所有东西都错了位——也许只是出自一个先入为主的、过于理论化的视角——就认为这有可能干扰了创作的构思，有损于作品的伟大，这样的看法何其肤浅！您想一想，在您只看到迷惘和无秩序的地方，说不定就隐含着深刻而真实的意图，只是这意图您可能还不甚了然。我相信斯特恩很清楚他在干什么，他有他的平衡理论，必须承认，这种平衡理论当然是非常个人化的东西，他在《项狄传》里面这样写道："要保持智慧和愚蠢之间应有的平衡，没有这种平衡，一本书连一年都挺不过去。"我相信我知道这样的感觉需要的是什么样的平衡思想。您让我想起了我是怎么评说他对人的全面性观察的。他的方法是唯一的——是不是唯一的又有什么关系呢？——无论如何对于把这些人物汇聚到一起，并使他们运动起来的目的而言，他的方法是极好的。也许我可以用最简单的话来界定这个方法：一件事实，围绕着该事实的一切秩序紊乱的大群联想，也就是该事实所唤起的联想。一个人走过来了，说了一句话，作出一个举动，或者我们仅仅是听到了他的名字，然后他就消失在印象、念头、情绪的雾霭中，这团雾霭是缭绕着他的周身而升起的。他消失了，这样我们的全部思想就能够从所有的方向绕开他，即使他再次出现时，他从前在我们心里所引起的多样性遭到破坏，在这新的一刻却涌现出了同样的富矿，通过对先前的回忆显得更加丰赡。当小说家看见他人物的姿态时，这就是他的心灵状态；当他思忆他的经历，整理他的回忆时，这就是日记作者的心灵状态；当他准备追踪体验他所陌生的人物时，就是一个真实读者——不仅仅是阅读印刷文字的读者——的心灵状态。有了这样的技巧，我们在生活中就能了解所有的人。

约阿希姆（语气还是有点不确定，说话过程中情绪慢慢地激昂起来）：您说的或许有点儿意思。然而我的感觉告诉我的还是跟先前一样：这部小说本可以写得非常好。因为您在重复同样的事情，您忽略一些事实以便支持斯特恩以及您的观点。您在谈论斯特恩的时候，仿佛只是揭示了他在杂乱的表面背后所隐藏的内在固有的节奏，您只是从中提取了您能够以一己之力赋以韵律的东西，其他的一概抛弃不顾，也许您自己也没有察觉到。

文岑茨（不安地）：这不是事实。

约阿希姆：就举一个例子说吧——这还是一个有原则性意义的例子——很多已经消亡，今天没法阅读的段落足以证明我的观点。我曾经在一位英国文学史家那里读到，斯特恩在使用"幽默"这个词的时候用的是它的过去的含义，也就是伊丽莎白时代的义项。真是的，否则在那些单个人物那里，那些盲目状态和痴人呓语的永恒旋律是什么呢？"摇动木马的马（Hobby Horse）"，这就是本·琼森（Ben Jonson）这个人物的"幽默"？人物稳定不变的个性，如此强有力地安居于一切之中，并通过他所有的行动表现出来，于是它几乎不再是一种特质，似乎他所有的生命外在表现都只是这种

"幽默"的特质或属性？不是人拥有个性，而是个性拥有人。我可以说："幽默"是一副面具，这副面具是从古老的、尚且完全是隐喻式的（allegorisch）文化中遗存下来流传至今的，那时的生活和戏剧都是被类型人格化了的：它是这样一种文化，人的整个天性都被镌刻进了铭文和警句之中。只要戏剧还在进行，他就片刻也不能走出来，他必须忠实于类型。顺便说一下：每一副面具，哪怕它磨损得再破旧，再破绽百出，就像斯特恩的人物所持的面具，也都足以抵挡人物之间的互相影响。所以，从原则上说斯特恩没有超越塞万提斯。

文岑茨（带着胜利的得意）：请您不带偏见地回顾一下您刚才说的话。我没有把他跟塞万提斯作比较。脸和面具互相排斥只是理论上说说；事实上它们只是简单的两极，我们很难精准地说出从一头到另一头的过渡如何进行。

约阿希姆（迅速反应地）：能说啊，就在这里啊！

文岑茨：我说过了，这个问题不重要。您难道没有注意到，您所说的关于"幽默"的一切正好补充了我刚才对他的人物观察的定义？只不过您（略显嘲讽地）也正式地论证了我的所见， c'est votre métier①。您说的"幽默"就是核心，斯特恩为了给生活正名，从无限多的视角所展现的一切都围绕着这个核心。而我，即使不想专门谈它，也必须以它为前提，因为没有它一切就会从自身内部土崩瓦解。如果我能对此作出定义的话——您刚才已经这么做了——，我就要让一切事物之间的关联更加稳固，让这个世界的实体更丰富，使得其组

① 法文：这是您的职能。

成材料更多元化。因为在这个世界里既有恒定不变的质料，也有持续变化的质料；我们只有用抽象的方法将它们彼此分开；譬如我们为了自己视觉的需要，用空气、光线和阴影塑造了一张脸，这些材料都围绕着这张脸。

约阿希姆：我说过我不想争吵（文岑茨微笑，约阿希姆稍作停顿继续说了下去）——我也没吵过。（文岑茨再次微笑，他的目光落在了姑娘身上；他看到她没有跟着他微笑，一时之间他感觉到：原来我们俩人都远远地偏离了她，距离相等！他吃了一惊，想要赶快结束争论。于是，他不耐烦地听约阿希姆讲，等待时机表达自己的情绪。而约阿希姆还在继续说。）我只要说明一个观点。我们刚才所谈论的一切是多么美好！——如果真是这样的话。如果您所称之为斯特恩的方法果真是他的方法的话；如果斯特恩看待他的人物的视角多少跟您一样的话。对不起，请别打断我！"用同样的视角看待"这个概念您想怎么用就怎么用，但是您在这么做的时候，请务必考虑一下某种方式的观看，没有这个观看就不存在艺术！然后您就运用这种观看吧，您将会看到，您到底能走多远。斯特恩对此是了然于胸的。当他在说及老托比的仁慈心肠的时候，他觉得他不能用描写托比在建造城堡时如何胡闹的方法，来描写他无辜的生活谎言，他意识到运用他那个"摇动木马的马"的方法是行不通的。

文岑茨（说话显得不安而急躁。他急于结束论争，因此他现在不得不抛出一个他自认为能解决一切争端的观点。他说出的每个词都事与愿违地把他带到远方，但他感到想只用几句话来扼要阐明自己的观点变得异乎寻常地困难。）：您又用那种没完没了的计算来追究斯特恩对权威的挥霍！而且总是老一套，没完没了的计算！斯特恩恐怕会相信他在他的方法里自己都会发现一个错误——其实并不存在的错误。您不觉得，在"托比大叔"身上这两个显著特征结合得何等深刻，深刻得难以言说？斯特恩的权威一下子就看到了一个方法的千万种可能性和局限性，就这一点来说，他是在把玩他自己方法的自然局限性，每一种方法的自然局限性。斯特恩的权威……

约阿希姆：不如说，他力不从心！

文岑茨（最不希望这句插话。结束这场争论的决心变得越来越弱，他自己越来越深地陷入了争论，把其他的一切都置于九霄云外。此刻他带着更"客观"、更强烈的愤怒说）：不对！您怎么能这么说？我们应该能区分把玩与软弱、自主放弃（Wegwerfen）和无意放弃（Fallen-lassen）。

约阿希姆：当然，可正因为如此——

文岑茨（打断他）：是的，可是我在这里看到了和他所有作品里的素朴确定性同样的精巧之处。打破其统一性只是为了让人更强烈地感觉这统一性。（在破坏统一性的同时还在一边感受它，能够把玩：这就是唯一的、真实的权威！）然而，我们还是我们，事物还是事物它们原来的样子。在游戏过程中，两者都通过游戏获得了升华。斯特恩总是反复地把玩最困难的人的概念和命运的概念。他的把玩并没有让他的人物和命运离开它们所处的位置，只是像海浪冲击岩石一样逼近它们，然而岩石却异常稳固，海浪越是猛烈地从四面八方冲向岩石，我们就越强烈地感受到岩石的稳固，由此这些人物和命运获得了一种难以置信的厚实。然而，他仅仅是在把玩它们！仅仅是他的把玩意志给它们赋予了厚实，假如他不能收回他所给予的东西的话，那么这个意志就比他的孩子们还要坚定，只要他愿意，他可以在任何时候挪动他们，把玩他们的重负。您居然把这种无限的力量叫作——

约阿希姆：力不从心。是的。因为在这种情形下我们都要问一问：作者把玩什么？什么时候把玩？为什么把玩？是在作者无须走得更远的地方把玩，还是在他无法走得更远的地方把玩？无法控制住迸涌四溢的力量真的就是他为之把玩的原因吗？或者这一切只是巧妙地掩饰了他的软弱？因为您可以看到，在这个世界上，没有什么比权威的把玩姿态能够更成功地掩盖无能了。而且，我忍不住要说，我从斯特恩的姿态中感觉到某种东西，某种不是力量的东西。每一次把玩，只有在它貌似为把玩而把玩的时候它才有存在的理由，因为这个时候的把玩是脱胎于力量而不是脱胎于无能。直到——是的，直到一切都已说尽，我们才可以不再高喊"这些空谈所为何来？"而进入游戏。我从来没有过这样的印象：斯特恩没有哪一次把什么都言说到头。如果您拿得出一个事例出来也许能让我改变看法，认为您说得对。但这仍旧是表面现象。因为您在托比的性格中所看到的统一性，至多只存在于您的内心。也许它也存在于斯特恩的幻想中，我甚至相信这一点。但是我不承认它存在于作品中。在生活中人们可以，而且也应该不断地调整自己观察事物的视角；绘画作品以一种权威的方式向我们指示观看它们的合适地点；可是我们真的到了那个地方，该作品的权威就荡然无存了。如果有必要，我们可以在这儿看这一部分，到那儿看那一部分，于是这就不再是权威的结果，而是无能的后果。我在这里感觉到他的力不从心，就像在读这位作家别的作品的时候常感到的那样。在别的很多方面同样如此……

　　文岑茨：比如说呢？

　　约阿希姆：比方说，他的作品从没使我们餍足。

　　文岑茨：当然他是有心为之的——

　　约阿希姆：不是每次都这样。我甚至可以说，这只是极端罕见的例外情况。您别以为我对这些段落的幽默毫无体察，比方说特里斯坦姆在经过漫长的准备（这样的准备不断地加强悬念）之后，终于来到了不幸爱人的坟前，只是为了以泪洗面地体验伤感的情怀，然而他忽然发现，那座著名的坟茔根本就没有。不，我思考的是这样的段落，我只需举一个小小的例子——他在一篇已经开了头但永远不能结束的短篇作品中，穿插了一段很精巧而又特别长的插曲，是关于特里姆下士和比利时修女的爱情插曲，接下来用了一个非常软弱而乏味的句子使得前面的精心铺垫所产生的效果化为乌有。柯勒律治①极其欣赏斯特恩的绝大部分作品，然而他对托比和寡妇瓦德曼的大量偷情段落的评价是"愚蠢、令人作呕"，我也有同感。无处不是如此，只要一到关键时刻，他就把最重要的东西放弃掉，把它变成一场游戏。因为他没有严肃文学的塑造形式的能力，所以他就装作他不想这么干。

　　文岑茨：您忘了，我们今天拿来的两本书都是断片。谁知道斯特恩会把"托比大叔"和"瓦德曼寡妇"的小说怎么续写下去，如果他活得够长，有能力写完的话。

---

① 哈特利·柯勒律治（Hartley Coleridge，1796—1849）是英国作家，诗人塞缪尔·泰勒·柯勒律治（Samuel Taylor Coleridge）的长子，使他成名的是未完成的《普罗米修斯》和十四行诗。

约阿希姆：我不是说了，他也活不到这么长吗？他当初的构思就是把作品创作成断片的，如果他有过构思的话。他有一次开玩笑说——克尔在评论《格德唯》（*Godwi*）① 时引用过这个说法——如果出版商跟他签署对他有利的合同，他就愿意把小说无限地接续下去。

文岑茨（刚刚落下的话音让他感觉到了约阿希姆的傲人之气，因此更急切地等待对手露出破绽，于是他全神贯注地听他发言）：当然，如果您是以那种方式解读的话，那么的确如你所说，可您要是改变一下阅读方式，并且……

约阿希姆：您误解我了。请您相信我，我当然清楚这只是一个玩笑。可就在这些玩笑的背后我看到了斯特恩的姿态，前面我说过这样的姿态。斯特恩在这里只是朝着一种有别于他一以贯之的方向来显露他的玩世不恭，我相信，这也正是他展示谐趣权威（嘲讽地）的那种技巧。他在这里暴露了他本人和他作品的弱点，您刚才说得很对，这样的弱点不是弱点。他这么做只是为了把我们的注意力从确实存在着的另一种形态的真实弱点引开。他绝不愿意让我们感觉到他的力量。他在这里表现得目空一切、玩世不恭，因为我们可能看不出来，即使他真想创作的时候他也是回天乏术的。

文岑茨（感到约阿希姆的优势仍然强于自己，但他不愿居于下风，于是又把争论引向了关键的几个要点）：您刚才引用了《项狄传》里的几句话，可是您忘了交代克尔是怎么论说的——

约阿希姆（印象中似乎他已经说完了他该说的内容，对一切言

① 指阿尔弗雷德·克尔关于布伦塔诺的小说《格德唯》的博士论文（创作于 1898 年）。

说感觉到强烈的抵制，哪怕只是随便说说。在文岑茨高谈阔论的时候，他专心致志地看着那姑娘，刚才在发表那一番宏论的时候他忘记了她，文岑茨先前的情绪这时又突然占据了他。于是他漫不经心地说）：因为我认为那个不重要。

文岑茨：但那个很重要。这里的问题是，您诟病得如此厉害的作品到底应该怎样来表现。这样的表达需要的是灵魂基础，有关于此种灵魂的基础是无须争论的，只有当这些基础稳固了，争论才是有意义的——关于艺术家是否能、怎样能，以及为什么能成功地表现它们的争论。您一定记得，克尔在讲浪漫派的反讽的时候几次引用了斯特恩。他展示了浪漫派反讽发展史的几个主要阶段，从塞万提斯经斯特恩、让·保罗直到克雷蒙斯·布伦塔诺。浪漫派反讽的主题是"诗人的任意性不能忍受法则施加于己身"。斯特恩表达了同样的思想，他把第九卷的第十八章和第十九章提取出来，安插进了第二十五章之后。他说："我的全部愿望是，它能够对全世界提供教益，让人们能够按照自己的方式讲述自己的故事。"就在刚才，您把这种任意性叫作力不从心。我能够理解，您从您自己的立场出发一定会这么看的。您这样的观点里不但掺杂了太多的教条主义因素在起作用，而且对事实施加了太多的暴力。有可能斯特恩不想创作的原因在于他没有这个能力（用您的话说），然而这里的问题是，他到底需不需要这样的创作能力？如果他的世界观、他的生活启示的直接形式、他感受和表达这个世界的方式是由无尽的主体性以及浪漫地与一切事物把玩的方式构成的，那么这样的能力对他来说算得上重要吗？每一位作家和每一部作品只给我呈现了从镜子里反射出来的镜象，这面镜子值得把世界里的所有光线反射回去。

约阿希姆（实在不想说什么；但是不予理睬对他来说也不可能，于是他在听到"值得"这个字眼的时候强烈感觉到自己的观点占了上风，文岑茨虽然是无意识地肯定了他，还是忍不住打断了他）：是啊，一面镜子，值得……

文岑茨：如果我们回到对世界的观照，如果我们成功地理解了对世界的观照的定义，那么您关于他力不从心的所有质疑就都失去了说服力。那么问题就只能是：感受到这种力量的强度，享受并喜爱它们的效果。斯特恩对这一切的权威把玩就是对世界的观照。使得一切象征明晰化，解决了象征（Symbolik）里的全部悖谬并不是征兆（Symptom），而是一切事物的秘密中心。所有的浪漫主义反讽都是对世界的观照。它的内容总是自我感觉向神秘的万物感觉的升华。您想一想《雅典娜神殿断片集》，想想蒂克、霍夫曼和布伦塔诺。您不是记得蒂克在《威廉·罗威尔》（*William Lowell*）里那段非常著名而优美的诗句吗？

> 万物存在是因为我们想过它们。
>
> 世界沐浴在朦胧的微光下，
>
> 我们带来的一道微光洒进了它们的幽暗的深洞：
>
> 为什么这世界不碎裂成千万片凌乱的碎片？
>
> 我们就是命运，维持它们完整的命运。

您难道感觉不到一切源发于这样一种生命感觉的东西何其崇高地升华为游戏，又是何等屈尊俯就地自我贬低为游戏？一切都很重要，当然因为这个创造了一切的自我从一切之中什么都能够创造出来，然而出于同样的原因，事实上没有什么东西是重要的，既然这个自我从一切中什么都能够创造出来。事物消亡了，只有它们的灵魂的可能性还保持着活力，只有在那样的时刻，独自捐献出生命的自我任由它的阳光洒在其上。难道您不觉得，若没有斯特恩和他的先驱者和后继者，这样的感觉是得不到充分的表达的：浪漫派的反讽？权威的游戏？游戏是对上帝的礼拜，每一件事物都像神圣自我的祭坛上的祭品一样发出炽热的光华；游戏是生活的象征，是唯一重要的生活关系的最强劲的表达，是自我和世界关系的最强劲的表达。这就是唯一的权威的价值评估：整个世界上只有我真正地生活并把玩着一切，因为我有能力把玩一切——因为我对于这个世界上的一切事物能做的就是把玩。难道您感觉不出这种权威所表达出的忧伤的骄傲？感觉不出在这君临天下的神气中隐藏的断念？或许你也甚至感觉不到他姿态里最后的权威？依着这种权威，他用他游戏的木杖击打在我们古老忧伤的岩石上，最深刻的欢乐的源泉便汩汩流淌①。是的，每一部作品带给我们的只是世界的镜象，但是真实的主体性的诗人借助于主体性的这种表演使我们获得了一幅更真实的图景，比起那些声称凭着严肃的尊荣在空荡的阴影中重新获得鲜活生命的人，该图景更真实。

约阿希姆：您两次把镜子用作诗人为世界赋形的象征，然而在第一次的时候您给这个词送了一个诨名，根据这个诨名我要回到斯特恩这里来，您的发言就是从这个诨名那里开始离题万里的。

文岑茨：我可是一直都在谈论他，只谈论他！

---

① 此语化用了《圣经·旧约》里的典故：摩西带领犹太人走出埃及，走到利非订，百姓没有水喝，便与摩西争闹，上帝吩咐摩西以杖击打磐石，叫水从干裂的磐石中流出来（《出埃及记》17：1—7）。

约阿希姆：您想要将艺术家的批评起点从争论中清除出去，可是您完全不自觉地——我可以引用您自己的话——被迫允许这样一种批评的可能性。您说过，光线会从一面值得反射所有光线的镜子反射回来。"值得反射"，这话是什么意思？我想要问的是谁有资格对我们言说。难道这里不也有界限，这里不也有值得和不值得的问题吗？

文岑茨：您太夸大这个诨名的重要性了。

约阿希姆：也许是您低估了它的真实意义了。

文岑茨（不耐烦、咄咄逼人地）：您刚才明明听到我是怎么讲述项狄兄弟是如何互相倾听的。在他们的口中一切都成了文字游戏，因为您听到的只有语词，这是您组织重新反驳的机会。

约阿希姆（也有点不耐烦）：可能是吧。不过在我看来，这里唯一的重要问题是哪一部分的人性的自我值得充当反射我们这个世界的全部光线的镜子。

文岑茨：完整的自我！否则就毫无意义了。否则显示为"风格"、显示为"真实的被赋形者"的东西就是伪造，就是有意识的或胆怯的遁词。

约阿希姆：是的，当然必须是整体的自我。问题是，是谁的整体？我只能通过简要的说明让您明白，所以您得原谅我这看似独断论的说法。康德在"理知（intelligible）的自我"和"经验的自我"之间作过区分。用最简单的话说吧！艺术家可以表达他的整个自我，而且他还必须这么做，但他表达的只是"理知的自我"，而不是"经验的自我"。

文岑茨：那是空洞的独断论。

约阿希姆：恐怕并不完全是空洞的。既然您这样要求，让我们再细看一下完整主体性的合法性。为什么它存在，它有什么用处？也许它唯一的存在理由（您刚才的话里面已经有所暗示了）就是：没有它的存在我们就永远没法了解真理。也就是说，它的存在是通向真理的唯一道路。然而我们不该忘记，它的存在只是通向真理的道路，而不是这条路的终点；只是一面镜子，反射光线的镜子①。

文岑茨：您何必颠来倒去地翻腾这个字眼！

约阿希姆：因为这个字眼是美好的、蕴意丰富的。您看借助它我表达得也许比我想说的更准确，更易于理解。自我是一面镜子，它在我们的面前把世界的光线都反射了回去，并且，我们都同意它应该反射回所有的光线，不是吗？

文岑茨（不耐烦地）：是的。

约阿希姆：那么您看，整个问题可以用很普通很简单的图像来澄清，这样一来关于镜子的哪个部分把光线反射回去的问题就好回答了。当然是整体！但还有一个疑问——为了反射回所有的光线，为了给世界呈现出一个完整的镜象，这面镜子应该是什么样子的？

文岑茨：大概是哈哈镜吧。

约阿希姆：有可能。但这面镜子不能有暗影。主体性的最高力量是，只有它能够传播真实的生活内容。但还有这样的主体性——在我看来斯特恩的主体性就属于这类——它并不是用人所不及的强大张力去表现这唯一的本质性的东西，而是把自己当作一道屏障竖

① 此处似是化用歌德《色彩学》里的观点："重要的是光线照亮的事物，而不是光线本身。"

立在我和生活内容之间，于是每个重要的和真实的主体性就由于它们的缘故也是在它们的作用下消失了。萨克雷——

文岑茨：您不会又要引用他了吧？

约阿希姆：我可以想象，您不喜欢他关于斯特恩的评论，他那些充满市井气的很多道德论调我也很不满意，但是在我看来，他和我观点一致的地方还是更重要一些。"他以他那永久的不平静和他对我的发笑功能或情感功能所发出的不安的诉求使我感到身心疲惫，"萨克雷写道，"他总是盯着我的脸，观察他的效果。"您看，这里交代得多么清楚，斯特恩以及跟他类似的作家让我如此生厌的地方在哪里。他们的手法过于生硬，对真正有价值的东西没有感觉，哪怕事关他们自己的想法，甚至对此他们是最没感觉的。他们认为他们的灵魂具有传播的力量，因此，他们的灵魂就是重要的和有趣的，于是对他们偶然的、无趣的本性的每一个偶然的、无趣的表达都是同样重要的、有趣的。他们在各自的幻想和我们的讶异之间挤来挤去，他们添加的琐碎的小东西破坏了他们的伟大，他们那种空洞的表白损害了他们的深度，他们那种期盼结果的露齿微笑破坏了其效果的直接性。

文岑茨（想要说点什么）。

约阿希姆（急速地继续说）：我知道，您在想什么。可是我现在不想谈那些象征性很强的少数段落，也就是斯特恩竭力突出表现自己的段落，就像您说的，"一场大表演的象征"；我现在要谈其他的很多段落，即他预期的象征效果受到阻碍的段落。我也不多谈产生于他的这一态度的个别案例，不想谈由此所产生的后果——在风格和伦理上的堕落。他贯彻始终的卖弄风情吞噬了他所有的意象和比喻，没有一行字不被染毒。他的观察、体验和描写总是让我想起尼采对心理学家们的道德提醒。 "不要玩谣传心理学（Kolportage-Psychologie）！不要为观察而观察！这会让你视觉错乱，变成斜视：人因此得了强迫症、爱走极端。为了体验而去体验是不会有好处的。人不能在进行体验的时候观察自己，不然，每一缕目光都会变成恶意的目光。"您看，我在斯特恩的每部作品里都感受到这种谣传的东西和极度的低俗（tiefe Unvornehmlichkeit），尤其是在约里克（Yorick）写给艾丽莎（Elisa）的信里面。这不单单是针对作为一个人的斯特恩的反感，虽然我相信这种情绪是完全合理的，而且也是我们能对他的作品所能提出的最深刻的艺术上的指责。他的作品是无机的、断片式的。并不是他没有能力创作好这些作品，而是他无法区分价值和无价值，他也无力作出抉择。他不构思自己的作品，因为他缺少每一种方案的最基本的前提条件，缺少选择和评判的能力。斯特恩的作品是一堆未经筛选的杂乱混沌，没有形式，因为他能带着这样的东西无穷无尽地走下去，他的死亡只意味着创作的结束，而不是创作的完成。斯特恩的作品是没有形式的，因为它们能够扩展到无限；然而无限的形式是没有的。

文岑茨（语速急促地）：不对！

约阿希姆：为什么？

文岑茨（本希望结束这场争论，然而刚才这一席话让他不安起来，他至少要努力把姑娘争取进谈话中来）：不管我现在说什么，您都会认为是自相矛盾的，可是您（他转向那姑娘）肯定能理解我的意思。

姑娘（非常感激有人重新理会她了，但是在某种程度上又担心因暴露而成为攻击的目标；可是自己总得有所表示，于是说道）：
您说的是无限的旋律，对吗？

文岑茨（略显尴尬，因为他觉得这个提法等于什么也没有
说）：大体来说是吧。

约阿希姆（完全沉浸到讨论中去了，发觉姑娘的讲法完全是空
话，在他的"客观"的激动情绪的支配下，他迫不及待地在文岑茨
开口的同时喊了出来）：无限的旋律？！

姑娘（很受伤害）。

文岑茨（很自然地马上察觉了，当即占据了这个观点的高地，
并牢牢地抓住了这个机会）：是的，无限的旋律，生活的象
征。——您是这样想的吧？

姑娘：当然。

文岑茨：无限的旋律是向着无限进取（Ins-Unendliche-Greifens）
的象征，是广袤无际的生活的象征，是生活的巨大财富的象征。无
限的旋律只是一个比喻，然而却是一个深刻的比喻，以它如此简明
扼要所暗示的内容，寻常人物用十倍于此的言辞也不能道尽。尽管
如此我还是想试着解说一下我们对此的理解。

约阿希姆（他自己最后一句话出口的时候已经马上意识到这话
是多么不得体而且伤害人，现在文岑茨口口声声说"我们"让他大
为吃惊，他向那姑娘瞥了一眼，明白现在抗议已经没有用，只好沉
默着）。

文岑茨：我前面讲过，如果艺术形式的概念有其实在意义的
话，那么我已经阐明了斯特恩形式的本质。现在我还要补充一下，
形式是一切等待被言说的东西的浓缩的实质（verdichtete

Essenz），我们感受得更多的只是浓缩后的东西，而几乎不知道它是由什么浓缩而成的。也许这样说更好一些！形式为待言之物赋以节律，而这节律到后来变得可抽象化了，变成了某种可自行体验的东西，因此有些人就把它当作全部内容的永恒先验——总是事后的。不错，形式是最后的、以最大力量进行体验的感情向着自足意义的升华。没有一种形式是人们不能将之还原为这种终极的、原始阶段的高尚的和素朴的感情的。形式的每一个特征——您所能说出的每条规律——都可以从这样的感情的独特性质（Eigenartigkeiten）里推导出来。每一份这样的感情，哪怕是由悲剧唤醒的感情，都是我们力量的感情，是世界这座富矿的感情，或者如尼采所说是一剂补药（Tonikum）。通过这样的事实，个别的艺术形式由于所借以展现自己的力量的机会各不相同，它们彼此之间都被区分了开来。罗列或排列这样的感情纯属无益的游戏。对我们来说，知道这一事实就足够了——存在着这样的作品，它们能够直接传递这种思考，直接传递这种具有深刻而强大的形而上学的对生活的认识，而这些东西在多数文学作品中只能间接地传递。在这样的作品中，一切都非常简单地生发于这样的感觉——世界是何等多彩，这多彩的世界是何等的富饶，我们被安排来到这个世界上将这些东西据为己用，我们自己又是何等的强大和富足。脱胎于这样的感情的形式不能够提供宏伟的秩序，只能呈现出博大的多样性；不能创建属于整体的富宏的凝聚力，只能呈现整体当中每一个角落的富宏的多彩。出于这样的原因，这些作品是无限的直接象征：它们自身是无限的。无限旋律的无限变调（他看了看姑娘），就如您所说的那样（姑娘感激地回望他）。因为它们的形式不像在其他所有作品里那样是内部磨合的结果，而是它们的界限在远方的雾霭中变得模糊的结果，就像地平线那头的海岸：这个界限是我们目力的局限，而不是作品本身的局限。因为就像它们所源出的感情一样，它们是没有界限的。把生活各个部分的凝聚改造成没有任何联系的生活是我们的无能，而不是它们那些浮荡的、游戏般的轻薄。它们，和它们所源出的感情一样，像被一个钳子夹在一起，不过这把钳子的力量并不比我们变化无常的梦境想象更牢固有力。这些就是真正意义上完整的、新鲜的作品，在自我陶醉下迸发的内容丰富的作品。早期中世纪的作品就属于这种类型。冒险、冒险，更多的冒险，等到主人公在经历了千万次的冒险去世以后，他的儿子也是这样生活，继续扩大这数不尽的冒险。把这无限系列的冒险连接到一起的无非只有：感情的交融，体验的交融，对那种多彩财富（这财富在多彩变化的无限冒险系列中向人们展现了世界）的无限强大的体验。

同样地，斯特恩的作品也脱胎于这样的感情，然而他没有继承素朴诗性世界的那种幸福的财富感。他的创作悉数来源于他那个非诗意的、贫乏的年代。所以他心里的一切都是如此自觉，如此反讽：因为自发地使生活和游戏等量齐观的一种素朴感情的可能性对他已经不复存在了。弗里德里希·施莱格尔为此形式想了一个绝妙的叫法，他称之为"纯粹纹饰（Arabeske）"。当他说，斯特恩和斯威夫特的幽默是"我们这个历史时代上等阶层的自然之诗"的时候，他已经清楚地探明了这种诗的根源，以及它在今天生活中的地位。

约阿希姆：当然，您讲得不无道理；不过您还是想想您刚才直接援引的弗里德里希·施莱格尔的那句话吧。别在意他对"纯粹纹饰"的形式不怎么看好。

文岑茨：在有的方面他正是旧形式的独断论者。

约阿希姆：可是他在写下这句话的时候可不是独断论者。更重要的是，他在这一再受到评价的形式范围内，把让·保罗看作比斯特恩更高的代表人物，"因为他的想象力更病态，因此更怪诞，更富于想象力"。如果我说斯特恩和让·保罗的形式彼此是相似的，但是在让·保罗的形式里，"纯粹纹饰"更有机地产生于质料，产生于他的世界感觉和对人的观察的内在本质，我想我的这个评价可能是正确的；因此较之于斯特恩，他的线条可能更胆大、更丰富、更轻松地呈现出盘旋蛇形，尽管如此他的画图构造却显得更和谐。您刚才说到斯特恩的世界是由多种质料构成的，这种多质料性也许就真实地说明了为什么他的作品如此令人反感生厌。在斯特恩那里，每一个当下都与曾经和未来格格不入，他的每一个姿态都丑化了他的言语，而他的每一句言语都败坏了姿态之美。我想到的是质料的极端不协调——我当然可以简要地指明——在《项狄传》里面每一个人物和每一种人物关系都非常笨重，塑造它们的素材就是笨重的，缺乏优雅的风范的，那些风格轻佻的外形因其"纯粹纹饰"特征的存在，而使得它们在每一个瞬间都与自己所不断吸纳包含进来的东西相抵牾。您曾说它们笨重的幻想通过作者把玩它们的游戏得到了加强，您说对了。如果笨重是目的，如果这样的对立增加了奇异对照的数量，那么这就很可能是真相了。但是我们知道事实并非这样。不管到哪里我们都感到一方在让步，并且在变弱；笨重使"纯粹纹饰"变弱，优雅使自然的笨重变弱。在《感伤旅行》中这种不和谐也许表现得更为明显，虽然这里的原因更微妙。在前者那里，每一个别句子里的分裂的本质带着作为全书基础的情绪，从非和谐中汩汩涌出。如果要让我用一句话来概括，那么此书的内容就是情感的业余作品，是对每一分情感的游戏式赏玩。情感的业余作品是一种语词矛盾（contradictio in adiecto①）；假如仅仅是感知（Sensationen）的业余作品倒还是可以想象的：人们对于外界事物的一切内部反映都是充满了戒备的，以至于这些事物融入怪诞的"纯粹纹饰"倒变成了它们的自然显现形式；或者人们的情绪过度修饰到了病态的程度，它们能够从极左弯到极右，然后又自动地反弹回去。然而斯特恩的感觉却是简单而又往往失之平常的。它们是健康的，没有丝毫的刺激反应的成分。但他就是这么看待它们的，他让它们融入生活，仿佛它们本该如此；他夺去了它们的健康的美好的力量，而又不能馈赠给它们病态下精致的柔韧性。尽管如此，《感伤旅行》里的非和谐却不够明显，我理解那些法国人为何对它的偏爱胜于《项狄传》，尽管后者包含了极其高妙的思想。

　　文岑茨：让·保罗对《项狄传》评价颇高，而且言之有理。当然《感伤旅行》是我们深入了解斯特恩的入口，这个入口沉甸甸地载满了他的王国里的富藏，通过这个入口我们就可以返回生活。不管我们对这部作品的纯艺术价值或是无价值说什么——我不认为在这个问题上谁能说服得了对方——对我们而言，真正重要的原因只有：它们给我们指明了一条通往生活的道路，一条使生活得到充实

―――――――

① 拉丁文：概念本身就包含了与自身相抵牾特征的矛盾。例如，"圆的方形""黑色的白马"等。

的新路。斯特恩自己就说过这条路通向何方，在一封谈到《感伤旅行》的信里面他写道："我在这本书里面的设想是这样的：改善我们当前的行为，更好地热爱这个世界，热爱与我们共同存在的生命。"如果我们不把这句话理解成是纲领性的宣言，而是结合它的实际结果——他作品里压倒性的力量的效果——来看的话，那么对于我们来说，斯特恩作为一名伦理先导者和教化者的意义就太重大了，远胜过了这些书里面的"审美价值""文学历史意义"。作为伦理的富矿，懂得如何去生活，懂得如何从万物之中汲取生命，这就是这些作品要教给我们的东西。"我可怜那些人，"他写道，"他们能够从丹河（Dan）① 跋涉到贝舍巴（Bersheba）②，然后抱怨道：'尽是不毛之地'；于是乎，对于不愿耕耘的人来说，全部的世界便只是能够提供果实的地方。"斯特恩的所有作品都以布道者的激情和令人信服的语言，以不断循环往复地开发世界的姿态传播这些内容，他所书写的一切都宣告了对生活的礼拜。在他这里，大与小、重与轻、欢乐与无聊之间的区别全都无足轻重了，质与量的区别也变得毫无意义——您刚才也讲到了，因为一切都在宏阔的、热烈的体验整合之中彼此相遇、融合，没有这种体验——只是作为单纯的可能性——一切都无从谈起，一切也都变得同等程度地互不关联。生活由多个片刻构成，因此每段片刻就充满了全部生命的力量，我们仅知道那些曾经存在过，或许将来有朝一日会再度存在的事物会坠入空荡的虚无之中，那些活生生的现实除外；而一切仅仅

---

① 约旦河的源流之一。
② 位于以色列南部。

是联结着我们，向我们尽义务的事物，并不能使我们的生活变得丰饶。斯特恩的事物是对生活最强有力的肯定，罔顾一切，反对一切。在这个世界上对生活的首肯找不到一个能与它一较高下的"不"字，斯特恩的"是"字总是出现在片刻之中，而且没有哪个片刻不能赋予他以一切。"如果我在沙漠中，"他说，"我就要抓住这样的时机寻觅出能够呼唤出我热烈情感的东西。"您记得么，在他到达巴黎的时候他想起他还没有护照，他知道如果他不在几个小时之内弄到护照的话，就会被送进巴士底狱里关好几个月。您记得他是怎样出去找护照的吗？他在找护照的过程中发生了多少怪事！他经历的事何其多！每个经历对他来说都比他要寻觅的东西重要。到最后，这个小本本完全是碰巧地、得来全不费工夫地落入了他的怀中。但是对他来说，这本护照并不比其他所有的东西更重要。难道您不觉得他作品里所有这些离题的话语和意外横生的枝节都是生命哲学吗？生活只是一条道路，我们并不知道这条道路通向何方，对这条道路的来由知道多少？然而道路本身就是价值，价值就是幸福，道路是美好的、光明的、贡献财富的，我们应当欢快地接受每一次意外横生的枝节，不管它来自哪里，也不管它所来为何。如果我从这个视角来考量《项狄传》里的人物和他们的命运，它们便获得了一种新的深度的概念：因为把它们彼此分开的一切，面对着现实盲目地以悲喜剧方式打击着它们的一切，使他们的生活无限丰饶，丰饶程度胜过了现实所能达到的标准。他们的遐想、空中楼阁、梦幻和游戏中失去的片刻：这些就是生活，除此而外的一切都是空幻的图式，相比于此，我们习惯于把他们的生活称作是非现实的。从人们之间的深刻陌生状态中产生了一种欢腾的喜悦，因为把他们分开的东西给予了他们生命，因为任何其他可能共有的生活都是空虚的，都是没有内容的图式。

约阿希姆：您错了！错了！我不同意存在着一种片刻的伦理学，也不同意您刚才所描述的生活形式是真实存在的财富。（平静了一些）我在思考斯特恩，您刚才忘记了的斯特恩，我不同意他真的是很丰富的人，不同意他那些乱七八糟、毫无章法的经历有什么充实人生的作用。不！混沌本身就不是财富。创造秩序的东西和创造混沌的东西一样，都是来源于同等深度的心灵之根，它是完整的，因此心灵只有在包含了同样强大的对立的两方时才是富足的——混沌和合秩序、生活与抽象、人和人的命运、情绪和伦理。只有当它们共在的时候，只有当它们每时每刻都在长合成一个不可分割的、活生生的统一体的时候，人才是真正的人，他的作品才是真实的总体性，才是世界的象征。只有在这里，像这样一个人的这样的作品中，混沌才是混沌；在这里，每一个原始的、巨大的两分对立才会融合成为一个有意义的统一体，这个时候图式理念囚牢里的一切才获得了生命，活泼泼的了，这个时候在抽象的冰山下面一切通体发亮、滚热沸腾了。假如一部作品里只有混沌，那么这样的混沌是虚弱的、无力的，因为它太粗劣，只是经验的、静止的、不变的、不动的。事实上只有与之对反的东西才能使一切获得生机；只有强制的力量才能带来真正的自发性，只有在被赋予的形式中人们才能感受到无形式的形而上学，只有在那时我们才会觉得混沌是世界的原理。

伦理！来自外部世界的秩序！施加于我们，我们还不能僭越的律法！您在讲到伦理的时候让人听起来好像它只会让灵魂枯萎似

的。您当然是借着斯特恩的名义这么说的，当然您也有道理——他
也是这么认为的，不过只是出于自我保护的本能，弱者的自我维
护，这样的弱者对任何一种价值评判都相当警惕，因为他们害怕他
只要稍微公正一些，他们的一切感情和体验都会被看作过于轻
率——哪怕他们自己都会得出这样的结论。这样的人逃避所有的强
制力量，因为强制力量会一下子就把他们压垮；他们一碰到战斗就
临阵脱逃，因为他们逢战必败。在这样的人的生活里一切都是同等
重要的，因为他们没有能力选择真正重要的东西，也没有能力去透
彻地体验和经历这些真正重要的东西。斯特恩的整个一生就是灵魂
插曲主义（Episodismus）。不错，他的作品里很多细小的东西具有
大多数其他作品所不具备的强大效果，然而每一个真正重要的东西
都被压缩到了原先尺寸的千分之一。您记着——只引用一段最著名的
段落——在他关于法兰西之旅的日记里，什么都写了，就是没写巴
黎，也没有写法国。这里不涉及价值的颠覆，不涉及《穷人的宝藏》
（*Tresor des Humbles*）① 的先声（Vorläufertum），也不涉及大
事化小，因为小事已经化大了。这里涉及的是无秩序，是无能带来
的无秩序。因为从斯特恩的插曲来看——就像透过一扇脏窗户往里
面窥视一样——大事情的轮廓线是模糊不清的，它们就这样保持着
模糊不清的状态，既不能被领会又无法被否定。事物对他来说都是
一样的，正如对那些有能力做出价值评判的人来说只存在过于强大
的事物一样。真正的财富在于价值评判的能力，正如真正的力量在

---

① 比利时象征主义诗人、剧作家梅特林克（Maurice Maeterlinck，1862—1949）的
作品，梅特林克于 1911 年荣获了诺贝尔文学奖。

于选择的能力一样，在于摆脱了插曲式的短暂情绪的灵魂部分，即伦理部分，在于人们为了生活能够确定稳固的立足点。这种力量如果得到权威的加持就能创造出事物之间的差异，创造出它们的等级次序；这样的力量从心灵之中投射出了其道路的终点，由此为心灵的最内在的内容塑造了坚实的形式。伦理或者——既然我们要讲艺术——形式跟任何的片刻和情绪都是不一样的，它是外在于自我的理念。

文岑茨（些许高傲地、讽刺地）：这是格里格尔斯·威尔勒（Gregers Werle）① 的世界观。

约阿希姆：确实如此！

文岑茨：请您别忘了，格里格尔斯是个有点愚蠢、可笑的人物，对不起。

约阿希姆（暴烈地）：可是正因为面对着虚无、面对着耶尔马（Hjalmar）② 要使他的理想的要求推行下去！即便如此，他又蕴藏了多少的财富和力量，虽然从外表上看他可怜又可笑。您刚才描写的财富里的内在贫乏是多么骇人听闻！有一回斯特恩在谈到他自己的时候，说他在分裂状态下的心情是多么可怜，更有尊严的感情是绝不会纵容他陷入这种分裂状态的，您不觉得他这番话充满嘲讽之意吗？不过您也一定记得他怀着悲伤坦白痛陈自己无序情感的心灵大破产时所写的那封信："我被我的感情驱使把我整个的身体撕成了碎片。"驱使他的不光是他的感情，还有他的意念、他的情

---

① 易卜生戏剧《野鸭》中的主人公。
②《野鸭》剧中的人物，格里格尔斯·威尔勒幼年时期的同学。

绪、他的玩笑，让他把他的全部作品撕成了碎片，他降低了他的尊严，使他的生活失去了价值而变得可怜兮兮。您了解他的这种生活，知道它是由什么构成的：无非是没完没了的恋爱故事，这种恋爱故事以纯粹的游戏开场，以游戏的方式不了了之，自始至终谈不上享受也谈不上遭罪；尽是些柏拉图式的调情取乐，绵软、虚弱、精巧、琐碎、高度敏感、多愁善感。他的生活内容也是如此：刚起头就没办法进展下去，于是就不留痕迹地消失了，甚至不能推动他往前迈一英寸。千篇一律的断片式插曲，千人一面，这些人同样软弱，同样哭哭啼啼，既不能实实在在地生活，又不能实实在在地给生活赋形。因为只有价值判断的能力、创造秩序的能力、制造开端和结束的能力才能给人以生长和发展的力量；因为只有结束才能成为一种新生事物的开端，只有在持续稳定的开端中我们才能够茁壮成长。在断片式的插曲里既没有开端也没有结局，丧失了秩序的多样化不是财富，而是堆放破烂物件的屋子，将它们开采出来暴露于天下的印象主义不是力量，而是无能。（长长的、令人稍感不安的停顿，整个这段时间姑娘几乎一点没有把这段讲话的实质内容听进去，然而正因为如此，她强烈地感受到了讲话者个人性的东西，以及对她的爱慕之情。正因为她感受到了这样的近乎无意识的内容，她误解了这两个男人，更关注他们的措辞，而不是措辞里的内容。对这整个论证的个人化解读特别表现在她对约阿希姆的强烈不满上，她感觉这个人的言语极不得体，到后来甚至觉得他过于咄咄逼人。话说到后面，文岑茨也听出了里面个人化的东西，虽然他的理解和姑娘不太一样：他认为那是约阿希姆对他个人的世界观的表达，他从中感受到对方的力量强过了自己，他觉得姑娘不太可能注意不到这一点。双方都热切地投入到论战之中，以至于文岑茨觉得他在论战里的落败——至少在这一刻他感觉非常失败——是全线的溃败。他在弄明白确切的情况之前已经不敢再开口了。一时之间，他非常沮丧，恨不得逃之夭夭，甘拜下风算了。——约阿希姆完全误判了他的沉默。他期待文岑茨发起强有力的反击，毕竟他对对方的人身攻击非常不公正，非常刻薄。对方不作回答，他的理解是：我在这说什么都是白说，人家根本就不听。这种感觉强烈地驱使他做出离去的决定，何况他已经感觉到姑娘的敌意。说了几句无关痛痒的客套的闲话之后他快快离去。在这言不由衷的友好的告别之后，留下来的两个人之间又是一阵沉默，双方又都误解了对方的无语。文岑茨更是觉得不在场的约阿希姆是胜利者并担心姑娘也这么认为。同时他又感到必须表示点什么，而且是马上。这时他的眼光落到了那本书上，他惴惴不安、举棋不定地把书拿在了手上。）这场论战把我们挺好的读书兴致全败坏掉了！比之于生活之美无论什么论战都是徒劳无益的！（姑娘眼望着他；他没注意。）您听这段。（他开始朗读，他的声音很热烈，甚至有点善感的痕迹。他想通过斯特恩重新捕捉最初半个小时里的情绪——这情绪后来被争论打断了。姑娘起先还难以克制自己的失望，她失望于文学再次占据了话题的中心。但是她总算成功地适应了过来，竭力地用最大限度的专注神情去掩饰她的不安。文岑茨也很不安，于是，当他读到一段完全没有文采的段落时，他便自然而然地误以为姑娘掩饰得不怎么高明的不安是认同已经离开了的约阿希姆的意思，他"啪"的一声合上了书。）这段写得的确不怎么样。（他越发不安地在书里面翻来翻去，翻到了最善感的段落——与穆兰的玛丽亚邂逅的段落，硬着头皮又读了起来。同样的失望与误解交织的游戏。他战战兢兢地、全神贯注地陪伴每一个字词，越来越强烈地感受着斯特恩多愁善感中的做作和虚弱，最后气恼地把书从手中放下，站起身来在房间里神经质地踱来踱去。）没法读了！这场论战把我们的读书心情彻底破坏掉了！今天我读不下去了。

　　她（非常动情地）：太可惜了。本来挺美的，不是吗？

　　他（忽然明白了那场景，也动情地）：哦，是的。（声音更轻地）要不我们下次继续读，好吗？

　　她：好的……

　　他（站在她身后凑近了她；轻声）：下一次……（突然俯身去吻她。）

　　她（她容光焕发的面容表明她的心情大为宽慰，前面为之争论了大半天的东西只不过是最没必要的准备，她回吻了他。）

1909 年

悲剧的形而上学

——论保尔·恩斯特①

自然把孩童塑造成成人，把蛋孵化成鸡；上帝在有孩童之前就已经创造了成人，在有鸡蛋之前已经创造了鸡。

艾克哈特大师（Meister Eckhart）：《论高贵灵魂的布道》（*Der Sermon vom edlen Menschen*）

1

戏剧是一场表演，是事关人和命运的表演；上帝是观众。他只是看客，他的话语或手势绝不会去干扰演员的话语或手势。他只是用目光打量着他们。"谁要是看见上帝，他就死了。"易卜生曾经这样写道。可是上帝曾经看在眼里的人还能活下去吗？

① 保尔·恩斯特（Paul Ernst，1866—1933）是德国诗人、论说文作家、小说家、戏剧家，积极的马克思主义者，卢卡奇和齐美尔共同的朋友。《心灵与形式》收录的 10 篇论说文中，此文最得齐美尔的激赏。

　　那些聪明的热爱生活的人感觉到了这种不相容性，他们批评的言辞矛头严厉地直指戏剧。他们明确的敌意比之于胆怯的戏剧辩护者的言辞更精妙、更恰当地说中了戏剧的实质。他们抨击道：戏剧是对现实的伪饰，使现实更显得粗劣不堪。戏剧不仅剥夺了现实的充实性和丰富性——莎士比亚也不例外——，也不仅在于通过残酷的、在生与死之间抉择的事件剥夺了现实之中最微妙的灵魂的自由，而且受到最多诟病的是戏剧在人物之间虚构了一个真空一般的空间。在戏剧里总是一个人在说（他的技巧无保留地反映了他最内在的本质），而另一个人只是在回应。一个人打开话题，另一个人结束话题，他们彼此关系的无声的、不易觉察的暗流本来可以给真实的生活增添鲜活的色彩，然而在戏剧家艰涩的构图线条中，这股暗流却变得无比呆滞。这些批评所言不乏最深刻的道理。可是戏剧的捍卫者们过于匆忙地上阵，他们乞灵于莎士比亚的充实性，乞灵于自然主义对话里孜孜不倦的灵光，乞灵于梅特林克命运戏剧中的所有命运轮廓线的模糊性。他们真是轻率的捍卫者：因为他们用于捍卫戏剧的提议只是一种折中的方案——在生活和戏剧形式之间的折中方案。

　　生活是光明与黑暗交织在一起的无序混乱：生活中没有什么是得以全部完成的，没有什么是真正走到结束的。新的、令人困惑的声音总是不断地加入从前人们听到过的合唱声中去，所有的事物无遮无拦地闯进别的事物中，混合成一个不纯的大杂烩。一切都遭到了破坏，一切都被砸了个稀烂，没有什么东西能繁盛地生长成真实的生命。生命（Leben）：就是能充分地生活（ausleben）的东西。活着（Ｄａｓ　Leben）：没有什么东西能充分而完整地生活。生活就是一切想象得出的存在中最不真实、最没有生命力的东西；人们只能够用否定的方式描写它；只能是这样：它是某种在生命流动过程中起干扰作用的东西……谢林写道："我们说，一种事物延续下去，是因为它的存在不再与它的本质相匹配。"

真实的生活总是不真实的，对于经验的生活而言甚至是不可能的。某个发出亮光的东西高高地升起，闪动着、照耀着经验生活的平庸道路，这是某种干扰性的、充满诱惑力的东西，它充满危险还令人惊喜，它是一种偶然、伟大的瞬间，也是奇迹。它还是一种充盈和迷茫：它不能持续很久，没有人能够承受它，也没有人能够在它的高度上——在自己生活的高度上，在他们自己终极可能性的高度上——生存。人们必须退回到麻木的状态中去，为了能够活着，必须要否定生命。

人们钟爱生活里的大气性质的东西（Atmosphärisches）、不确定的东西，这种不确定的东西总是由此及彼地摇荡，永无止歇，永不能达到它的极点；他们钟爱那种宏大的不确定性，就像钟爱一首单调的、被轻轻哼唱的催人入眠的摇篮曲。奇迹是一种规范他者的东西也是被规范的东西：它偶然地、不可测度地闯入生活，完全没有来龙去脉，无情地把整个生活化解为简明的、单义的方程式。人们讨厌并畏惧那种单义的东西。他们的弱点和胆怯使得他们不欢迎任何一个来自外部世界的阻碍和挡住他们去路的屏障。对他们来说，意识之外的、永远无法企及的伊甸园，为了空想梦幻而存在的伊甸园，就在所有的悬崖峭壁的背后盛放着，而那些岩壁的陡峭是他们绝对不能征服的。在他们看来，期盼和希望就是生活，被命运封锁起来的东西不费吹灰之力地、举手之间就变成了灵魂的内在财富。生活中的人们不会知道他们的生活激流会在何处终结——还没有任何事物得以实现的地方，一切就都有可能发生。奇迹就是实现。它撕去了灵魂上面一切欺骗的包装——由闪光的瞬间和多重含义的情绪编织而就的包装；灵魂被坚硬的、毫无怜悯的轮廓线重新绘就，赤裸裸地呈现在了生活的样态面前。

在一位神灵的面前，只有奇迹具有现实性。对于神灵而言，没有相对性，没有过渡性，也没有细微差别。他的目光扫过之处，所有的事件都失去了时间和空间意义。在他的面前，表象和本质、现象和理念、事件和命运之间没有区别。关于价值和现实性的问题在这里失去了意义：这里的价值能够创造现实，亦不必通过穿凿附会的想象把价值编织进现实，或用价值去虚构现实。所以每一出真实的悲剧都是一出神秘剧。悲剧的真实内在意义就在于在神灵面前揭示神灵。永远沉默的、未获救赎的自然之神和命运之神诱使沉睡在人们心中的、在生活中变得喑哑的神灵发出了声音；内在的神灵唤起了先验的神灵，使他恢复了生气。"因为，假如没有创造物，上帝就不会行动，也不会发生影响，他只会在创造物身上或者通过创造物发生行动或影响。"有一本关于完美生活的小书作如是说。黑贝尔也曾说过："上帝是不可能作独白表演的。"

然而现实的众神和历史的众神过于匆忙又过于固执。纯粹启示的力量和美不能满足他们的勃勃雄心。他们不想只做实现启示的看客，他们还要成为启示的操纵者和完成者。他们故意把手伸进命运之绳的谜一般的含混又不失清楚明了的纠缠之中，加剧其混乱，使之成为能够一眼望穿的、然而毫无意义的有序性。他们登上了舞台，由于他们的亮相，使得人类降格成了提线木偶，也把命运降格成了天意，悲剧中的庄重事件便成了救赎发出的多此一举的恩赐。上帝必须离开舞台，但他看客的身份不能变：这是悲剧时代的历史可能性。因为自然和命运从来没有像今天这样可怕地丧失了灵魂，因为人的灵魂从来没有如此孤独地行走在被遗弃的道路上，因此我们必须再次盼望一场悲剧；如果一种对我们友善的秩序——我们胆怯的梦想为了自己虚构出来的可靠性把这样的秩序抛进了自然——投下的所有摇摆着的阴影彻底消失了的话。"只有当我们彻底失去了上帝的时候，"保尔·恩斯特说，"我们才会重新拥有一部悲剧。"想一想莎士比亚笔下的麦克白，他的灵魂承受不起通向必然目的的必然道路的沉重分量，诱惑人的女巫们在命运的十字路口围着他又唱又跳，向他宣布期待中的神迹，得到终极满足的日子已经到来了。围绕着他的狂乱的混沌，被他的行动改变了形式的混沌，把他的意志卷入其中的混沌，只是对于他的被欲望支配的盲目的双眼才真的是混沌无序的，其无序的程度就相当于他的狂暴之于他自己灵魂的无序程度。事实上这两者都是上帝的一个判决：同一个天意的双手在操纵着这两者。它们欺骗性地把他引向了高处，让他误以为自己的欲望已经全部实现；它们又欺骗性地把全部胜利交到他的手上；等到一切都被实现的时候，他所做的一切也都成功了——此时他所拥有的一切突然全都失去了。在麦克白那里内部和外部是一回事；同样的手操纵着灵魂和命运。这里的戏剧还是上帝的判决：刀剑的每一下挥击都是出自蓄谋良久的天意。再以易卜生的贾尔（Jarl）① 为例，他总是梦见自己当上了国王，他也只能在梦里当上

——————————

① 中古时代北欧的首领、贵族。

国王。他从各方力量的斗争中所希冀得到的无非是上帝的一个判决，对终极真理的判决。他周围的世界只顾走自己的道路，毫不顾及任何问题和回答。一切事物都变得喑哑无声，战斗结束，荣誉的桂冠也好，失败的落荒而逃也罢，都是无所谓了。在命运的进程中，人们再也不能听见来自上帝的清晰的公开判决：那样的声音曾唤醒了一切事物整体的生命，而现在，万物的一个个生命却要单独地自立门户，那宣判的声音从此永远地成为绝响。因此在莎士比亚的国王折戟沉沙之处，贾尔却取得了胜利。他是注定要走向毁灭的失败者，作为胜利者他比作为逃跑者还要失败。悲剧的智慧之声纯粹而清亮地响起：生活的奇迹、悲剧的命运只是揭示灵魂的东西。揭示者和被揭示者、启示的诱因和启示互相对峙，它们彼此陌生得都不能成为敌人。对于启示的诱因而言，因它的触动而被启示的东西是陌生的，而且境界更高，因为它来自其他的世界。变成自我的灵魂用陌生的眼光度量它从前的整个的存在。它发现从前的存在是不可理喻的、非实质的、无生命的，它只能梦想自己当初是另一种样子，因为这种新的存在之道才是存在，闲散的偶然驱赶了梦想，远方传来的偶然的钟声在清晨将人们唤醒。

赤裸裸的灵魂与赤裸裸的命运在这里展开了孤独的对话。对于这两者来说，不属于它们最内在本质的东西都被除去了；为了建立与命运的联系，生活的一切联系就被消除了；人与事物之间的所有气氛消失了，于是它们之间只剩下了终极问题和终极回答的清澈而粗劣的、毫无遮蔽的山区空气一样的直白对答。就在这里，偶然的奇迹把人和生活迅速地向高处抛去，悲剧也就开始了：于是人就永远被放逐出了悲剧的世界。因为他不能给生活带来危险却更加丰富的东西，这样的东西被他投放进了寻常的生活。悲剧只能向着一个方向扩展：向上。悲剧开始的时候，谜一般的力量正从人的本质之中涌出，迫使人成为本质性的存在（Wesenhaftigkeit），悲剧的展开过程就在于其唯一的真实的存在越来越明朗的变化。排斥了偶然的生活是贫乏的、没有生气的，是一片没有任何突起的无尽的平原；这样一种生活的必然性就是廉价的安全感的必然性，是在所有新事物面前惯性的自我封闭的必然性，是了无生趣地安逸于干巴巴的理性的怀抱的必然性。悲剧却不需要任何的偶然，它早就把偶然与它自己的世界融为一体，于是偶然无时无处地不在悲剧之中。

追问悲剧的可能性就是追问存在及本质。这个问题就是：是否存在的一切只是因为它们存在着，它们就是存在者？有没有渐进的、有梯度等级的存在？存在是一切事物的特征吗？或者它只是对万物的一种价值判断，一种区分和辨明差异的手段？

因此，戏剧和悲剧的悖论就是：本质如何活跃起来？它如何通过感性的直截了当变成唯一的现实的东西，成为真正的存在者？因为只有戏剧才会"塑造"真实的人，但却要——正是通过相同的塑造——夺去他们所有的活生生的此在。话语和动作是他们的生命，但是他们所说的每一个语词，所做的每一个动作都超过了一个语词或一个动作本身；对他们的生活的一切表达都只是他们终极关系的秘密符码（Chiffren），他们的生活只是他们各自柏拉图理念的一个苍白的隐喻。他们的存在所拥有的不是事实性的真理，而是灵魂的现实性。一种体验的现实性和一种信仰的现实性。这样的"体验"隐藏在生活里的每一次体验中，像潜藏危险的深渊，又像通向法院大厅的大门：它与理念的关联——它只是该理念的单纯的显现——

无非是真实生活的纷乱偶遇之中的对此种关联可以展开想象的可能性。信仰肯定了这种关联，把它的永远无法证明的可能性改造成了整个存在的先验基础。

这样的存在是没有空间和时间的；它的一切事件都脱离了逻辑解释的效力范围，正如他的人物的灵魂脱离了一切心理学范畴一样。让我说得更精确一些：悲剧的空间和时间没有能够按照透视法来对它们进行改变或修正的可能性，悲剧里也没有内在或外在的行动或痛苦的原因能够触及其本质。悲剧里的一切都是起作用的，一切都被看作具有同样的力量和同等的分量。悲剧里有一道生活可能性的门槛，生命被唤醒的能力的门槛，一切具有生命的东西都是存在于当下的，存在于当下的便是一切。悲剧里人物的定在（Da-sein）就是完满的存在（Vollkommen-Sein）。中世纪的哲学对此有一套清晰而明确的表述方式。它是这样说的：最完美的存在（ens perfectissimum）就是最实在的存在（ens realissimum）；越是要求完美，这种东西就越真实地存在；一件东西越是符合它自己的理念，它存在的意义就越是丰富。但是人们在真实的生活里是怎样体验他们的理念，以及确认他们与其理念重合乃至一致性的呢？（因为悲剧的素材是最具生活气息的）对于生活而言这不是一个认识论的问题（如同对哲学而言一样），而是在伟大瞬间直接体验来的有血有肉的真理。

生活中这些伟大瞬间的本质是对自我的纯体验。在日常生活中我们只能边缘性地体验自我——体验我们的动机和我们的相互关系。我们的日常生活在此处并不具有真实的必然性，只有经验的在场（Vorhandensein）的必然性，只有千万条线索被吞没

（Verschlungen-sein）于千万个偶然的联系和关系中的必然性。整个必然性网络的基础是偶然的、无意义的；存在的一切完全可能是另一种样子，只有过去的事情，无法改变的事实才显得确实具有必然性。然而过去的事情真的就是必然的吗？偶然的时间之流能把任意观点的任意变化改变成对它们本质的体验吗？能从偶然性中创造出必然性和本质性吗？能把外沿变成中心吗？往往似乎有这个可能，但也仅仅是似乎有此可能。因为只有我们瞬间的、偶然的知识能从过去提炼出某种闭合的、不可更改的必然的东西。任何一起偶然事件所能招致的这一认识的最微弱的变化，都在"不可更改"的东西上洒下了新的光影，在这新的一轮光照下，一切事物的意义都发生了改变；一切都变了样。易卜生貌似只是希腊人的学生，俄狄浦斯戏剧传统的继承者。他的分析性戏剧的真正意义在于，过去本身并不具有不可更改的东西，过去是流动的、闪耀的、可以改变的，新的认识可以把它改变成新的事物。

伟大的瞬间也可以带来新的认识，但是这样的认识只是貌似顺应了那些持续进行的、永久的价值重估系列。事实上它是结束，又是开始。它给人类赠予了一个新的记忆、一种新的伦理和一种新的正义。很多到目前为止看似是生命奠基石的东西消失了，几乎难以辨察的些小之物变成了生命的支柱并且能够支撑生命。人类的双足再也不能踏上他们从前走过的道路，在这些路上他们的眼睛甚至都不能再辨识方向。然而人类却能步履如飞、毫不费力地登上没有山路的峰巅；他们迈着艰难的步履稳健地走过了深不见底的沼泽地。灵魂感受到了一种深刻的忘怀和记忆里的敏锐的预见：新的认识的电光照亮了灵魂的中心，不在中心里的东西逃得无影无形，在中心里的一切东西绽放出了生命之花。这种必然性的感觉并非来源于各种原因纷乱地纠缠在一起的状态；它没有原因，它超越了经验生活里的所有原因。此处的必然性就是与本质的亲密相连；此外它无需任何逻辑原因，记忆里保留的只是这种必然性的东西，其他一切尽可以安然忘怀。在灵魂的法庭和自我审判面前，只有它才是被告。此外的一切都被忘记了；所有的"为什么"和"何必"都被忘记了；只有它在天平上还显出一点分量。这里的审判异常严厉，没有丝毫的怜悯和松缓之说。最小的错失，哪怕只是在内心里隐藏着对本质不忠的一丝阴影，也会受到不留情面的谴责。任何人，只要他的一个仓促的、过去很久的瞬间的动作透露出他曾经一度脱离过本质，他就会马上被盲目地、无情地清除出人类的队伍。灵魂禀赋的丰富和博大都不能减轻这样的判决，在此判决前面，充满光荣伟业的整个生命都被视如无物。它满怀着明亮的仁慈，忘记了日常生活里的每一桩罪恶——尚未侵蚀到中心去的罪恶；对于这样的感觉来说，宽恕可能是言过其实了；法官的目光从这些罪过上面轻轻地掠过，根本就没注意到它们。

　　这一瞬间既是开始又是结束。没有后继者，它也不产生任何影响。没有什么能把它和生活联系起来。它就是一个瞬间，它不指代生活，它就是生活，别样的生活，它排斥日常生活，与日常生活针锋相对。这就是戏剧在时间上集中的形而上学的原因，也是戏剧提出时间上统一的要求的形而上学的原因。它产生于尽可能贴近那逃避一切时间性的瞬间——该瞬间却是整个的生活——的愿望（周围的生活处于不断的变化中，而地点的统一是对其中不言自明的、最容易想到的停顿状态的象征，因此是为了给戏剧赋形所必然采用的技巧)。悲剧性只是一个瞬间：它就是时间的统一所言说出来的意义，包含于其中的技巧上的悖论——依据瞬间的概念，瞬间是不具备可体验的绵延的，然而它又需要这种的时间绵延——正是源于人类的语言工具在试图表达神秘体验时的力不从心。"怎么样能够给那些不具备形象的东西赋予形式，或者对那些没有证据的东西予以证明？"苏索如是问道。这里的悲剧性戏剧要表达的是时间怎样变得无时间的。将所有统一的要求付诸实行，就是持续不断地把过去、当下和未来联系在一起。不仅仅是它们的经验的、现实的次序被破坏和扰乱——当下变成了次要的非现实，过去变成了充满危险的威胁，未来变成早已为人熟知的体验（虽然是被人无意识地经历了的），但是这样的瞬间即使是先后发生的，它们也都不再具有时间上的次序。依时间的标准看，这样的戏剧是完完全全静止的、僵化不动的；它那些分开（Auseinander-gezogen-sein）的瞬间与其说是前后相接的，不如说是并行共进的；它不再存在于时间体验的层面上。时间的统一就其本身而言是一则悖论：任何想要限制时间或将时间变成一个圆圈的企图——此乃完成时间统一的唯一之道——都违背了它的本质。（我们可以想一想尼采永恒回还的理论关于循环运动的内在僵化之说。）然而戏剧不只是在开始和结束之处打破了它的永恒流动，把两个极点向对方弯曲，并促成彼此的融合，而且在戏剧的每个要点上实现这种风格化；每个瞬间都是一个象征，都是缩小了的整体的摹本，只是在大小上与原型有别。把这些时刻拼接到一起是彼此相融的过程，而不是前后相继的过程。法国的古典主义者们寻找理性的原因来解释他们对这一问题的真实洞见，他们用一种理性主义的套路来陈说这种神秘的统一，从而把那种深刻的悖论降格为一种任意和琐碎。他们把这种超越时间的以及时间之外的统一变成了内在于时间的统一；把神秘的统一变成了机械的统一。莱辛有过正确的感觉——虽然就此论点而言大有可以指摘之处——他发现莎士比亚走的是一条相反的路，然而比起那些貌似希腊人的继承者们，他在实质上更接近希腊人，但是他提出的理由却属于失之肤浅的唯理主义之论，因而都不正确。

悲剧性的体验就是同时既是开头又是结束，在这样的瞬间里每个人都是新生的，又是死去多时的；每个人的生命又都面临着最后的审判。戏剧中人物的每一个"发展"都是表面的：它是对这样一种瞬间的经历（Erleben），一个人物被提升进入了悲剧的世界，而在此之前只有他的影子在该世界的外围游荡。这个发展是他成为人的过程，是他从迷乱的梦中觉醒的过程。它总是突如其来地、不假中介地发生——铺垫部分只是为了观众而设，为了观众的灵魂作好了巨变的准备。因为悲剧人物的灵魂不经意间忽略了这所有的铺垫，然而一切就在电光火石的刹那间发生了改变，就在命运的语词（Schicksalwort）终于响起的时候，一切都变作了本质。悲剧人物的慷慨赴死、面临死亡时欣欣然的镇静，或者是他们熊熊燃烧的赴死激情都只是表面上的英勇无畏，只是普通的心理语言学意义上的英勇无畏。一位年轻的悲剧作家大致这样写过：悲剧中垂死的英雄早就死了，在他们肉身死亡之前就死去多时了。

如此世界的现实与有朽存在的现实并没有什么共同之处。每一种现实主义都会消灭所有悲剧中创造形式的价值以及滋养生活的价值。对此我们已经枚举了所有的原因。如果贴近生活的真实遮掩了戏剧的真实，那么戏剧就会变得平庸；可是如果贴近生活的真实被切实地植入了戏剧的架构中，它就会变得多余，完全被我们的感官忽略。戏剧的内在风格在中世纪经学院的意义上是现实主义的，但它却完全排斥了任何一种现代的现实主义。

戏剧的悲剧是此在的高潮的形式，也是此在的最后目的及最后界限的形式。在这里，对本质性的神秘体验与对神秘的本质体验发生了分野。在神秘的极乐状态下体验的存在的高峰，消失在万物归一的云雾蔽日的天空；极乐所带来的生命的提升使得体验者与天地万物融为一体，万物也与万物融为了一体。当一切分别永远消失了以后，神秘主义者的真实存在才刚刚开始；他的世界所创造的奇迹会摧毁一切形式，因为他的现实，即本质只是改容易面地、隐蔽地藏身于形式的后面。悲剧的奇迹在创造着形式；自我性（Selbstheit）是它专有的本质，就像在神秘主义那里自我的失去是其专有的本质一样。神秘的体验是忍受一切，悲剧的体验是创造一切。在神秘主义那里，自我如何能把一切吸纳进自身是无法解释的；在流动着的熔浆状态下显示出把自身与整个世界区分开来的一切东西毁灭掉，同时还保存了一个我性（Ichheit）用以经历这一本有的自我废止也是无法解释的。悲剧里的相反的状况同样不能解释。这个自我用排斥一切、毁灭一切的力量强调其自我性（Selbstheit），但是这种极端的自我肯定把一种钢铁一般的坚韧和自律（selbstherrliches）的生活赋予了它所遇见的一切事物，在达到纯粹自我性的最终顶点时，它消灭了它自身：自我的最后扩张越过了纯粹的个体性的东西。它的力量把事物拔擢到了命运的崇高地位，但是它与自己制造的命运的伟大斗争把它改造成了超个人的东西，以及终极命运关系的一个象征。如此，世界的神秘模式和悲剧模式就相互碰撞、相互补充、相互排斥。两者都神秘地把死与生、封闭的自我性和自我的无尽化解统一为更高的本质。舍弃是神秘主义者的道路，抗争是悲剧性人物的道路；前者道路的尽头是消解，后者道路的尽头是碎裂。前者从与万物保持一体中跃入了其极乐的最深刻的个人性之中，而后者在其自我性获得最真的提升的时刻失去了自我性。有谁能够说清楚这时候生命的王冠在哪里，死亡的王冠又在哪里？这两样都是生命可能性的极点，此极点将日常生活混合到了一起，并互相削弱，因为只有这样（失去了力量，不再能被辨识）普通的生活才能忍受生和死。对这两者来说，任何一方对于另一方都是死亡，都是界限。但是它们的相互关系又如同兄弟般的敌对：每一方都是对对方唯一的、真正的克服。

悲剧奇迹的真知就是界限的真知。奇迹总是单义的，但是每一种单义的东西总是分成并指向了世界的两个方向。每一次结束又总是到达和停止、肯定和否定；每一个高潮都是顶点和界限，是死与生的交叉点。悲剧的生命是此世世界里最为独特的生命，因此它的生命界限总是和死亡融合在一起。现实的、普通的生命永远不能到达这个界限，只把死亡视为某种震慑人的威胁力量，某种截断生命之流的、无意义的东西。神秘的生命越过了这一界限，取消了死亡的全部现实价值。对于悲剧而言，死亡——其本身就是界限——总是一个内在固有的现实，它不可分割地与每一起悲剧事件联系在一起。这里的原因不仅在于悲剧的伦理必须像执行绝对命令一样将一切已经开始的东西进行下去直到死亡，也不仅在于悲剧的心理学只是一门关于死亡瞬间的科学，只是意识到的最后的时刻的科学。在此时刻里，灵魂已经放弃了定在的最广大的丰富性，紧紧地抓住最深层次的、最私密的为自己所独有的东西；不仅仅是在这种意义上，在其他诸多的负面意义上，而且也在纯粹积极的、肯定生活的意义上，死亡也是内在固有的悲剧现实。对生死界限的经历唤醒了灵魂的意识或自我意识，灵魂获得了自我意识是因为它是有限度的，而且仅仅是因为它是有限度的这个原因。在保尔·恩斯特的一出悲剧的结尾部分提出了这样的问题：

> 我还能索求什么，假如我无所不能，
>
> 而别人只是我提线上的木偶？
>
> ……神为自己争得荣耀，这难道是可能的吗？

对此问题的回答是：

> 我们的能为必有界限，
>
> 否则我们就是生活在一片死寂的沙漠里；
>
> 我们之所以能活，凭借的是那些不可企及的东西。

"神为自己争得荣耀，这难道是可能的吗？"用更普通的方式来表达，这个问题就是：神也能活着吗？完满性岂不是取消了存在的可能？泛神论不正如叔本华所说的，只是无神论的一个客气的说法吗？上帝变化成人的诸般形式、上帝被束缚在人的形式的手段和路径上，难道不是这一感觉的象征吗？这个感觉就是：即使上帝想要过真正的有生命的生活，也必须放弃他那种无形式的完满！

　　界限有其双重的含义：它同时既是实现又是失败。这两者不加掩饰地、驳杂不纯地混杂在一起，这是寻常生活的形而上学的背景，我们也许可以通过一个微不足道的认识对这种寻常生活做出最深刻的表达：一种可能性要化为现实，基础条件只能是毁灭了其他所有能想象的可能性。在这里，一个灵魂的原始可能性成为唯一的现实；它与其他可能性的对立不仅仅是已经成为现实的可能性与单纯可能性的对立，还是现实与非现实的对立、必然想到的东西与从一开始就无法想象的荒诞的东西的对立。所以悲剧是灵魂的觉醒。对界限的认识把灵魂的本质抽取了出来，让其他所有的东西都不被关注地或在人们的鄙夷视线下消失，却把内在的、唯一的必然性的定在给予了这一本质。界限只是从外部来看是作出限定的、断绝可能性的原则。对于觉醒的灵魂来说，界限是对真正属于自己的东西的认识。只有对于抽象的、绝对的人之理念而言，一切人性的东西才是可能的。悲剧性是人的具体本质性化为现实。在这里，悲剧肯定而明确地回答了柏拉图主义的最棘手的问题，即：是否个体的事物也能拥有理念，也能拥有本质性？悲剧的回答把这个问题翻了个个儿：只有个体事物、只有那种被驱赶到界限边缘的个体事物才是与它的理念相匹配的，是真实地存在的。包括了一切的普遍性是无色、无形式的，因其过于普遍而无力，因其统一性而空洞，没有可能化为现实。因为它存在着，反而不能拥有真实的存在；它的同一性（Identität）是一种同义反复：理念自己与自己相配。因此悲剧以超越了柏拉图主义的方式回答了柏拉图自己对悲剧做出的评判。

　　人类存在的最深刻眷望就是悲剧的形而上学的根据：人对他的自我性的眷望，这种眷望期盼把他此在的高峰转变为生命道路的平地，把他的意义转变为每日的现实。悲剧的体验、戏剧形式的悲剧就是该眷望最完美的、唯一天衣无缝的完美实现。然而眷望的实现就是对眷望的消灭。悲剧源于眷望，因此它的形式必定拒绝任何对眷望的表达。早在悲剧性进入生活之前，它已经通过生活的力量得以实现，由是脱离了眷望的状态。现代的抒情悲剧必然失败于此。它想把悲情的先天性（Apriori）引进悲剧本身，出于这个原因它要制造一个起作用的因素；但是它强化其抒情性只是产生了外强中干的效果，它只能止步于戏剧性—悲剧性的门槛前。它的对白所营造的气氛、对白中充满期待的不确定的震颤，其所具有的抒情性价值都是完全外在于戏剧性—悲剧性的世界的。它的诗性是普通生活向诗的转化，也就是说仅仅是普通生活的提升，而不是改造成戏剧的形式。与戏剧相对立的不光有这一风格化的样式，也有该风格化的方向。它的心理学只强调心灵的瞬时性和短暂性；它的伦理学把握一切、宽免一切。它是对人物大幅度的软化，也正是在诗性的作用下使人物变得麻木。所以今天的公众总是抱怨悲剧作家创作的对话何其粗劣而冷漠，殊不知这种粗劣和冷漠只是剧作家蔑视那种给所有悲剧蒙上薄纱的胆怯醉意的一种表现，因为悲剧伦理的否定者过于胆怯，他们不敢否定悲剧本身，悲剧的肯定者过于虚弱，不能不加遮掩地承当它的雄壮。对白的智思化——它受限于意识清醒地反映对命运的感觉——也不意味着冷漠，而是意味着在这样的生活领域里的真正的人性和内在的真实。对悲剧性的戏剧里面人物和事件的简化处理不是贫乏，而是一种由事物本质赋予的、高度集中在一起的丰富性：人物的相遇必须成为他们的命运，这样的人才能在戏剧里登场；他们的生命每个转化为命运的时刻都会从整体中脱离出来。于是这一时刻的内在真理就变成了明白易懂的外在的真理，在对话中这一真理总结性的、套话一般的表达就不再是冷漠的智思化，而是他的人物的命运意识在抒情意义上的成熟。戏剧和抒情性在这里——仅仅只是在这里——不再是互相对立的原则，抒情性是真正的戏剧性的最高升华。

2

《布伦希尔德》（*Brunhild*）是悲剧作家保尔·恩斯特的第一部成功的作品。作为理论家的他早就预见到了这次成功。他感到一种深刻的原则的压力使他必须否定今天或者最近一个时期的哪怕是最美的诗性作品，并且通过戏剧的本质越来越深刻地阐明自己的这种拒绝态度。于是，在他的一些理论研究著述里，他的研究直通戏剧的"那个本质"，用他自己的话说，是以绝对的戏剧为追求目标。然而，他的理论对于他只是路径，只有在达到目的以后，这样的路径（也就是遵循这些路径的行动）才会在事后被证明是合理的。《布伦希尔德》是第一次真正的行动，是一次没有留下任何渣滓的冶炼作品，是一部虽有错失（Fehler），却无瑕疵（Gebrechen）的作品。

这是恩斯特的第一部"希腊式"剧作。这部作品第一次果决地离开了自从席勒和克莱斯特以来伟大的德国戏剧一直走过的道路：将索福克勒斯和莎士比亚结合起来的道路。德国戏剧家们为了融合现代和古典的戏剧风格而作出了艰巨的努力，该努力的起因是他们极不情愿牺牲掉希腊戏剧形式带来的很多东西。他们一心想要——保尔·恩斯特本人的第一出悲剧也作如是努力——争夺与希腊戏剧价值等同的、素朴的大气（Monumentalität），但又不能付出丧失对事件表现的丰富多彩的代价。这种尝试是一定会失败的，因为这样一来，两种赋形于关系的方法，即戏剧的必然性的方法和生活的或然性的方法必然会纠缠到一起，而这两种方法是彼此排斥的，因为其中的一方必然抑制甚至破坏另一方的运作。在这里恩斯特作出了最大的取舍，为了获得生活内部的丰富性，他必须牺牲所有的生活外部的丰富性；为了向他生命里终极意义的更深入、非感性的美挺进，他必须放弃他的感性美；为了能看见纯形式的纯灵魂，他必须牺牲掉所有的物质。他的这部作品是新生的古典悲剧（Tragédie classique），是高乃依、拉辛、阿尔费耶利等人的最高意图的深化和内化，是向着寻找形式的灵魂的戏剧艺术的永恒光辉的典范——索福克勒斯的《俄狄浦斯王》的更加真实的回归。

和《俄狄浦斯王》一样，该剧的外延是极其有限的，而其内涵则是极其广博的。宫殿和大教堂之间的庭院是唯一的舞台场景：舞台上只有那两对情侣和哈根，安排给命运展开的时间只有短短的一天；戏剧开始于新婚之夜后的日出，西格弗里德（Siegfried）的尸体从猎场上被运回来，和自杀后的布伦希尔德——两具尸体只是用西格弗里德的剑隔开——一起放到柴堆上火化，此时还不到日落时分。如此的精简压缩处理不仅仅是外在的；在这出戏的内部关系中，在人物之间的亲密接触中，他们的爱和恨、他们的浮浮沉沉，所有折射出来的他们的话语，没有一点多余的痕迹，没有一点为修饰而修饰的挥霍，只有命运，只有必然性。他的人物的仪态和话语就最深刻的本质而言也都是希腊式的，是的，较之于不少古典悲剧也许更加希腊，因为该剧更有意识地以此风格赋形了。他们的命运辩证法的意识也许比起黑贝尔的悲剧更加清楚更加犀利，他们的表达和黑贝尔以及希腊人一样，都是对本质事物的警句式锐利的连缀。但是和黑贝尔、希腊人一样——很多真正的悲剧也是如此——

这种我们也可以称之为神秘理性主义的理性化，从来不能使命运的不可言说性变得扁平化。将人物和行动悲剧性地纠缠在一起的，不是意志，更不会是知性。这些都是高贵的人物，具有深邃的、穿透力极强的精神力量，他们了解自己的命运，默默地、满怀敬意地向命运致敬，这样的事实只能够也必定会伴随着它的出现和作用而深化其神秘的、不可探究的特质，因为在命运的进程中，它不产生一丁点的影响。

　　这出悲剧是关于高贵的爱和卑微的爱的神秘悲剧。前者是清澈透明的，能指引道路的，是一种命令，引领人们向上；后者则是杂乱的，一团永久的黑暗，无目标、无计划、无道路。《布伦希尔德》是一出神秘剧，讲的是高贵的人和卑微的人之间的爱、平等和不平等的爱、引人向上的爱和诱使人沉沦的爱。作为剧中的国王和主人公，巩特尔这一角色对于任何悲剧来说都是个败坏的人物，恩斯特并不想拯救他，他甚至让克里姆希尔德也一块牺牲了。这对情侣属于低等的人，只具有下等本能的人，他们不会在爱情之中寻找和他们相似的人，他们只会恐惧，不会希望从他们自身涌现出某种与他们类似的东西，另一些人，单单是他们（他们朝着自己看不见的目的地大踏步地行进）的存在对于前者来说，就是对他们的指责，令他们害怕：他们希望自己幸福，又在施行报复，同时还害怕被报复。但是西格弗里德和布伦希尔德属于另一类人。

　　这是一出关于崇高、幸福和界限的神秘剧。剧中的崇高寻找自我，发现了幸福，在幸福的热烈黑暗中再次渴望回归自己，以期达到界限，发现悲剧和死亡。剧中的幸福渴望将自己提升到崇高，却只能将崇高拉低到自己的水平，使得崇高的道路更漫长、更艰险，却不能阻止崇高的行进，只能空虚、孤独地退居于生活之中。崇高渴求完美，崇高必定会需要完美，然而完美是悲剧，是所有声音的最终休止和绝响。悲剧是崇高的特权：布伦希尔德和西格弗里德要在同一堆柴垛上被焚化，克里姆希尔德和巩特尔苟且地活着。悲剧是世界的法则，是最后的终点，这个终点在万物的永恒轮回中只是一个开始而已。

> 因为我们都像那绿色的大地，
>
> 在等候白雪，
>
> 又像那白雪在等候着消融。

但是人知道他自己的命运，因此命运对人的重要性胜过了波峰的意义，波峰降至低谷，准备再次冲向顶峰，这样的游戏永无休止地重复着。人知道自己的命运，把他对此的认识叫作"罪责"。他感觉他身上所发生的一切都是拜他的行为所赐，他用坚实的轮廓线条勾画出了他内心中的一切偶然地落进他偶然的生命复合体的流动循环中的东西。他为这样的做法赋予了必然性；他在他周边设定了界限，他创造了他自己。从外部看没有罪责，也不可能有罪责；每个人都把别人的罪责看作连累和偶然，看作一阵轻风的气息都能使现有事物变成别样的东西。经由罪责，人便向自己身上发生的一切说"是"，因为他将此视作自己的行为和罪责，他将自己的悲剧——该悲剧正源于他自己的罪责——设定为他的生命与万物之间的界限，于是他征服了这一切，并给自己的生活塑造了形式。高贵的人所圈定的界限范围比卑微的人更广大，而且不会放过曾经属于过他们的生命的东西：所以他们将悲剧当作他们的特权。而卑微的人只看到幸福、不幸和报复，因为他们总是觉得别人有错；因为他们觉得一切都是来自外部，他们的生命不可能融化任何东西吸收进自己的内部，因为他们的生命周围没有划定界限，也因为他们是非悲剧的，他们的生活没有形式。对于高贵人物当中的任何一位来说，他人的罪责——哪怕这罪责毁灭了那个人——不过是命运。这就是关于罪责、连累和命运的一部深刻的神秘剧。

所有这一切都被安放到了僵硬的、没有过渡的两分结构中。千万条生活的命运之线把高贵的人和卑微的人编结在一起，但没有一根线把他们实实在在地联结到一起。这两对情侣的内部分离是如此泾渭分明，以至于假如恩斯特不在这条鸿沟上方铺设一道宽广的拱形桥梁把对立的两方联结起来——虽然这座桥梁更突出了鸿沟的宽度和深度——这出戏就可能分崩离析了。这座桥梁就是哈根。他代表了仆人当中的高贵者，他的仆人身份就是崇高和界限；他拥有一切高贵的东西，内心里装满了对命运的负罪感。在他的身外有某个远远地超出了他的自我的东西，在他的周围划下了界限。然而这个人还不具有悲剧性——虽然命运沉重地击打了他——，因为他所受的"命令（Muß）"尽管有着极为丰富的内在性，但依然来自外部，他能够把这一事件感受为自己的事，感受为命运。他的界限既是向外也是向内划定的：因为确定的划界，也因为他的生命已被赋形，他比这两个卑微的人高贵，但他又是最高等的仆从，居于上等人之下，他是距离王位最近的人，但也仅仅是最近的人，因为围绕他的界限限定了他，因为他征服生命的可能性都为他预先设定好了，但并非事先由他设定。

如同水晶般清澈透明的话语使得作品里一切谜一般神秘的、无解的特质更显得深不可测。正如话语的直白不能揭示命运的过程一般，明朗的意识——带着这样的意识他们说出了关于人的一切本质性的东西——也不能让他们彼此靠得更近，不能使他们增进对对方的了解。每一个语词都有一副雅努斯的面孔，说出这个语词的人只看到一个方面，听见这个语词的人看到了另一个方面，在这里根本没有彼此走近的可能性。因为每一个被当作桥梁使用的语词，本身也需要一座桥梁。即使是人物的行动也不再有符号的意义：好人做出了坏事，而且坏人——往往——做出了好事，眷望遮盖住了真实的道路，义务摧毁了最牢固的爱之联结。于是到最后每个人都是形单影只，在命运的面前没有共同的交流。

3

戏剧中对所有关系的简化的结果是其作出了重大的舍弃。因为戏剧世界里的历史要素——我们用这个词谓指一出戏里面所有色彩斑斓的、无与伦比的东西——不仅仅意味着严格的风格化过程中所起的障碍作用。唤起剧作家表现的欲望的并不仅仅是剧作家对于富丽的外部世界的感性的、艺术的愉悦。历史与悲剧之间的关系是戏剧形式的最深刻的二律背反之一。亚里士多德一针见血地指出：戏剧比历史更富有哲学意味。那么悲剧有没有因为更哲学化而失去其完整的、独特的、本己的本质性呢？它最深刻的意义、它的规律性的纯粹内在固有性、完美地隐匿于事实之中的诸多理念，乃至于完全地消失于事实之后的诸多理念，难道这一切都因为悲剧比历史更哲学化而受到了威胁？这里的问题不在于理念和现实的统一，而是在于两者错综复杂的、令人迷惑的、无以区分的共在。假如我们感觉到某个东西是"历史的"，那么巧合和必然性、一次性事件和永恒的合规律性、施加影响者和被影响者在这里便失去了绝对意义，变成了单纯的面对事实而言的可能的观点立场，这些观点立场被事实最大限度地强行篡改，但绝不可能在自身中被消解得一点不剩。人们可以说，历史的存在是彻底纯粹的存在，是自在的存在；某物存在，因为它存在，如其所是地存在。它的力量、规模和美正体现于它与一种创建秩序的知性的先天性之间的不可比性和不可调和性（Inkongruenz）。

然而，有一种秩序隐藏于这个世界，有一种结构隐藏于杂乱地纠结在一起的线条之中。那是一条织毯或一个舞蹈的无可界定的秩序：没有可能解释它的意义，更没有可能放弃这种解释。由稀奇古怪的线条构成的整片织物仿佛只是在等候一个语词让人清楚、明白、不带歧义地听见，仿佛这个语词就在舌尖上悬荡着，但一直没有人说出来。历史就像是命运的一个深刻象征：象征着命运合乎规律的偶然性，象征着命运在终极的根据上所表现出来的正当的任意性和专制。悲剧为历史所作的奋斗就是它针对生活的伟大的征服战争；就是旨在发现历史意义的努力尝试（无尽地远离我们的日常生活），从生活中将历史意义解读为真实的、隐藏着的生活意义的努力尝试。历史感总是最近似于生活的必然性；历史显现所采取的形式是单纯发生的重力，在事物长河中无以抵挡的强大力量。它是一切事物彼此互联的必然性；否定价值的必然性；一切都是必然的，都在同等程度上是必然的；小与大、有意义与无意义、主要与次要之间没有差别。当初必然生成之事，如今已然存在；每一个时刻紧跟着前面的时刻，完全不受任何目标或意图的影响。

历史戏剧的二律背反是将两种必然性统一起来：一种必然性没有缘由地从内部流出，另一种必然性无意义地在外部流动。它的目标是形式的生成，是表面看来会有根本冲突的两种原则的相得益彰。两者相距越远，悲剧便表现得越是深刻。因为只有被驱赶到极端以后，它们才发生真正的接触。它们通过彼此的针锋相对来给对方划定界限，并且都靠着对方而发展强大。因此吸引剧作家的恰恰总是故事里的历史因素，而不是里面能让人穿凿附会地进行解释的一般性的东西。他认为在这里他能发现人类界限设定的最后象征标志、对纯粹意志的纯粹压迫，每一种物质面对每一种意志的渴望赋形的清楚无误的抗拒。那种只是因为其存在而存在着的无可选择地生发着作用的力量无情地将行动与意图区分开来，驱使每个心存欲望的人用行动将他们的意愿付诸纯粹的实现；这样的纯粹性玷污了他的意图和理由在心灵上的纯净（Reine），并使得他矢志追求的全部高贵的东西与他的行动背道而驰。那些隐匿在这一行动或者生活状态中的理念在此处被揭示出来了，据此破坏了那些永恒不变地隐藏于其内的真实的理念，后者本来是可以独立使它升华为本质的存在；单纯实然的力量毁灭了本有的应然。年轻的黑贝尔在日记里写道："一个好的教皇无论如何都必然只能是一个坏的基督徒。"

这就是保尔·恩斯特历史悲剧的意义：他的主人公的体验，即德米特里乌斯（Demetrius）、纳比斯（Nabis）、希尔德布朗特（Hildebrand）和亨利皇帝的体验。在他们行动之前，一切崇高的东西都不可分割地存在于他们的心里，同样不可分割地存在于他们内心的还有在每次表达他们的行动中要上升为高尚和沦为卑微的可能性。但是他们的相遇在一瞬间将所有不可分割的东西化为乌有。这些人经历了唯一真实的失望：那种充分实现所带来的失望。我这里所思考的不是对现实剥夺了想象的担心，不是那种迫使浪漫派逃离生活及放弃行动的担心，也不是每一种现实必然的不完满性；这种戏剧里的人物生活在一个悲剧的世界里，而不是生活在寻常生活的世界里。我说的是对实现的失望；这样的失望紧随行动而来，它包含于过去的行动之中，将随着新的行动而至，这样的人绝无可能因厌倦而放弃斗争。因为没有任何一种无足轻重的东西能夺去他们本想据有一切的内在的无辜：崇高和善良、权力和自由、道路和目标；在这里所凸现出来的欲念和实现的不相称不是理念与现实的不相称，而是理念之间的不相称。被选择做君主的人总是高贵的人，他心中的一切都在追寻这样的目标。然而身为君主以及君主的理念却不能容下任何高贵的东西。它们的最高目标，它们最内在的本质要求别样的东西：强硬、邪恶、忘恩负义和妥协退让。君主的灵魂会在君主的生活中实现其最后的个人价值，因为其他所有的地方对他来说都太狭隘、太压抑了；可是王冠也对每个灵魂都提出了同样的要求，正因为君主的最高尚的责任感迫使他去做一切让他感到陌生和厌恶的事。于是，德米特里乌斯与纳比斯被迫面面相对，一个是身为国王之子、赢得了胜利的反叛者，另一个是受了致命伤的弑君者。年轻国主像一阵暴风一般踏进了大厅，在那里那位被打败了的刺杀他父亲的凶手正等着他，那垂死之人从口中只说出两句满是强硬智慧的言语，像换了一个人的德米特里乌斯就迈过他的尸体直奔王位。纳比斯的话不是对战胜了他的人说的，而是对他的帝国继承人说的。话语出自一个失望者的至深的灵魂，这位失望者原本追求的是善，"很容易洞察到的善"，然而事实却是血流成海，他体内的灵魂不得不在尸山血海中枯萎，这样他才能成为一国之主，就像他的义务对他下达的命令，和他所处的时代对他提出的要求一样。他的尸骨未寒，一个新的纳比斯已经坐到了王位上，撕心裂肺，完全被幸福抛弃，他被迫变成了残忍、孤独的孤家寡人——德米特里乌斯，这位年轻的国王被一群忠实的朋友簇拥着，他纯洁的、负载着希望的灵魂听见了纳比斯说的这番话。

在白雪覆盖着的卡诺莎城堡的院落里，正上演着胜负难分的绞杀，在这里格里高利和亨利既是第一次也是最后一次会面。教皇和皇帝，在他们整个生命的四幕大戏的第一幕，他们就成了对方的命运。上帝把仁厚的灵魂赐给了教皇，把贪恋幸福、带来幸福的灵魂赐给了皇帝。但是他们这场惊心动魄的搏杀把这两个人心里一切人性的、一切属于自己个性的东西全部踩踏得粉碎。希尔德布朗特必须变得坚强、残酷，为了把创建上帝之国的权力抢夺到手，他不仅要扔掉所有的寻常的幸福，还必须牺牲、背叛、出卖穷人，他曾经一度把拯救这些穷人视为己任；他必须成为罪人，同时还必须装出圣徒的样子，减轻罪行的救赎忏悔之路对其他人都是敞开的，唯独对他是紧闭着的：他的灵魂必定要堕入万劫不复的地狱。他所有的牺牲都是徒劳的。被他开除了教籍的通奸者，对他的计划碍手碍脚的皇帝，现在跪在他面前像一个聪明的政客一样假装忏悔，而他，这个未获救赎者必须撤销开除教籍的命令，亲手毁掉他唯一的武器。皇帝赢了，但是那位用发光的手去触及幸福的光彩四射的人，曾经毫不费力地获得幸福又赐予别人幸福的人，亨利，作为一个人已经死了。战败了的格里高利屈服了，他回到了卡诺莎，而胜利者亨利则回到了罗马。

> 在我卑躬屈膝之时，变成了另一个人。
>
> 那人必定会诅咒上帝，因为他要求公正；
>
> 我做了不义的事，然而我赞美上帝。
>
> 他走向死亡，而我早死了：
>
> 他的死亡是死，可我的死亡是生。

在这里亨利胜利了，格里高利失败了。但是皇帝真的就胜利了，教皇真的被打败了吗？进军罗马变为可能之事，格里高利被废黜，世界的王者、世界上全部荣誉的主人莫不是曾在一位神父前面跪倒悔罪？难道那皇帝没有向教皇屈服过吗？那些神父被格里高利永久地剥夺了一切跟人的相似性和幸福的权利，从此以后他们还能够一直像法官或救主那样高高地凌驾于有朽的众生之上吗？亨利获胜的时候有没有忘了皇帝，格里高利哀叹着毁坏自己的利剑的时候有没有忘记教皇？

这种必然性——或许是最真实（die wahrste）的，当然也是最现实的（die wirklichste）——却包含着某种屈辱的成分。主人公们不仅是被摧毁了、玷污了，而且也异化了，他们于是就这样等待死亡，等待着从生命中被救赎出来。悲苦剧（Trauerspiele）中的主人公们总是幸福地死去，虽死犹生；可是这里的死亡却不是对生命的绝对提升，即对生命所坚持的正确方向的延伸，而是逃离出压迫状态，也是对现实世界的杂质的逃离，是心灵从陌生的生命中回返自身。当然这里的主人公也不会因自己的行为或徒劳的结果而产生懊悔之情，不会重返他在与世事接触之前所怀有的一切天真美好的梦幻。他知道，所有的斗争、所有的屈辱对于他的生活、他所得到的启示，以及他唯一的救赎而言，都是必然的。然而这唯一的救赎却不是真实的救赎，是他灵魂里最深的失望。历史的发生在他灵魂的周边所画下的界限，历史驱使灵魂去越过的那些界限，并不是它们真实的、最本有的界限；那只是所有能够接触到这些事件的人们的界限，只是所有那些呼吸同一处空气的人们所能生活的界限。在这里恩赐或托付给主人公的发展，在其本质上总是与他们严重地格格不入；他们变得本质化（wesenhaft）了——那些受到庸常事物压迫的心灵幸福地深呼吸着；但是有一个陌生的本质通过在他们内部最后的力量的施展变成了现实。只有死亡是回头路，是他们第一次也是唯一的一次到达了自己的本质。说到底大规模的斗争是通达本质的迂回道路。历史通过其非理性的现实强使人类成为纯粹的普遍性，它不允许任何人表达他自己的思想——该思想在其他层面上同样是非理性的。他们之间的交流诞生了他们都陌生的东西——普遍性（das Allgemeine）。历史的必然性是所有必然性中最接近生活现实的。

然而也是离生活最远的。在这里理念的可能实现只是通往真正实现（Realisierung）该理念的一条迂回道路（真实生活中可悲的卑微便发生在最高的范围内），可是整个人的整个生命只是通达别的更高远目标的迂回之路；他的最深层的个人欲望和争取该欲望实现的斗争只是一个陌生而喑哑的工头的盲目的工具。只有极少数人能意识到这点，教皇格里高利在他生命中的几次极乐的瞬间明白了这点。

我的躯体是一块石头，

一个小男孩用手把它扔进了湖里，

当石头久久地沉睡于幽暗的湖底时，

我的自我便是牵动水面上一层层涟漪的力量。

历史必然性的两个方面都无法套用戏剧的赋形：对它来说一个方面太高了，另一个方面太低了。只有它们不可化解、不可分割的统一才是真正的历史性的。正是在此处，历史悲苦剧的技术上的二律背反从悲剧的人和历史此在的关系的形而上学二律背反中产生出来了：观察者与人物内在距离的二律背反、人物不同的生动程度（Lebendigkeiten）和生命张力之间的二律背反、戏剧人物和事件里的象征性与生动的逼真性（lebendig Wirklichen）之间冲突的二律背反。因为对生活的历史观察不允许对时间和地点的抽象化，尤其不允许对其个体原则的抽象化；人物和行动的本质性的东西与看似偶然、次要的东西不可分离地联系在一起：历史戏剧里的人物必须"活着"，剧中的事件必须表现出真实生活的多姿多彩。所以，莎士比亚的戏剧尽管在其最核心的部分是反历史的，但却因其丰富性和绚烂的贴近生活的逼真性，而能够被视为也理应被视为历史剧的楷模：他无意之中把历史中的经验的东西以无与伦比的力量及不可超越的丰富性表现出来了。但是历史的终极意义——在那里历史超越了所有个人的东西——确实是非常抽象的，为了表现它，古典悲剧性必须比我们所知的希腊戏剧还要更希腊化。出于创作历史悲剧的愿望，一种综合索福克勒斯和莎士比亚的充满矛盾的梦想诞生了。

为了实现这一综合，每一次尝试都必须在戏剧人物里引进双重质料（etwas Zweistoffiges）。在主人公那里这个问题的解决之道是可以想象得出的：这种互不相容的二元性可能就是他们的体验。材料的不足可能成为赋形问题的中心，也许可以得到克服。至今没有人成功地做到，然而并不能由此证明此问题是无解的。艺术不可能创造出一个历史戏剧的命运（在其中历史因素真的是非常重要，不仅仅是一个纯粹的、永恒的人性冲突的偶然显现形式）却在原则上具有决定性的意义。那些命运被赋予了形式的人们，分裂成了两个截然不同的部分：现实生活里的普通人刹那间突然地、直接地变成了象征，变成了超个人的、历史必然性的单纯的负载者。象征并不是从灵魂的最深处有机地生长而出的，而是通过远方的各力量之间的传递而得来的，人物的个性因此只是一个偶然的连接环节，是它所陌生的命运进程的一座桥梁，它必然会无可挽回地摧毁赋形的统一性。在那些人物心里正起作用的动机对于他们既陌生又遥远，却把他们高高地置于忘记了自己的所有人性的处境。如果这种非个人的因素在戏剧中被赋予了形式，那么那些人物就必须在他们生命的尚未象征化的绵延之中，或者是不再象征化的绵延之中无形地飘荡于有生命者之列；我们就必须用另一种眼光审视他，看他是如何用他周围的一切营造了一个唯一的、不可分割的世界的。盖尔哈特·豪普特曼总是选择创造人物之道，因而放弃了更高的历史必然性，放弃了他戏剧中本应有的赋形真义。保尔·恩斯特的目的当然与之相反。当他的卡利尔霍埃（Kallirhoë）——德米特里乌斯的未婚妻，因为认识到政治的历史必然性而被彻底改变了，她由一个正在生活、正在施爱的生命一下子变成了该必然性的单纯的执行者，于是具体起作用的力量就由某种纯粹的抽象幻化成为几乎是奇异怪诞的东西。《卡诺莎》里的纯象征性的唱诗班式（chorartigen）人物破坏了世界里千篇一律的感觉，首当其冲的是那个老农民，在悲苦剧《黄金》（*Gold*）里的这种简化符号（Abbreviaturen）完全趋向了巴洛克风格。

形式是生活的最高法官：在历史中得以表达的悲情（Tragik）并不是纯粹的悲情，没有一种戏剧技巧能够遮盖这一形而上学的不和谐音；是的，在戏剧的每个要点上它都会以完全别样的、技巧上无法解决的方式呈现出来。形式是最纯粹体验的唯一纯粹的显示，但正由于这个原因，它将会也一定会固执地拒绝对任何不明朗的东西或压迫者的塑造。

4

形式是生活的最高法官，赋形的能力就是一种裁决的力量，一种伦理。在每一个被赋予的形式中（in jedem Gesaltet-sein）都包含了一种价值判断。每一种赋形，每一种文学形式都是生活可能性等级秩序里的一级：一旦决定了采取何种形式来表达一个人的生命显现，何种形式是他的生命最高时刻所必需，那么关于他及其命运的决定一切的语词就能够被说出来了。

悲剧所宣布的最深刻的判决是它的大门上所题写的铭文。就像但丁的地狱之门上的铭文一样，它告知所有进来的人他们将永远被封锁在里面，悲剧大门上的铭文也表现出同样无情的严酷，它规定所有对于它的王国过于孱弱和过于卑微的人一概不允入内。我们的民主时代徒劳地想要在悲剧里面贯彻实施所有人的权利平等；想向灵魂上的赤贫者打开这一天堂之门的所有努力同样都是徒劳的。那些始终如一坚决主张所有人的权利一概平等的民主派们总是在争论悲剧存在的合理性。

《布伦希尔德》是保尔·恩斯特为他的悲剧男女人物所写的神秘剧。《妮农·德·朗克洛①》（*Ninon de L'enclos*）是跟该剧正相反对的作品：关于非悲剧人物的一出戏。在《布伦希尔德》中，他塑造了他最高理想中的人物，在《妮农·德·朗克洛》中，他为那些跟自己的本性最格格不入的人赋予了生命。但是悲剧作家后来又写了这样一部戏，所以他必然将该戏朝着悲剧的方向推到极致，但是在最后决定性的关头他的女主人公扯断了悲剧的触腕，以一种有意识的决绝向所有此前一直照耀在她头顶的崇高和类似于命运的东西致意诀别，然后急忙忙地返回了期待着她、同时她也在期盼的普通生活。最后的瞬间带来了一句箴言：这句箴言传达出了她的价值，同时也传达出了她的局限。为了争取自由，她与自己决战到底，经此一役她变得足够强大，足以承受悲剧的气氛，也足以长久生活在悲剧的氛围之中。但是，和她所类属的人一样，她也缺少生命的最后祭献。她在卑微的那群人中是最崇高的：这便是戏剧形式对于她的生命价值所下的定论。她本想争取达到这最高的标准，事实上她也争取到了。最高的标准，也就是自由；但是她的自由仅仅是摆脱了一切桎梏的状态，而不是——终极意义上的——有机地生长于最内在自我的自由，不是那种与最高必然性相一致的自由，不是生活的最后完成者。她的自由是妓女的自由。她摆脱了一切从内

---

① 朗克洛（1620—1705）是法国名妓，曾在巴黎建立过一个沙龙，吸引了当时文学界和政治界的许多知名人物。

部约束住她的强大力量，摆脱了男人和孩子，摆脱了忠诚和大爱。为此她付出了沉重的代价：她屈服于屈辱的、渺小的束缚，诸如将贩售的爱或一时的兴致而馈赠的爱带进女人的生活而产生的束缚。她的所失让她感觉格外沉重，她骄傲地背负着她自选的命运所施加给她的东西——那只是她生活里的一种放松，是从它最沉重的必然性中的逃离。女人的这种自我解放不是她本质必然性的完成，就像每个悲剧男人的真实的自我解放一样，这出戏的最后所提出的问题是理论家恩斯特此前早就预见的：一个女人的悲剧性能否因为她自己，而不是因为她与她生命里的男人的关系而存在？自由能不能在一个女人的生命里变成真正的价值？

保尔·恩斯特的毕生事业的核心是诗人的伦理学，正如弗里德里希·黑贝尔的毕生事业的核心是诗人的心理学一般。因为对于他们二位而言，形式已经成了生活的目的，成了崇高和自我实现的绝对命令，所以我们把恩斯特看作冷冰冰的形式主义者，把黑贝尔看作病理学的形而上学家。在黑贝尔笔下，主人公的命运是真实的人为在被赋形的艺术作品中的人争取完美人性——这种人性是极度成问题的，是对经验生活所作出的心理体验的高峰——而作出的悲剧性的、无力的抗争。恩斯特把这一最终完整闭合的、更高的世界视作警告和唤醒，视作人类道路上的光芒和归宿，而罔顾它们的真实形态。这种伦理学的效力和力量与它是否被遵循是没有关系的。因此只有那种变成了纯粹的伦理的形式——但并没有因此而变得盲目而贫乏——才能忘记一切成问题的存在，并将之永远驱逐出自己的王国。

1910 年

译后记

      本书的翻译工作由吴勇立和张亮共同完成。两位合作者 2004 年编译出版的《卢卡奇早期文选》曾收录了《心灵与形式》中的三篇译文，即《论说文的本质与形式：致列奥·普波的信》《生活和形式的碰撞：索伦·克尔凯郭尔与里季娜·奥尔森》《浪漫派的生活哲学：诺瓦利斯》。此后 20 年，两位合作者一直有意翻译出版《心灵与形式》的全译本，这一夙愿终因《卢卡奇文集》的问世得以实现。本次全译工作的分工情况如下：先由吴勇立根据德文版完成剩余七篇论说文的翻译，然后由张亮根据德文版、参考英文版进行校改，最后由吴勇立根据德文版定稿。本书的翻译跨越 20 年终得完璧，两位合作者深感快慰！

吴勇立　张　亮

2024 年 5 月